Liebe Leserin, lieber Leser

Kann es sein, dass wir bald 25 Jahre nach dem Mauerfall im nun vereinten Deutschland dazu neigen, die Unterdrückung in der DDR zu verharmlosen?

Natürlich ist wohl jedem von uns bewusst, wie in Ostdeutschland mit offener Opposition umgegangen wurde. Wissen wir sehr viel über den Spitzelapparat der SED und die unnachgiebige Verfolgung jeder Form von Widerstand durch die Stasi. Kennen wir die Berichte über Selbstschussanlagen an der Grenze und die Mauertoten.

Dennoch glauben heute viele von uns, dass man sich durchaus einrichten konnte im Alltag hinter dem „Antifaschistischen Schutzwall". Dass es zwar Einschränkungen gab in der Reisefreiheit, im Konsum, in der Meinungsfreiheit, es aber trotzdem möglich war, seine Nische zu finden fernab der Partei und dort einigermaßen ungestört zu leben – wenn man sich denn nur politisch zurückhielt.

Tatsächlich aber ließ es die SED nicht zu, dass sich jemand einigelte. Sie forderte mehr als nur stillschweigende Anpassung: Sie forderte sichtbare Unterwerfung unter das Primat der Partei. Und zwar in jedem Alter, in jeder Lebenslage, tagaus und tagein.

Bereits die Kindergärten hatten nach Vorgaben des Regimes den „sozialistischen Menschen" zu schulen. Vierjährige lernten die Kampflieder der Arbeiterbewegung, sie verinnerlichten (quasi im Gleichschritt) beim Spielen, beim Essen, beim Schlafen das Prinzip des Kollektivs; und selbst das (gern gesehene) Ballern mit kleinen Plastikpanzern war mehr als nur der übliche Spaß unter Jungen: Es sollte den Kindern die „Nationale Volksarmee" näherbringen.

Schon die Kinder wurden indoktriniert: »Republik« der »Pionierorganisation Ernst Thälmann«

Diese Ausrichtung der Erziehung setzte sich lückenlos fort. Fast alle Erstklässler traten den „Jungpionieren" bei, trugen nun Uniform, hatten dem Staat „Liebe" zu schwören und lernten bei Fahnenappellen sowie stets einstimmig verlaufenden Wahlen (etwa zu Klassensprechern), was die Partei fortan von ihnen erwartete. Mit zehn Jahren wurden die Kinder zu „Thälmann-Pionieren", mit 14 traten sie in die SED-gesteuerte „Freie Deutsche Jugend" ein, mit 15 trainierten sie im Sportunterricht das Werfen von Handgranaten.

Es folgte der Wehrdienst für junge Männer, eine vormilitärische Ausbildung für Frauen – und dann für sehr viele der Eintritt in die Partei: In den 1980er Jahren waren mehr als zwei Millionen Menschen Mitglied der SED, fast 20 Prozent aller erwachsenen DDR-Bürger.

Auch nach der Ausbildung ließ das Regime seine Untertanen nicht los: So gut wie alle Berufstätigen gehörten der Einheitsgewerkschaft an, die keine Interessenvertretung der Werktätigen war, sondern der lange Arm der SED in den Betrieben. Und wer nach der Arbeit Briefmarken tauschen wollte in einem Verein oder sich für Heimatkunde interessierte, unterlag der Kontrolle des staatlich gelenkten „Kulturbundes".

Die Partei war immer dabei.

All jene, die sich dem verweigerten, hatten mit Konsequenzen zu rechnen. Die durften trotz guter Noten oft nicht studieren, die bekamen einen miesen Arbeitsplatz, die versuchte die Staatsmacht durch Freunde oder Kollegen zu disziplinieren.

Und selbst wenn einer brav all das tat, was von ihm erwartet wurde, konnte er ins Visier der knapp 300 000 Stasi-Mitarbeiter geraten: ein falsches Wort, ein falsches Buch, ja sogar die falsche Verwandtschaft, und schon war eine Akte angelegt, wurden Spitzel auf einen angesetzt, wurde im schlimmsten Fall die gesamte Existenz zerstört.

Kurz: Die Diktatur drang in jeden Winkel der Gesellschaft vor, sie war lückenlos und flächendeckend, keiner vermochte sich ihr zu entziehen. Jede Bagatellisierung dieses totalitären Systems ist Geschichtsklitterung.

Und so kann der Gedanke daran, dass die Nachfolgepartei der SED eines Tages für Deutschland Regierungsverantwortung übernehmen könnte, einen schier fassungslos machen.

Gesa Gottschalk hat das Konzept zu diesem Heft erarbeitet, wissenschaftlich beraten vom Politologen und DDR-Experten Fabian Klabunde

Herzlich Ihr

Michael Schaper

TITELBILD Fackelzug der Freien Deutschen Jugend Unter den Linden in Ostberlin am 6. Oktober 1974, zur Feier des 25. Jahrestags der DDR. **Foto:** Wolfgang Steche/VISUM. Alle **Fakten,** Daten und Karten in dieser Ausgabe sind vom GEO*EPOCHE*-Verifikationsteam auf ihre Richtigkeit überprüft worden. Kürzungen in **Zitaten** sind nicht kenntlich gemacht. Anders als die geschichtswissenschaftliche Forschung, die **Ost- und West-Berlin** schreibt, um dem Status der einstmals

WIDERSTAND Mit Parolen, Störsendern und Flugblättern fordern Jugendliche Freiheit – und riskieren dabei ihr Leben.
Seite 42

FLUCHT Wer die Mauer überwindet, den verfolgt die Stasi bis in den Westen: Selbst vor Entführungen schreckt sie nicht zurück.
Seite 88

HERBSTREVOLUTION 1989 feiert die DDR ihren 40. Geburtstag. Dabei ist sie wirtschaftlich und politisch am Ende.
Seite 138

geteilten Stadt durch den Bindestrich Ausdruck zu verleihen, folgt die Redaktion dem aktuellen Duden. Er empfiehlt für Zusammensetzungen mit geographischen Namen im Allgemeinen keinen Bindestrich. **REDAKTIONSSCHLUSS: 22. November 2013**

Ein Verzeichnis mit den Themen aller GEO*EPOCHE*-Ausgaben ist im Internet unter www.geo-epoche.de zu finden. GEOEPOCHE.de

Das Land

hinter der Mauer

Eine knapp 1400 Kilometer lange Grenze trennt die Deutschen voneinander. Sie ist viele Jahre lang nur in eine Richtung durchlässig: von Westen nach Osten. Die allermeisten DDR-Bürger dagegen bleiben Gefangene im eigenen Land. Sie müssen sich einrichten in einem Staat, der das andere, das bessere Deutschland sein will. Und sich stets mit der Bundesrepublik vergleicht

TEXTE: GESA GOTTSCHALK

Westberliner im August 1961 an der kurz zuvor errichteten Mauer. 28 Jahre lang betoniert sie die Grenze zwischen den Sektoren – und symbolisiert wie nichts anderes die deutsch-deutsche Teilung

SED-Chef Erich Honecker (M.) besucht einen Freizeitpark für Pioniere, die parteitreue Organisation für Erst- bis Siebtklässler. Denn schon Kinder werden in der DDR auf sozialistische Linie gebracht

Die meisten DDR-Bürger sind Mitglied in einer Massenorganisation, etwa der Gesellschaft für Deutsch-Sowjetische Freundschaft, dem Freien Deutschen Gewerkschaftsbund oder der Freien Deutschen Jugend: FDJ-Funktionäre in Berlin, 1975

Kritik und Selbstkritik: Die SED ist straff von oben nach unten organisiert, Gremien wie diese Kreisdelegiertenkonferenz 1950 dienen bloß zum Abnicken

Die **PARTEI** hat immer recht

Offiziell ist die DDR eine Demokratie, mit fünf Parteien und einem Parlament. Tatsächlich aber herrscht allein die Sozialistische Einheitspartei und durchdringt alle Teile der Gesellschaft. Mitglieder sollen nicht nur ideologisch, sondern auch moralisch gefestigt sein: Eheprobleme, schlechte Schulnoten der Kinder, übermäßiges Trinken werden öffentlich verhandelt

Durch **ARBEIT** zum Sieg

In der DDR herrscht Vollbeschäftigung. Doch im »Paradies der Werktätigen« dient Arbeit auch der sozialen und politischen Kontrolle: Jeder Erwachsene ist verpflichtet einen Beruf auszuüben. Jugendliche, die sich keine Lehrstelle suchen, können in Heime eingewiesen werden, politisch Missliebige müssen sich oft in der Produktion bewähren – und dabei meist schwere körperliche Arbeit verrichten

Brigadeversammlung in einem Berliner »Volkseigenen Betrieb«. Die Industrie ist fast vollständig verstaatlicht und unterliegt wie die gesamte DDR-Ökonomie den zentralen Wirtschaftsplänen der SED

Eisengießer in Harzgerode, 1985. Manche Witschaftszweige der DDR werden sich bis zum Mauerfall nicht von den Schäden erholen, die die sowjetischen Besatzer mit ihren Demontagen nach dem Krieg angerichtet haben

Brandenburger bauen 1949 eine Straße zu einem staatlichen Gut. Alle DDR-Bürger sind regelmäßig zum »Subbotnik« aufgerufen, dem »freiwilligen« Arbeitseinsatz etwa zum Wiederaufbau

Eine Landwirtschaftliche Produktionsgenossenschaft bei Quedlinburg: Anfang der 1960er Jahre gibt es kaum noch private Bauernhöfe – Land, Vieh und Maschinen sind Gemeinschaftseigentum

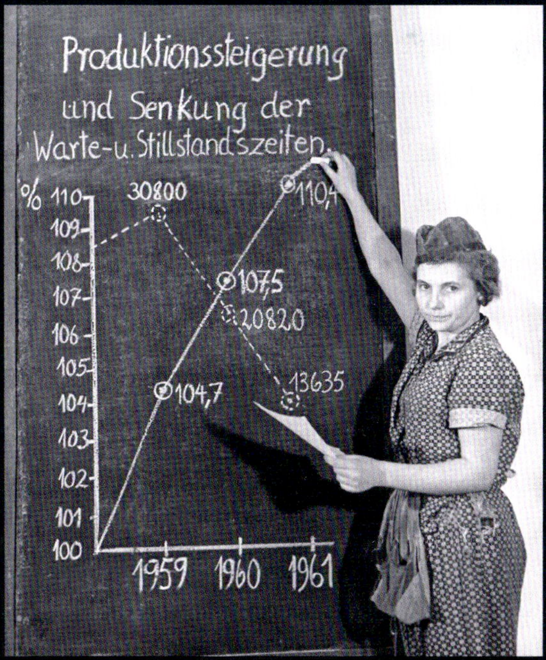

Die Arbeit steigern, Stillstandszeit senken: Propagandafoto aus einer Spinnerei. Die Erfüllung des Solls steht über allem. Dabei sind die von der Partei vorgegebenen Pläne oft utopisch

AUFERSTANDEN aus Ruinen

Die SED missachtet das Alte aus ideologischen Gründen, stattdessen prägen Leere und Beton die Innenstädte, etwa in Ostberlin: breite Straßen für Paraden, riesige Plätze für Aufmärsche und Kundgebungen

Walter Ulbricht will Rostock zur sozialistischen Großstadt ausbauen. Projekte wie dieses sollen die »Kraft des Neuen« zeigen – und bringen die DDR an den Rand des Ruins

Parade vor dem Palast der Republik in Ostberlin, dem 1976 vollendeten teuersten Bauwerk der DDR. Mit Bühnen, Disko, Bowlingbahn soll es den Traum vom Paradies der Werktätigen verkörpern

zudem eine Schwäche für Prestigebauten wie den Palast der Republik

ANMUT sparet nicht noch Mühe

Zwei Dinge vor allem bestimmen den Alltag: das Kollektiv und das Warten. Das Kollektiv, mit dem die Menschen arbeiten, feiern, oft sogar in den Urlaub fahren. Und das Warten auf eine Wohnung, auf Baumaterial, auf einen Telefonanschluss. Auf das Rentenalter, wenn DDR-Bürger endlich in die Bundesrepublik fahren dürfen. Auch wer das alles nicht aushält, wartet: dass seine Ausreise bewilligt wird

Neue Wohnungen in »Plattenbauten« aus vorgefertigten Betonteilen sind begehrt: Anders als viele alte Häuser verfügen sie über fließend warmes Wasser, Zentralheizung und eine Badewanne

Spaziergang in Zittau, 1978. Unter Erich Honecker fördert der Staat junge Familien mit einem zinslosen Kredit nach der Hochzeit, 1000 Mark zu jeder Geburt und einem bezahlten Babyjahr für die Mutter

Ein Mann auf der zum 1. Mai beflaggten Dorfstraße. Erst im Rentenalter dürfen DDR-Bürger problemlos ins NSW reisen – ins »Nichtsozialistische Wirtschaftsgebiet«, etwa zu Kindern in die BRD

Eine Arbeiterbrigade der Leuna-Werke. Sie sind die kleinste Einheit eines Volkseigenen Betriebs, machen Ausflüge oder besuchen gemeinsam das Theater

Wartburg und Straßenbahn, um 1961: Öffentliche Verkehrsmittel sind stark subventioniert, Fahrkarten günstig. In Neubaugebieten werden breite Trassen für die Straßenbahnen mit eingeplant

Schwert und **SCHILD** der Partei

Die DDR ist ein Überwachungsstaat: Auf Geheiß des Ministeriums für Staatssicherheit forschen Eheleute, Geschwister, Freunde und Kollegen einander aus. Denn das Regime will alles über seine Bürger wissen. Die Spitzel sind angehalten, Opposition, Missmut, ja selbst einen falschen Gesichtsausdruck zu notieren. Und so ist die Gesellschaft vergiftet bis in ihr Innerstes

1988 fordern DDR-Bürger vor der bundesdeutschen Ständigen Vertretung in Ostberlin ihre Ausreise. Mitarbeiter der

Die Staatssicherheit ist niemand anderem Rechenschaft schuldig als dem SED-Chef, hat eigene Vernehmer, Staatsanwälte und Gefängnisse. Doch auch die normale Polizei setzt im Zweifel Gewalt über Recht: Demonstrant im Herbst 1989

Das Auge der Macht: In den letzten Jahren der DDR kommt auf 180 Einwohner ein hauptamtlicher Mitarbeiter der Staatssicherheit. Diese beiden Männer dokumentieren einen Protestmarsch in Dresden

Der Schnüffelstaat: Tausende Einweckgläser mit Geruchsproben von überwachten Personen sammelt die Stasi. Bei der Verfolgung von Observierten sollen Hunde mithilfe der Konserven die Spur aufnehmen können

Verwaltung des **MANGELS**

Wie dieser Friseur werden die meisten kleineren privaten Betriebe bis 1972 in »Produktionsgenossenschaften des Handwerks« umgewandelt – die Partei beseitigt damit den letzten florierenden Sektor der Volkswirtschaft

Mangelwirtschaft: Junge Erwachsene bestellen oft bereits gleich nach ihrem 18. Geburtstag einen Wagen beim Industrieverband Fahrzeugbau – denn bis zur Auslieferung des Autos kann es 20 Jahre dauern

Kohlenträger wie diese 1984 in Ostberlin gehören zum Straßenbild. Doch Braunkohle heizt nicht nur die Altbauten, sondern befeuert auch viele Kraftwerke. Und trägt so zur hohen Luftverschmutzung bei

Artikel gibt es nicht für Ost-Mark, sondern nur gegen Devisen

Freie deutsche **JUGEND**

Die Partei ist auch im Leben der Jüngsten allgegenwärtig: Kindergärten begehen den 1. Mai, Schüler treten den Pionieren bei, Heranwachsende bekommen zur Jugendweihe einen Almanach mit geschlossenem sozialistischen Weltbild. Nur wenigen Kindern und Jugendlichen gelingt es, sich dem System zu entziehen, meist kommen sie aus christlichen Familien

Jeweils am 13. Dezember eines Jahres treten Erstklässler den Jungpionieren bei und tragen das blaue Halstuch, bis sie in der 4. Klasse Thälmann-Pioniere werden und ein rotes Halstuch bekommen

In rund 50 »Zentralen Pionierlagern« können Kinder und Jugendliche ihre Ferien verbringen. Neben Badeausflügen gehören auch Fahnenappelle zum Programm, ausgesuchte Schüler dürfen in die »Pionierrepublik« bei Berlin fahren: zur intensiven Schulung

Trommler vor Lenindenkmal, 1974: Die DDR-Bürger wachsen mit den Säulenheiligen des Sozialismus auf, und kein Universitätsstudium kommt ohne das Pflichtfach Marxismus-Leninismus aus

Kinder besuchen einen Volkseigenen Betrieb im Harz. In der Regel hat jede Schulklasse eine »Patenbrigade«. Sie soll die Schüler für die Arbeitswelt interessieren, ihre Vertreter kommen auch zur Zeugnisausgabe

Rebellieren in der DDR – das heißt vor allem, sich der organisierten Freizeit zu entziehen, der Spießigkeit der Partei, die noch jeden spontanen Ausdruck erst ideologisch prüfen muss

SYMBOL des Systems

Nichts bestimmt die DDR so sehr wie ihre Westgrenze: Wie die Mauer in Berlin ist sie nahezu unüberwindlich. Die Bürger können dem Regime nicht den Rücken kehren und sind gezwungen, sich mit ihm zu arrangieren. Für die Staatsführung ist die deutsch-deutsche Teilung die entscheidende Machtfrage: Als die Mauer fällt, zerbricht das Regime

Eine Warnung an die Westberliner. Nach innen verteidigt die DDR-Führung unter SED-Chef Walter Ulbricht – der 1971 von Erich Honecker abgelöst wird – die Mauer als »Antifaschistischen Schutzwall«, der westliche Spione, Saboteure und Aufwiegler abhalten soll.

DIE MÄNNER AUS MOSKAU

Vor dem zerschossenen Reichstag in Berlin präsentieren Rotarmisten im Mai 1945 eine Flagge der UdSSR. Die Sieger wollen Deutschland dauerhaft kontrollieren – und den Sowjetkommunismus verbreiten

Als der Zweite Weltkrieg endet, hält die Rote Armee den Osten Deutschlands besetzt. Ein Kommando deutscher Exilkommunisten aus Moskau soll der Sowjetführung helfen, ihre Macht zu festigen und ein neues Regime zu errichten: die »Gruppe Ulbricht« VON CAY RADEMACHER

Adolf Hitler schießt sich am 30. April 1945 in seinem Bunker unter dem Boden Berlins eine Kugel in den Kopf. Durch die Trümmer der Reichshauptstadt weht Brandrauch und der Qualm der sowjetischen Geschütze, die auf die letzten deutschen Verteidiger feuern, viele noch halbe Kinder.

Mehr als zweieinhalb Millionen Rotarmisten kämpfen im Osten des Deutschen Reiches. Hunderttausende Amerikaner, Briten, Franzosen drängen durch den Westen bis zur Elbe, erobern verwüstete Städte, zerschmetterte Brücken, zerfetzte Schienenstränge, ausgeglühte Häuser und Fabriken. Frauen, Kinder, Alte irren über die Straßen, Ausgebombte und Flüchtlinge. In den befreiten Konzentrationslagern sind die Angreifer auf Tote und Sterbende gestoßen, deren Anblick schrecklicher ist als alles, was sie je im Krieg gesehen haben. Deutschland kommt an jenem 30. April 1945 der Hölle so nahe, wie ein Ort der Hölle nahe kommen kann.

Und doch ist das Reich genau in diesen Stunden für zehn deutsche Männer ein Sehnsuchtsort, ein großes Versprechen. Und: eine Idylle.

Diese zehn – Spitzenkader der in Deutschland verbotenen KPD – besteigen um 6.00 Uhr morgens in Moskau einen Bus, der neben dem „Hotel Lux" an der Gorkistraße hält. Es wird die erste Etappe auf einer langen Rückreise. Schweigend gleiten sie durch die bereits für die Maifeierlichkeiten geschmückte Metropole, vorbei an roten Fahnen und riesigen Stalin-Porträts.

Anführer der Gruppe ist ein schmächtiger, spitzbärtiger Sachse, 51 Jahre alt, durch eine Laune der Natur geschlagen mit einer unangenehmen Fistelstimme: Walter Ulbricht. Ein Funktionär, der fast sein ganzes Erwachsenenleben in der Partei verbracht hat. Ein Mann mit einem phänomenalen Namensgedächtnis, erschreckendem Arbeitseifer, begnadetem Organisationstalent – und überlebenswichtigem Machtinstinkt.

Denn 1933 sind die Kader der KPD von den Nationalsozialisten verhaftet, in den Untergrund gedrängt oder zur Flucht gezwungen worden. Auch Ulbricht, bis dahin Parteifunktionär in Berlin, flieht schließlich, zuerst nach Paris, 1938 nach Moskau.

In Sicherheit ist er damit nicht, im Gegenteil: Josef Stalin führt in jenem Jahr die letzten schrecklichen Säuberungen des „Großen Terrors" durch, befiehlt Verhaftungen, Folterungen, Hinrichtungen Zehntausender Parteigenossen, Offiziere und ganz normaler Bürger. Ein unbedachtes Wort, eine anonyme Denunziation genügen, um von den Agenten der Geheimpolizei NKWD abgeholt zu werden. Manche verschwinden auf Jahre in den Gulag-Straflagern im eisigen Norden, andere werden erschossen oder zu Tode geprügelt.

Neun der höchsten KPD-Funktionäre entkommen Hitlers Schergen nach Moskau. Sie werden mit weiteren internationalen Kadern im „Hotel Lux" einquartiert. Zwei sterben dort eines natürlichen Todes. Von den anderen sieben werden fünf von NKWD-Agenten abgeholt und nie wieder gesehen. Nur zwei überstehen Stalins Misstrauen: Wilhelm Pieck, 1918 einer der Mitbegründer der KPD und seit 1935 Vorsitzender der Exilkommunisten, und Walter Ulbricht.

Der Sachse gehört zur „Selbstreinigungskommission" der deutschen Genossen, die gnadenlos Mitglieder aussiebt, verrät und Stalins Verfolgung preisgibt. Ulbricht persönlich denunziert Frauen als „Agentinnen" (was ihr Todesurteil ist), bezichtigt eine kommunistische Schriftstellerin „trotzkistischer Verleumdungen" und attestiert dem Sohn eines Politbürokollegen, er sei „in der Entwicklung zurückgeblieben".

„So wurden Menschen zermalmt", wird Herbert Wehner später schreiben, damals selber KPD-Funktionär und von Angst zerfressener Bewohner im „Hotel Lux". Für Ulbricht jedoch ist die bedingungslose Unterwerfung unter Stalins Willkür der Weg zur Macht.

Der Sachse, der im Auftreten so gar nichts von einem Volkstribunen hat, der farblose Funktionär, steigt bis 1945 in der vom Sowjetdiktator schrecklich dezimierten KPD zur Nummer zwei der vielleicht noch 150 deutschen Kader in der UdSSR auf. Tatsächlich ist er da wohl schon deren mächtigster Drahtzieher.

An jenem Moskauer Frühlingstag ist er denn auch der Einzige unter den zehn Auserwählten, der weiß, wohin die Reise genau gehen wird und was die Männer an deren Ende überhaupt in Deutschland tun sollen.

Wolfgang Leonhard etwa hat viele seiner Mitreisenden erst Tage zuvor kennengelernt. Der 23-Jährige ist der Jüngste der am 25. April 1945 gebildeten „Gruppe Ulbricht".

Leonhard hat Deutschland zuletzt als Kind gesehen. Er spricht fließend Russisch, anders als seine älteren Genossen, die es nur mit schwerem deutschen Akzent beherrschen. Und er ist ideologisch so gefestigt, dass ihn die Verhaftung seiner Mutter sowie seine eigene, mehrjährige Deportation während der schlimmsten Terrorphase kaum an der Weisheit der sowjetischen Machtführung haben zweifeln lassen.

Die zehn Funktionäre fliegen über Minsk nach Calau, einen Flecken gut 60 Kilometer östlich von Frankfurt an der Oder. Ulbricht scheint, wie Leonhard bemerkt, „überhaupt nicht beeindruckt oder erfreut" zu sein, dass es nach elfeinhalb Jahren Exil wieder in die Heimat geht. Am Boden wartet ein Lastwagen, eine zweistündige Fahrt, höfliche Rotarmisten, Mittagessen auf einer Kommandantur irgendwo in Ostdeutschland.

Weiter. Leonhard kennt nur das ungefähre Ziel: die deutsche Hauptstadt. Doch sie gelangen nur bis nach Bruchmühle, einem Städtchen etwa 25 Kilometer östlich des noch immer umkämpften Reichstags. Sie halten vor einem schönen, mit Säulen geschmückten Haus in der Buchholzer Straße 8.

„Ich war so froh wie nie zuvor", wird Leonhard später schreiben. Schöne Häuser, freundliche Rotarmisten – Deutschland ist endlich frei! Der sozialistische Aufbau kann beginnen!

Da klopft es an die Tür des Zimmers, das ihm die Offiziere zugewiesen haben. Eine etwa 30 Jahre alte Frau tritt ein, sie solle saubermachen, sagt sie. Leonhard, der in seinem Erwachsenenleben nur Exilanten und Kriegsgefangene aus der alten Heimat gesprochen hat, ist aufgeregt: die erste „richtige Deutsche"!

Er fordert sie auf, sich zu setzen, will fröhlich, gierig, idealistisch ein Gespräch beginnen. Doch die Frau redet

Walter Ulbricht, KPD-Funktionär, wird aus dem Moskauer Exil nach Berlin gebracht, um die Verwaltung der besetzten Zone mitzuorganisieren

Zwei Offiziere der Roten Armee in Berlin grüßen einen Amerikaner. Anfangs gebietet die UdSSR noch allein über die Stadt

Der junge Kommunist Wolfgang Leonhard gehört zu den Kadern, die unter Ulbrichts Führung den Besatzern zuarbeiten

kaum mit ihm. Und in ihrem Gesicht erkennt er etwas wieder, was er schon in Moskau während der schlimmsten Monate von Stalins Säuberungen gesehen hat: die blanke Angst.

Josef Stalin war, in dieser Reihenfolge, Hitlers Todfeind, Hitlers mächtigster Verbündeter, Hitlers Todfeind. Kommunisten und Nationalsozialisten sind eingeschworene Gegner, vereint nur in ihrer Verachtung der parlamentarischen Demokratie. Doch im Sommer 1939 schließen der deutsche und der sowjetische Diktator einen Pakt, in dem sie die Aufteilung Osteuropas unter sich ausmachen, es ist die Ouvertüre zum Zweiten Weltkrieg.

Viele deutsche KP-Funktionäre sehen in dem Vertrag ein empörendes Dokument. Ulbricht jedoch verteidigt ihn nur Stunden nach der Unterzeichnung bereits als „konsequente Fortsetzung der Friedenspolitik der Sowjetmacht".

Als 1941 die Wehrmacht in Stalins Reich einfällt, wechselt er rasch zurück in den Kriegsmodus. Fortan sächselt Ulbricht bei Radio Moskau Sowjetpropaganda und rekrutiert unter kriegsgefangenen Deutschen antifaschistische Offiziere und Soldaten für ein „Nationalkomitee Freies Deutschland".

Keine Nation leidet so sehr unter den Gräueln von Wehrmacht und Waffen-SS wie die UdSSR: Etwa zwölf Millionen Rotarmisten und mehr als 13 Millionen Zivilisten werden getötet.

Keine andere Nation trägt auch so sehr zum Sieg über Hitler bei: Ab Anfang 1943 drängt die Rote Armee die Invasoren zurück.

Am 12. September 1944 entstehen die ersten konkreten Pläne zwischen der Sowjetunion und ihren beiden wichtigsten Verbündeten, den USA und Großbritannien, für eine zukünftige Zerteilung des besiegten Deutschland in drei Besatzungszonen. (Später werden die Alliierten auch Frankreich eigene Bereiche zugestehen.) Berlin wird in der Sowjetischen Besatzungszone liegen, soll aber von allen Alliierten gemeinsam verwaltet werden. Knapp einen Monat darauf überschreiten die ersten Rotarmisten in Ostpreußen die Reichsgrenze.

Rücksichtslos treibt Stalin seine Soldaten ins Feuer, sie sollen so viel besetzen wie möglich, vor allem die symbolisch wichtige Reichshauptstadt vor Amerikanern und Briten erobern.

Am 21. April 1945 erreicht Marschall Georgij Schukow, Oberkommandeur der Roten Armee, die Ostgrenze Berlins und greift die Stadt sofort mit mehr als 2,5 Millionen Mann, 6250 Panzern, 41 600 Geschützen und 7500 Kampfflugzeugen an, um noch zum 1. Mai die rote Fahne auf dem Reichstag hissen zu können.

Etwa 100 000 Deutsche verteidigen die bereits von mehr als 360 schweren Bombenangriffen zernarbte Stadt: das letzte Aufgebot des „Dritten Reiches". Was britische und amerikanische Flieger noch nicht zerstört haben, wird nun von sowjetischem Kriegsgerät verwüstet. Zwei Wochen währt der Endkampf um Berlin, etwa 80 000 Rotarmisten bezahlen ihn mit dem Leben, unter den deutschen Soldaten und der Zivilbevölkerung sind die Verluste weit höher.

Am 2. Mai kapituliert die Stadt, sechs Tage später legt Großadmiral Dönitz, Hitlers Nachfolger als deutscher Regierungschef, endgültig die Waffen nieder.

Die Rote Armee steht auf einer Linie von Wismar bis Meißen, hat insgesamt bloß die Hälfte der ihr zustehenden Besatzungszone okkupiert. (Die Westalliierten haben den Rest erobert, werden sich jedoch bis zum Frühsommer 1945 zurückziehen.) Aber Schukow hat Berlin: Bis zum 12. Juli 1945 kontrolliert er allein alle 20 Stadtbezirke; erst dann tritt die Rote Armee zwölf Bezirke vertragsgemäß an die westlichen Alliierten ab.

In Berlin-Karlshorst, in den Gebäuden einer ehemaligen Pionierschule der Wehrmacht, richtet sich die sowjetische Militärverwaltung ein. Nichts, so hofft Stalin, wird in Deutschland zukünftig entschieden, ohne dass sein dortiger Statthalter dem zustimmt: Gut 16 Millionen Deutsche leben in der Sowjetischen Besatzungszone – und 1,5 Millionen Rotarmisten bleiben nach dem Ende der Kämpfe dort stationiert, verteilt auf mehr als 500 Kommandanturen, die bis in den kleinsten Ort hinein die militärische Macht repräsentieren.

Der Herrscher in Moskau analysiert seine Optionen im Frühjahr 1945 mit kaltem Herzen. Große Teile Osteuropas vom Baltikum bis zur Schwarzmeerküste hält die Rote Armee besetzt. Hier will Stalin, so schnell es geht, Satellitensysteme nach sowjetischem Vorbild errichten, die Industrie verstaatlichen, freie Parteien, Gewerkschaften und Zeitungen unterdrücken, ergebene Einparteiendiktaturen installieren. Aber in Deutschland?

Stalin fürchtet, dass das Land wieder aufsteigen könnte, wie schon nach dem verlorenen Ersten Weltkrieg. Den deutschen Kommunisten gesteht er vorerst nur wenige Kompetenzen zu. Die haben 1933 gegen Hitler kläglich verloren, deren Propaganda hat im Zweiten Weltkrieg nur wenige Deutsche zum Sowjetsystem bekehrt. Zudem muss er sich die Verwaltung des Reiches mit den westlichen Alliierten teilen.

Sein *politisches* Ziel ist daher zunächst bescheiden: Er will Amerikaner und Briten nicht provozieren und sich mit einem zukünftigen irgendwie antifaschistisch-demokratischen Regime in Deutschland arrangieren, sofern er nur sicher sein kann, dass es unter seinem Einfluss steht – und dass von Berlin niemals wieder ein Krieg ausgehen wird. Es sind durchaus vage Vorstellungen, einen detailliert ausgearbeiteten politischen Masterplan hat Stalin im Frühjahr 1945 für Deutschland nicht.

Sein *wirtschaftliches* Ziel ist dagegen viel konkreter: Er will Reparationen für die Schäden, die die deutschen Invasoren in der Sowjetunion angerichtet haben. Auf 128 Milliarden Dollar werden die Verwüstungen in der UdSSR geschätzt.

Stalin fordert jedoch im Februar 1945 auf der Konferenz von Jalta gegenüber dem US-Präsidenten und dem britischen Premierminister nur zehn Milliarden Dollar von den Deutschen.

Die Sieger einigen sich darauf, dass Deutschland zahlen muss, jedoch unter bestimmten Bedingungen: Auslandsguthaben sollen beschlagnahmt werden, und deutsche Arbeiter dürfen zu Einsätzen für die Besatzer zwangsverpflichtet werden. Im Übrigen soll jede Besatzungsmacht in ihrer eigenen Zone die Reparationen organisieren und sie aus der laufenden deutschen Industrieproduktion entnehmen.

Das, zumindest, ist die Theorie. Tatsächlich aber gründet die Rote Armee schon kurz nach Kriegsende in Deutschland ein eigenes „Komitee für Beutegut", das Gutshäuser, Paläste und Schlösser beschlagnahmt. Dazu 450 000 Radios, 60 000 Klaviere, 940 000 Möbelstücke allein im Jahr 1945.

In der Zeit danach eignen sich die Besatzer mehrere Hunderttausend Museumsobjekte, einige Millionen Bücher, 12 000 Kilometer Schienen, die Hälfte aller noch einsatzfähigen Lokomotiven, Hunderte Tonnen Archivmaterial an. 70 000 Mann demontieren 2200 Betriebe und Fabriken und verschicken ganze Fertigungsstraßen gen Osten: Waffen- und Flugzeugwerke ebenso wie Fabri-

Verheerung: Nach den alliierten Luftangriffen erstrecken sich auch in Ostdeutschland weite Ruinenfelder, so wie hier in Dresden

»WEHE DEM LAND DER MÖRDER«

ken für Werkzeugmaschinen und Autos, Ziegeleien, Möbelfabriken, Bäckereien.

Ein Drittel der industriellen Kapazität Ostdeutschlands wird wegtransportiert, mehr als im Krieg zerstört worden ist, darunter weltweit führende Unternehmen wie Carl Zeiss Jena und das BMW-Werk in Thüringen. Daneben lassen Beute-Bataillone Telefondrähte und Druckerpressen verschwinden, Schiffe, ganze Forschungslaboratorien.

Von dieser gigantischen Beute gelangt vermutlich nur ein Viertel in die UdSSR. Der Rest wird unterwegs unterschlagen oder verrottet irgendwo auf den überlasteten Transportwegen.

Noch weit schrecklicher ist der Preis, den die deutschen Frauen bezahlen: Etwa 1,9 Millionen werden in Deutschland und im von der Roten Armee besetzten Teil Österreichs von Sowjetsoldaten vergewaltigt, oft mehrfach.

Allein von den etwa 1,4 Millionen Frauen, die im Frühjahr 1945 in Berlin ausharren, werden nach Schätzungen rund 100 000 Opfer enthemmter Gewalt. Jede Fünfte wird schwanger, jede Zehnte gebärt eines der im Volk bald geschmähten „Russenkinder“.

Mindestens 10 000 Opfer überleben ihre Vergewaltigung nicht oder nur mit schweren körperlichen Schäden, niemand zählt zudem die Zahl der Selbstmörderinnen aus Angst, Scham oder Schmerz.

Ein direkter Befehl Stalins für diese unfassbare, sich bis 1946 (in manchen Regionen Ostdeutschlands gar bis in die frühen 1950er Jahre) fortsetzende Massenvergewaltigung ist nicht erhalten. Sein Marschall Schukow hat allerdings schon im Januar 1945 Gewalt jeder Art ausdrücklich gefordert, in einem Befehl an die Truppe: „Wehe dem Land der Mörder. Wir werden uns grausam rächen für alles.“

Zehntausende Soldatenwitwen und Waisen hat der Krieg in der SBZ hinterlassen. Aus den bombardierten Städten Evakuierte und Flüchtlinge aus den ehemals deutschen Gebieten im Osten irren durchs Land.

Unter die Ausgebombten und Entwurzelten mischen sich Hunderttausende weitere Menschen, die Nahrung, Kleidung, einen Unterschlupf brauchen: Es sind DPs, „Displaced Persons“, zumeist nach Deutschland verschleppte ausländische Zwangsarbeiter, die nun versuchen, nach Hause zu kommen.

Insgesamt ziehen mehr als zwei Millionen Sowjetbürger und fast ebenso viele Polen und Balten durch die SBZ in Richtung Osten. Wie die Westalliierten quartieren auch die sowjetischen Besatzer Obdachlose auf Bauernhöfen oder in unversehrten Wohnungen ein.

Mit Mühe gelingt es der Militärregierung zunächst, die Menschen in ihrer Zone wenigstens mit dem Nötigsten zu versorgen. Schwer ist es, Lebensmittel oder Kohlen zu verteilen: Gesprengte Brücken blockieren die Wasserwege, Trümmer die Straßen, alliierte Bomber haben die Schienen zerstört.

In diesem Höllenbild aus Verwüstung, Vergewaltigung und Plünderung sind die zehn Funktionäre der Gruppe Ulbricht zunächst nicht viel mehr als einfache Handlanger.

Neben den Genossen um Ulbricht werden noch zwei weitere kleine Vorauskommandos deutscher Kommunisten in andere Teile der SBZ entsandt. Niemand weiß heute mehr genau, nach welchen Kriterien und von wem die Kader ausgewählt werden. Wahrscheinlich ist es vor allem der Bulgare Georgi Dimitrow, Leiter des Auslandsbüros im ZK der Sowjet-KP, der die Gruppen zusammenstellt.

Warum etwa wird Ulbricht nach Deutschland entsandt, Wilhelm Pieck jedoch in Moskau gelassen? (Auch Ulbricht wird erst fünf Tage vor der Abreise endgültig zur Gruppe beordert.)

Warum darf der erst 23 Jahre alte Wolfgang Leonhard mit? Ulbricht hat er auf einigen Vorträgen in Moskau erlebt und findet ihn „nicht sonderlich sympathisch“.

Kein Kader hat eine fest umrissene Aufgabe. Es gibt Funktionäre, die im Moskauer Exil komplette Manuskripte für ideologisch einwandfreie neue deutsche Geschichtsbücher verfasst haben. Doch in der Gruppe reist niemand mit, der etwa auf Wirtschaft, Lebensmittelversorgung, Kultur oder die Polizei spezialisiert wäre.

Niemand hat auch nur die leiseste Ahnung von der Stimmung in Deutschland – so hatte die KPD-Spitze um Ulbricht beispielsweise noch im Sommer 1944 vor, kommunistische Partisanengruppen in Deutschland zu gründen und mit diesen „Freischärlern“ gegen Hitler zu kämpfen. Eine angesichts der Nöte, der Gestapo-Macht und der ideologischen Einstellung der Bevölkerung geradezu absurde Fantasterei.

Ulbricht träumt vermutlich davon, das Sowjetsystem sofort in Deutschland zu erzwingen. Doch Stalin will seine westlichen Alliierten nicht provozieren.

Die Gruppe Ulbricht ist für ihn zunächst nicht der Nukleus einer zukünftigen deutschen Regierung, nicht einmal ein Stoßtrupp zur Neugründung der KPD auf deutschem Boden. Stalin ver-

bietet den Genossen ausdrücklich, die KPD offiziell neu zu gründen, ja er untersagt es sogar, die alten Symbole wie Hammer und Sichel zu führen oder sich mit dem Ruf „Rotfront“ zu begrüßen.

Keine Erinnerung an die Weimarer Zeit! Keine Provokation des Westens! Kein böses Blut bei allen nichtkommunistischen Deutschen, deren Ruhe Stalin ja braucht!

Ulbricht und seine neun Genossen erhalten Armeeausweise und bekommen pro Mann 1000 druckfrische Rubel und 2000 Mark alliiertes Besatzungsgeld ausgehändigt. Sie sollen den Sowjetkommandeuren bei der Verwaltung des besetzten Gebietes helfen. Irgendwie.

Berlin, 2. Mai 1945. Bis 15 Uhr kapitulieren dort die meisten Wehrmachtssoldaten. Am selben Morgen fahren Ulbricht und seine Genossen, begleitet von einigen Politoffizieren, in die Hauptstadt ein. „Langsam bahnten sich unsere Wagen den Weg durch Friedrichsfelde in Richtung Lichtenberg“, erinnert sich Wolfgang Leonhard später.

„Es war ein infernalisches Bild. Brände, Trümmer, umherirrende hungrige Menschen in zerfetzten Kleidern. Ratlose deutsche Soldaten, die nicht mehr zu begreifen schienen, was vor sich ging. Singende, jubelnde und oft auch betrunkene Rotarmisten. Gruppen von Frauen, die unter Aufsicht von Rotarmisten Aufräumungsarbeiten leisteten. Lange Reihen von Menschen, die geduldig vor Pumpen standen, um einen Eimer Wasser zu erhalten. Alle sahen schrecklich müde, hungrig, abgespannt und zerfetzt aus. Aus den Fenstern wehten gleichermaßen die weißen Fahnen der Kapitulation oder rote, denen man ansah, dass sie kurz zuvor aus Hakenkreuzfahnen entstanden waren.“

Berlin – das sind zweieinhalb Millionen traumatisierte Einwohner (halb so viele wie vor dem Krieg). Das sind mehr als eine halbe Million zerstörte Wohnungen, geflutete U-Bahn-Schächte, zerfetzte Straßenbahn-, Strom-, Wasser- und Gasleitungen. Das sind Straßen, blockiert von Trümmern, Bombenkratern, Panzersperren, Pferdekadavern, Schilder der Roten Armee am Rand, in kyrillischer Schrift: „Das ist es, das faschistische Nest Berlin!“

Für Ulbricht ist es ein Triumph. Er fühlt sich als Sieger. Er sieht sich politisch bestätigt. Das ist der Faschismus, da führt er hin!

Am 8. Mai zieht seine Gruppe aus Bruchmühle nach Berlin, in die Prinzenallee 80, ein gut erhaltenes, mehrstöckiges Haus in Friedrichsfelde, requiriert von der Roten Armee und ganz in der Nähe von deren Stadtkommandantur. In einigen kargen Zimmern richten sich die Funktionäre ein, in den oberen Stockwerken schlafen sie – bis auf den Genossen Ulbricht, der zu den hohen Sowjetoffizieren zieht, in einen Villenvorort.

Leonhard und die anderen erhalten ab Anfang Mai von Ulbricht Anweisungen, die der sich zuvor bei der Militärkommandantur abgeholt hat. Endlich konkrete Arbeit! Je zwei Genossen sollen nach und nach in jeden der 20 Berliner

In den Wochen nach Ende der Kämpfe ist die Versorgung extrem schwierig: In Magdeburg stehen Bürger für ein bisschen Wasser an

Kartoffeln zählen zu den wenigen Nahrungsmitteln, die noch zu bekommen sind, doch auch sie sind stark rationiert

Mehr als 500 000 Wohnungen sind allein in Berlin zerstört, die Verkehrswege, wie die Oberwallstraße im Zentrum der Stadt, verwüstet

Zu Hunderttausenden ziehen Menschen, die im Krieg verschleppt worden sind, durch die Besatzungszone, hier auf einer Behelfsbrücke bei Dessau

Viele Straßen können selbst Fußgänger kaum passieren: Militärfahrzeuge der Roten Armee bahnen sich in Berlin einen Weg durch die Trümmer

Bezirke gehen. Dort sollen sie zwei Aufgaben zugleich erledigen: den Besatzern helfen, die unmittelbare Not der Bevölkerung zu lindern – und die Kommunisten verschleiert an die Macht bringen.

Die Not, das ist der Mangel an allem: Essen, Wasser, Medikamente, Transportmöglichkeiten, Wohnraum. Die sowjetischen Kommandeure sind für Bezirke verantwortlich, aber was heißt das schon? Nach russischem Brauch wird derjenige Offizier Stadtkommandant, dessen Einheit als Erstes eine feindliche Stadt betritt. Aber schon gegenüber anderen Einheiten sind die Kompetenzen dieser Offiziere nicht klar abgegrenzt. Und von Verwaltung, von der Sprache, von den Verhältnissen im Land wissen die meisten Offiziere nichts. Sie sind durchdrungen vom Überlegenheitsgefühl der Sieger und entscheiden willkürlich.

Die Kader der Gruppe Ulbricht bringen etwas Ordnung in dieses Chaos, sie sind das Scharnier zwischen Siegern und Besiegten. Im Wedding etwa stößt Ulbricht bereits am 4. Mai auf den 57-jährigen Josef Orlopp, seit seiner Jugend ein linker Sozialdemokrat.

Ulbricht schlägt Orlopp dem Sowjetkommandeur als neues Mitglied der Stadtverwaltung vor – der lässt daraufhin, wie sich Orlopp erinnert, „aus den umliegenden Häusern etwa 50 Männer und Frauen“ zusammentreiben. Ob Orlopp Faschist sei, fragt er die Verängstigten. Alle verneinen – daraufhin stimmt er Orlopps Kandidatur zu.

Ein anderer Funktionär aus der Gruppe fährt zum berühmten Chirurgen Ferdinand Sauerbruch von der Charité in dessen Haus und überredet ihn, die Gesundheitsbehörde zu leiten.

Ulbricht und seine Männer sind stundenlang auf den Beinen, eilen mit sowjetischen Wagen durch die Steinwüste – sie haben Passierscheine, die es ihnen erlauben, auch in den Sperrstunden zwischen 22.00 und 8.00 Uhr durch die Straßen zu fahren.

Trotz der Plünderungen, der Misshandlungen, der schieren Kriegsverwüstungen erschaffen die Männer um Ulbricht gemeinsam mit sowjetischen Offizieren und Helfern aus der Bevölkerung in bewundernswert kurzer Zeit so etwas wie eine Rückkehr zur Normalität.

Schon am 13. Mai sendet der Rundfunk wieder (allerdings haben die Besatzer die Abgabe aller privaten Radios verfügt, weshalb kaum jemand die Sendungen hört), am Tag darauf fährt die erste U-Bahn, sechs Tage später die Straßenbahn.

Am 18. Mai gibt das Orchester der Oper ein Konzert, am 26. Mai feiern die Berliner Philharmoniker Nachkriegspremiere. Und schon im Juni erhalten 128 000 Berliner Kinder in provisorisch hergerichteten Schulräumen wieder Unterricht.

Lebensmittelkarten werden gedruckt, Essen wird zugeteilt. Bald kommen die ersten Hilfslieferungen. Je nach Schwere der Arbeit stehen nun jedem Erwachsenen theoretisch am Tag 300 bis 600 Gramm Brot zu, 20 bis 100 Gramm Fleisch, sieben bis 30 Gramm

Fett, 15 bis 25 Gramm Zucker, 400 Gramm Kartoffeln, dazu pro Monat 100 Gramm Ersatzkaffee, 20 Gramm Tee, 400 Gramm Salz.

Das sind Hungerrationen in einem Ruinenleben – und doch eine erste Ordnung und ein Neuanfang.

Der gelingt nur, weil die KPD-Funktionäre und ihre Helfer in jedem Bezirk Freiwillige finden: überlebende Verwaltungsbeamte etwa, die auf ihre Posten zurückkehren. Oder Lehrer, die in der NS-Zeit gemaßregelt worden sind und deshalb nun als zuverlässig gelten und wieder in die Schulen gehen dürfen.

Aber dieser Aufbau hat auch einen Preis, einen politischen Preis.

Denn für Ulbricht ist nicht nur entscheidend, *dass* die Verwaltung in den Berliner Bezirken wieder in Gang kommt, sondern *wer* sie in Gang bringt. „Es muss demokratisch aussehen, aber wir müssen alles in der Hand haben", verkündet er bereits am 2. Mai seiner Gruppe. Die Kommunisten sollen die Macht übernehmen, doch sie sollen es verschleiert tun, um weder die zermürbte Bevölkerung zu beunruhigen noch die bald anrückenden westlichen Alliierten zu provozieren.

Deshalb müssen die Genossen, oft zu ihrem Widerwillen, in den Bezirken nach den Feinden von vorgestern suchen: nach Sozialdemokraten und Liberalen, die den Nationalsozialisten irgendwie entkommen sind.

Und so verhandelt der 23 Jahre alte Leonhard im vornehmen Wilmersdorf mit einem Kommunalpolitiker, der sein Großvater sein könnte, um den Kopf der neuen Ortsverwaltung.

Bürgerliche Politiker sollen in vielen Stadtteilen Bezirksbürgermeister werden, sollen Fassaden sein für das, was tatsächlich hinter den Kulissen geschieht: Denn ihre ersten Stellvertreter, das ordnet Ulbricht an, müssen stets Kommunisten sein. Ebenso die Personalchefs (die über alle Neueinstellungen wie Beförderungen entscheiden) und die Dezernenten für Volksbildung (die über die richtige Ideologie wachen).

Auch die Leiter der ersten Polizeieinheiten sind Genossen. Fachwissen ist nicht wichtig, allein die politische Linientreue zählt. Dadurch übernehmen die Kommunisten nicht nur die Verwaltung, sie breiten sich auch überall aus, sie bekommen schon Struktur und Erfahrung, bevor sich andere Parteien auch nur formen dürfen. (Denn noch haben alle Alliierten den Deutschen offiziell die Gründung von Parteien verboten.)

Am 12. Mai präsentiert Ulbricht schließlich den Sowjetgenerälen – die den Vorschlägen des emsigen Genossen stets folgen, da er ihnen viel Arbeit abnimmt – auch einen Kandidaten für das symbolträchtige Amt des Oberbürgermeisters von Berlin (die eigentliche Macht aber behält der sowjetische Stadtkommandant).

Ulbricht hat den 68-jährigen Arthur Werner überredet, einen früheren Schuldirektor ohne bedeutende politische Erfahrung. Ein grotesker Zufall hat die beiden Männer zusammengeführt: Ein Bezirksbürgermeister, der bereits für die Gruppe Ulbricht arbeitet, ist ein ehemaliger Schüler der technischen Lehranstalt, die Werner leitete – und die er wegen seiner „politischen Unzuverlässigkeit" 1942 schließen musste. Dieser ehemalige Schüler empfiehlt nun seinen ehemaligen Direktor.

Werner ist bürgerlich, antifaschistisch, doch politisch unerfahren – eine geradezu ideale willfährige Figur.

Zum Stellvertreter macht Ulbricht einen Kommunisten aus seiner Gruppe, den 44 Jahre alten Karl Maron. Der will den Posten nicht, weil er kaum Verwaltungserfahrung hat, aber Ulbricht lässt ihn nicht einmal ausreden: „Du wirst schon sehen, wie gut es gehen wird."

Am 15. Mai nicken Schukow und die Militärverwaltung die Personalie ab. Vier Tage später werden Werner, Orlopp (fortan Leiter der Abteilung für Handel) und die anderen Herren der neuen Stadtverwaltung so feierlich eingeführt, wie es die Umstände eben erlauben, denn das Rote Rathaus ist ja schwer beschädigt. Man trifft sich stattdessen im nahegelegenen Gebäude der Feuersozietät – und der Schauspieler Heinz Rühmann, den irgendjemand hergebeten hat, spricht ein paar ermutigende Worte.

Für all die Posten in der Verwaltung braucht Ulbricht anfangs Dutzende, schnell Hunderte Genossen. Und sie melden sich: alte Kommunisten, die in den braunen Jahren untätig bleiben mussten, die abgetaucht waren, die in Gefängnissen und Lagern litten.

Doch Ulbricht misstraut den Altgenossen – und fordert eine „Kontrolle durch die Rote Armee", ehe er irgendeinem von ihnen auch nur einen Posten anbietet. Denn er fürchtet das angebliche „Sektierertum" der Kommunisten, die im Reich geblieben waren – zumal sie nicht auf die neuen Direktiven aus Moskau eingeschworen sind.

Und seine Furcht ist durchaus begründet. Denn die KPD war in Deutschland stets Fundamentalopposition: gegen den Staat, gegen die Regierung, gegen die Polizei, gegen die Verwaltung.

Viele Überlebende haben weder Erfahrung mit der Macht, noch sind sie willens, nun Verantwortung zu übernehmen. Und so werden die Kader, die für Ulbricht in den Bezirken arbeiten, von manchen Genossen als „Rathauskommunisten" verhöhnt.

Etliche Altkommunisten haben nach dem Ende des NS-Regimes in ihren Wohnbezirken spontan „Antifaschistische Komitees" gegründet, um lokale Macht zu übernehmen. Doch Ulbricht lässt diese Gruppen nach wenigen Wochen auflösen – mit der grotesken Begründung, es handle sich um Organisationen, die von Nationalsozialisten unterwandert seien. Zudem würden sie den schnellen Aufbau neuer demokratischer Staatsorgane blockieren.

Ulbricht weiß sehr wohl, dass die Genossen in Deutschland die „Moskauer" fürchten. „Wir haben kein Blut an den Händen", verkündet einer der Altkommunisten. Auch seien sie „niemals durch Stalins Säuberungs-, seine Gehirnwäschemaschine gegangen. Wir sind nicht von ihrer Kumpanei".

Die Exilanten aus dem Hotel Lux sind dagegen die Überlebenden der Säuberungen: die Denunzianten, die eiskalten

Sowjetdiktator Josef Stalin, hier ein Porträt Unter den Linden, ist nun Herr über Ostdeutschland. Ulbricht folgt ihm gehorsam

WILLKÜR UND GEHEIM-POLIZEI ÄNGSTIGEN DIE MENSCHEN

Funktionäre, denen die Daheimgebliebenen nicht trauen.

Ulbricht will daher lieber neue Leute um sich haben: Männer und Frauen, die ideologisch geformt und bereit sind, jedem Befehl zu folgen. Leute, die er mit kaltem Blick für das Opportune – und ohne Rücksicht auf eigene Gefühle – wie Soldaten aufstellen kann.

So bittet er in Moskau darum, ihm den Redakteur Erich Wendt für eine „antifaschistisch-demokratische Zeitung" zu schicken. Wendt war der erste Mann von Ulbrichts Lebensgefährtin Lotte Kühn und hat zwei Jahre lang in einem Gulag-Straflager gesessen, bevor er nach Moskau zurückkehren durfte. Weder das eine noch das andere hindert Ulbricht nun daran, den Mann zu sich zu rufen.

Er bevorzugt Exilanten und ehemalige Kriegsgefangene, die in Sowjetlagern durch harte ideologische Schulungen gegangen sind, sowie „junge, frische, hemmungslose Genossen", wie es ein Gefolgsmann später verkündet.

Zu den wenigen Kadern der Weimarer Zeit, die Ulbricht übernimmt, zählt ein Jungfunktionär, der unter den Nationalsozialisten zehn Jahre lang im Zuchthaus gesessen hat, von der Roten Armee befreit wurde und sich schon am 10. Mai in der Prinzenallee gemeldet hat: Erich Honecker.

Von neuen wie alten Genossen fordert Ulbricht eiserne Disziplin. Vom 13. Mai an treffen sich jeden Sonntag gut 60 Funktionäre in der Gaststätte „Rose" in der Prinzenallee. Hier und bei Treffen in den Bezirken verkündet Ulbricht die jüngsten sowjetischen Direktiven, die neusten Parteilinien, holt Stimmungsberichte ein, korrigiert, zensiert, kritisiert Genossen.

Am 20. Mai etwa meldet sich ein Funktionär: „Antifaschistisch eingestellte Ärzte haben bei uns die Frage aufgeworfen, wie sie sich verhalten sollen, wenn vergewaltigte Frauen zu ihnen kommen und Abtreibungen wünschen." Murmeln, zustimmende Rufe, Meldungen von allen Seiten.

Allein Ulbricht steht mit verkniffenem Gesicht im Saal und herrscht die Genossen an: „Die Diskussion über dieses Thema betrachte ich als abgeschlossen. Diejenigen, die sich heute über diese Vorkommnisse aufregen, hätten sich lieber aufregen sollen, als Hitler seinen Krieg begann."

Nie wieder werden die Genossen die tausendfachen Vergewaltigungen öffentlich erwähnen.

Gewalt? Ein höherer Funktionär beschwert sich, dass ihn auf einer Kommandantur ein Sowjetleutnant „in angetrunkenem Zustand" bedroht habe. Die Diskussion wird abgewürgt.

Plünderungen? Einfache Soldaten tragen Dutzende geraubte Armbanduhren an den Handgelenken. Marschall Schukow persönlich schickt angeblich sieben Eisenbahnwaggons mit Raubgut für seine Moskauer Wohnung und seine Datschas gen Osten. Keine Diskussion.

Und so wird bereits im Mai 1945 der große taktische Vorteil der Kommunisten zum schier unüberwindlichen Nachteil: Zwar können sich die Kommunisten dadurch, dass Ulbricht im Schatten der Rotarmisten so rasch Posten besetzt und Fakten geschaffen hat, viel schneller organisieren

Plündernder Rotarmist: Die Rache der Soldaten richtet sich vor allem gegen Frauen. Hunderttausende werden vergewaltigt

Um die Menschen ruhig zu halten, organisieren die Besatzer schnell Essenslieferungen. Und senden Geheimpolizisten aus

Neben Viehherden konfisziert die Rote Armee ganze Industrieanlagen und bringt sie heim – als Reparationen

als alle politischen Rivalen. Während die Mitglieder der SPD erst aus dem Untergrund auftauchen, sich mühsam neu sammeln und Parteien offiziell noch gar nicht zugelassen sind, kontrollieren KP-Kader bereits die Polizei und die Presse, öffentliche Finanzen und Schulen.

Andererseits verwandelt Ulbrichts bedingungslose Unterwerfung unter Stalin in den Augen der meisten Deutschen die ehemalige Arbeiter- in eine verhasste „Russenpartei“. Die Kommunisten gelten als Kettenhunde der gefürchteten Besatzer.

Die Macht der Kader ruht weder auf ihrer Aufbauarbeit noch auf Popularität – sie stützt sich hauptsächlich auf sowjetische Panzer und Kerker.

Denn neben den Soldaten sind auch Geheimpolizisten des NKWD sowie weiterer sowjetischer Dienste in der SBZ stationiert: Zu jeder Kommandantur gehört eine meist 24-köpfige Agenteneinheit; bis zu 15 000 Geheimpolizisten

Den Schwarzmarkt – auf dem selbst Soldaten handeln – kann die Rote Armee auch mit ihrer harten Militärjustiz nicht unterbinden

Schilder in kyrillischer Schrift und sowjetische Ordnungskräfte weisen den Besatzern in Berlin den Weg – wie hier am Platz vor dem Brandenburger Tor

werden es schließlich in der gesamten Sowjetzone bald sein.

Der offizielle Auftrag der Agenten ist die Sicherheit der eigenen Truppen. Grundlage dafür ist der in Moskau ergangene NKWD-Befehl Nr. 00315 (die Doppelnull zeigt an, dass es ein „streng geheimer" Befehl ist), in dem „Maßnahmen zur Säuberung des Hinterlandes" angeordnet werden: Die Besatzer sind von der Furcht beherrscht, dass vor allem jugendliche NS-„Werwölfe" Partisanen-Attacken verüben könnten.

Innerhalb weniger Monate werden daher 5896 Jungen und Mädchen verhaftet, die zuvor Mitglieder der Hitlerjugend oder des Bundes Deutscher Mädel waren und nun als potenzielle Nazi-Partisanen gelten.

Zudem fahnden die Geheimpolizisten nach „Konterrevolutionären" – das sind all jene, die nicht bedingungslos gehorchen: Bürger, die ein verbotenes privates Radio besitzen, ebenso wie alte Kommunisten, bei denen sich in Parteiversammlungen herausstellt, dass sie nicht hundertprozentig der von Moskau vorgegebenen Politik folgen.

Darüber hinaus sichern die Besatzer kompromittierendes Material. Das Archiv des Berliner Rundfunks etwa liegt in der Masurenallee in Charlottenburg und damit in der zukünftigen Britischen Zone. Bevor westliche Soldaten jedoch heranrücken können, haben offenbar präzise informierte Kommunisten alle Tonbandaufnahmen vom Besuch des sowjetischen Außenministers Molotow 1940 in Berlin verschwinden lassen. Von den nun peinlichen Absprachen mit dem damaligen Verbündeten Hitler soll nichts nach außen dringen.

Die Geheimpolizisten ziehen in der folgenden Zeit ein dichtes Spitzelnetz über das eroberte Land. Bürgermeister und gefangene Wehrmachtsoffiziere stellen Listen mit den Namen früherer Nationalsozialisten zusammen, Opfer des NS-Regimes zeigen ihre Peiniger an.

Lauscher sind überall. Da kann eine falsche Bemerkung im Kino während sowjetischer Propagandafilme zur Verhaftung führen. Ein 15 Jahre alter Junge wird aus der Schule weg arrestiert.

Robert Zeiler, 22, ein „Halbjude", der das KZ Buchenwald überlebt hat, will im Mai 1945 seine Mutter aus dem KZ Theresienstadt abholen. Er hat sich ein Auto besorgt und gültige Passierscheine in englischer, französischer und russischer Sprache. Doch als sein Wagen bei Potsdam eine Panne hat, wird er trotz der KZ-Häftlingskluft, die er noch trägt, als „amerikanischer Spion" verhaftet – wegen der westlichen Papiere.

Drei Jahre Lager wird ihn dieser absurde Verdacht kosten.

Alle Deutschen in der SBZ unterstehen der Militärgerichtsbarkeit. Die Rote Armee richtet Sowjetische Militärtribunale ein mit einem Richter und zwei Hilfsschöffen, aber keinem Verteidiger, um Nationalsozialisten und Kriegsverbrecher, Kriminelle und „Konterrevolutionäre" gleichermaßen zu verurteilen.

Oder *nicht* zu verurteilen.

Denn aus den heute noch zugänglichen Dokumenten wird nicht klar, warum die Besatzer manche Deutsche vor ein Tribunal stellten, andere dagegen ganz ohne Verfahren jahrelang internierten. Einigermaßen sicher ist nur, dass zwischen 1945 und 1950 knapp 160 000 Deutsche in sowjetischen Straflagern verschwinden. Die meisten ohne Verurteilung durch ein Tribunal.

Wer verhaftet wird, hat keine Chance mehr auf Freiheit, denn die Festnahme gilt bereits als Schuldbeweis. Echte, kriminalistisch relevante Beweise wie Dokumente, Fingerabdrücke oder Zeugenaussagen interessieren die Militärverwaltung nicht. Wer in ihr Visier gerät, etwa nach einer Denunziation, den verschleppen die Geheimpolizisten in einen „GPU-Keller" (so die Bezeichnung im Volk nach dem früheren Namen des Sowjetgeheimdienstes).

Schätzungen gehen von rund 500 solcher Einrichtungen aus, manche sind bloß zu Folterzellen umgebaute Kohlenkeller oder Hühnerställe, andere reguläre alte Haftanstalten.

Die NKWD-Offiziere wollen dort aus ihren Opfern keine Geständnisse *heraus*prügeln, sondern sie vielmehr *hinein*prügeln. In nächtlichen Verhören werden die hungrigen, verdreckten, verängstigten, desorientierten Häftlinge mit Schlagstöcken und anderen Marterinstrumenten traktiert, man führt sie zu Scheinhinrichtungen, Frauen sind zudem sexueller Gewalt preisgegeben.

Die Folter dauert Tage oder Wochen – so lange, bis das Opfer zusammenbricht und ein in kyrillischen Buchstaben geschriebenes Protokoll unterzeichnet, das es meist nicht einmal lesen kann: das Geständnis irgendeines Verbrechens.

Ehemalige NS-Blockwarte sind unter den Festgenommenen und Wehrmachtsoffiziere. Doch insgesamt geraten vermutlich nur etwa ein Fünftel der Verurteilten wegen ihrer Nähe zum NS-Regime in Haft. Alle anderen werden als „Spione" oder „Agitatoren" schuldig gesprochen – also vermutlich weggesperrt, um potenzielle Unruhestifter auszuschalten.

Denn mehr als 43 Prozent der Verurteilten sind bei Kriegsende 24 Jahre oder jünger, also zu jung, um eine wichtige Rolle unter den Nationalsozialisten gespielt zu haben. Trotzdem werden allein in den ersten zwei Jahren der sowjetischen Besatzung 89 Jugendliche im Alter zwischen 14 und 20 Jahren zum Tode verurteilt.

Umgekehrt brandmarkt die bolschewistische Propaganda Großgrundbesitzer und Industrielle zwar als „Klassenfeinde", tatsächlich stellen sie in der SBZ aber nur drei Prozent der Verurteilten. 18-mal so viele Arbeiter wie Industrielle werden vor ein Tribunal gestellt, viele sind zudem Mitglieder von SPD oder KPD – und es sind wiederum mehr Kommunisten als Sozialdemokraten, die in die Fänge des NKWD geraten.

Wohin mit all den Verhafteten? Einige werden in die UdSSR gebracht, doch es ist zu aufwendig, Zehntausende Menschen bis in den sowjetischen Gulag zu bringen. Also lässt die Geheimpolizei in der SBZ zehn „Speziallager" aufbauen. An einigen Orten, etwa in Bautzen, nutzt sie dafür alte Gefängnisse, andernorts, etwa in Buchenwald, werden kurzerhand die KZs der Nationalsozialisten wieder mit Häftlingen belegt.

So wird auch das KZ Sachsenhausen nur drei Monate nach der Befreiung durch die Rote Armee wieder als „Speziallager Nummer 7" hergerichtet. Ein Kommando des NKWD zieht ein, der Lagerkommandant hat schon Jahre Erfahrung im Gulag.

Die Baracken bleiben, die Wehrtürme, der Stacheldraht mit den Warnschildern „Verbotene Zone! Es wird geschossen!" – alles bleibt gleich, sogar auf dem Tor die zynische NS-Inschrift: „Arbeit macht frei".

60 000 Männer und Frauen lassen die Sowjetbehörden in Sachsenhausen inhaftieren, dem größten Lager der SBZ – darunter Arnulf Putzar, den man Ende September 1945 auf die Kommandantur seines Wohnortes bestellt, weil dort seine Arbeitspapiere „überprüft" werden müssten. Tatsächlich wird er verhaftet und zu zehn Jahren Lager verurteilt. Putzar ist 14 Jahre alt.

12 000 Insassen enden in einem der Massengräber, die Häftlinge in Sachsenhausen anlegen, die meisten sind verhungert. Insgesamt sterben in den zehn Lagern der SBZ mindestens 43 000 deutsche Häftlinge, das ist jeder Vierte. 756 von ihnen werden hingerichtet.

Erst 1950 schließt man die letzten dieser Lager. Von den Häftlingen, die noch leben, werden 650 nach Osten deportiert, etliche Tausend freigelassen, etwa 14 000 Häftlinge in die Gefängnisse der gerade gegründeten DDR verlegt; bis auf wenige Ausnahmen werden die letzten von ihnen 1956 freigelassen.

Vermutlich träumt auch Ulbricht von einem eigenen Geheimapparat. Doch erst 1946 beginnen die Sowjetbehörden, eine deutsche Geheimpolizei zu organisieren – das K 5, das „Fünfte Kommissariat". Auch bewaffnete Grenztruppen bauen sie auf, doch es wird noch bis zum Herbst 1947 dauern, ehe Moskau den deutschen Genossen gestattet, das Kommando über diese Einheiten zu übernehmen.

Dennoch bleibt Ulbrichts Abhängigkeit von den Besatzern total. Am 4. Juni 1945 wird er gemeinsam mit zwei weiteren deutschen Genossen nach Moskau bestellt.

Stalin forciert nun die Gründung einer kommunistischen Partei, weil das Verhältnis zu den USA immer stärker abkühlt. Andererseits will er die westliche Supermacht, formal ja noch immer ein Verbündeter, nicht ganz vor den Kopf stoßen. Und so befiehlt er, dass in der SBZ gefälligst auch andere, bürgerliche Parteien zu gründen seien.

Allerdings müssten sie in einem „Block" agieren, und der wiederum müsse von der KPD gelenkt werden.

TAUSENDE KOMMEN IN DIE ALTEN NS-LAGER

Die deutschen Genossen parieren, wie immer. Noch in der Nacht auf den 6. Juni schreiben sie den Entwurf zum Gründungsaufruf der KPD. Stalin persönlich genehmigt den Text.

Am 10. Juni bringt eine Maschine die Kader (nun begleitet vom Schriftsteller Johannes R. Becher) zurück nach Berlin – genau an jenem Tag, an dem die neu geschaffene Sowjetische Militäradministration SMAD mit ihrem zweiten Befehl den Aufbau von Parteien gestattet.

Und schon am 11. Juni flattern überall durch die Straßen der verwüsteten Stadt Flugblätter mit dem Tage zuvor in Moskau verfassten Gründungsaufruf der KPD. Das Haus in der Prinzenallee ist fortan Sitz des Zentralkomitees der

***Literaturempfehlungen:** Wolfgang Leonhard, „Die Revolution entlässt ihre Kinder", KiWi: spannender Blick in Herz und Hirn des jüngsten Mitglieds der „Gruppe Ulbricht". Mario Frank, „Walter Ulbricht, eine deutsche Biografie", Siedler: nüchterne und aufschlussreiche Darstellung des prototypischen Apparatschiks.*

scheinbar über Nacht wiederauferstandenen Partei.

Das ist selbst für etliche Genossen eine Volte zu viel. Die Parteilinie der deutschen Kommunisten, ob im Exil oder im deutschen Untergrund, war es seit 1939, eine Einheitspartei von Kommunisten und Sozialdemokraten zu schaffen.

Fort mit dem verhängnisvollen Zwist zwischen KPD und SPD, der erst den Aufstieg Hitlers ermöglicht habe, so zumindest die offizielle Doktrin.

Viele Kommunisten – und Sozialdemokraten – erwarten, ja erhoffen daher im Frühsommer 1945 die Gründung ebenjener Einheitspartei. Und nun sollen KPD und SPD plötzlich unabhängig voneinander gegründet werden? Und gar bürgerliche Parteien dazu? Liberale? Eine konservativ-christliche Partei? Ist das ein Sowjetsystem? Die Einparteienherrschaft? Der Sozialismus?

Am 12. Juni trifft Ulbricht Funktionäre seiner eigenen und Abgesandte zukünftiger anderer Parteien in Berlin zu einer „informatorischen Zusammenkunft“. Dort sind es vor allem die Altfunktionäre der KPD, die für eine Einheitspartei eintreten. Vergebens.

Denn Ulbricht exekutiert Stalins Willen, und er genießt inzwischen das Vertrauen hoher Sowjetoffiziere. Oft ist er der einzige Genosse, der mit den Generälen spricht. Er setzt sich durch – auch, indem er die wiederbegründete KPD nach seinen Vorstellungen formt.

Bis zum August 1945 werden 15 720 Altkommunisten in die KPD aufgenommen – aber es treten gleichzeitig auch 16 565 neue Genossen ein. Ulbricht nähert sich seinem erträumten Ziel: der Partei der „jungen, hemmungslosen“ Kommunisten, diszipliniert und bedingungslos gehorsam.

Sein Vorauskommando, die „Gruppe Ulbricht“, wird nie formal aufgelöst. Nur wenige der zehn Abgesandten aber schaffen es in den Kern der neuen KPD – und die wiederum wird, einige Monate und einige ideologische Volten später, Kern der dann doch noch gegründeten Einheitspartei SED (siehe Seite 38).

In den sechs Wochen ihres Wirkens hat die Gruppe Ulbricht mitgeholfen, im verwüsteten Osten Deutschlands und in Berlin ein überlebenswichtiges Minimum an Versorgung zu sichern. Zugleich haben diese zehn Funktionäre in Berlin während kaum mehr als 40 Tagen die entscheidenden Fundamente gelegt für den Aufbau einer diktatorisch regierenden Partei nach Stalins Vorgaben, die sich auf die Macht sowjetischer Panzer und Geheimagenten stützt.

Ulbricht hat die Anweisungen des Moskauer Gewaltherrschers getreulich durchgesetzt – und so schon in den 40 Gründungstagen den Charakter des Regimes für die nächsten 40 Jahre geprägt.

Er hat jede Diskussion über die bedingungslose Unterwerfung unter die Sowjetunion erstickt, obwohl Rotarmisten Zehntausende Frauen vergewaltigt und das Land ausgeplündert haben – und NKWD-Schergen nun die Konzentrationslager der Nationalsozialisten als eigene Haftanstalten weiterführen.

Er hat bürgerliche Politiker zur Tarnung auf prestigeträchtige Posten gehoben und wird deren Partei-Neugründungen tolerieren, obwohl gemäß kommunistischer Ideologie gerade solche „reaktionären“ Organisationen abgeschafft gehörten.

Und er hat in seiner eigenen Partei ausgerechnet jene Genossen an den Rand gedrückt, die die NS-Zeit im Untergrund überlebt haben und das Land am besten kennen – um nun mit neuen Kadern eine willenlose und gerade deshalb perfekt funktionierende Organisation zu schaffen.

Das alles hat er dabei so gut verschleiert, dass er, zumindest eine kurze Weile lang, nicht nur viele Deutsche und Westalliierte, sondern sogar selbst enge Genossen über seine wahren Absichten täuschen kann: Als ihn im Juni 1945, gegen Ende der Wirkungszeit der Gruppe Ulbricht, ein Funktionär fragt, worin sich denn das Programm der neuen KPD von dem der bürgerlichen Parteien unterscheide, da lächelt Ulbricht, so überliefert es der Augenzeuge Leonhard (der 1949 aus der DDR flüchten wird, weil er den stalinistischen Kurs der Regierung verurteilt).

„Das wirst du schon bald merken, Genosse!“ antwortet er. „Wart nur mal ein bisschen ab!“ □

Für *GEOEPOCHE*-Redakteur **Cay Rademacher**, 48, war es eine Spurensuche in eigener Sache: Sein Vater hat als Kind jene Frühphase Ostdeutschlands miterlebt – bevor er 1953 in den Westen ging.

Staat von Stalins Gnaden

Mit Hilfe der Besatzer bauen die Kommunisten in der SBZ ihre Macht aus, zwingen die SPD in eine Einheitspartei, kontrollieren Politik und Wirtschaft der Zone. Und auch, um aus Ostdeutschland einen eigenen Staat zu machen, brauchen sie die Erlaubnis der Sowjetunion VON REYMER KLÜVER

Am 16. September 1949 fliegt eine sowjetische Maschine von Berlin nach Moskau, an Bord die SED-Spitze, darunter Wilhelm Pieck, Otto Grotewohl und Walter Ulbricht. Die Zeit drängt, die drei Westzonen sind seit der Gründung der Bundesrepublik am 23. Mai 1949 ein echter Staat; der Osten muss antworten.

Mehrmals schon sind die Männer zum Rapport in Moskau gewesen. Am nächsten Tag befiehlt die Sowjetführung die Deutschen zum Politbüro in den Kreml. Drei Stunden lang sprechen sie über die Gründung eines eigenen Staates auf dem Boden der Sowjetischen Besatzungszone, einer „Deutschen Demokratischen Republik". Der entscheidende Mann aber fehlt: Josef Stalin.

Deshalb schreiben die Deutschen dem „lieben Genossen Stalin" einen Brief mit der Bitte um „Überprüfung" ihrer Vorschläge. Die Ministerliste legen sie gleich mit vor, nennen einen Termin für Wahlen (Herbst 1950) und erbitten zudem die Lieferung von Lastwagen, Getreide und Baumwolle.

Dann geschieht erst einmal nichts.

DABEI HAT ES STALIN anfangs sehr eilig gehabt, sein Besatzungsgebiet politisch wieder aufzubauen: Als erste Siegermacht lässt die Sowjetische Militäradministration SMAD bereits Wochen nach Kriegsende in ihrer Zone wieder Parteien zu.

Stalin behauptet, eine „parlamentarisch-demokratische Republik" in Deutschland errichten zu wollen – um den anderen Siegermächten damit demonstrativ zu zeigen, dass er keineswegs vorhat, das Sowjetsystem auf die besetzte Zone zu übertragen.

Mit seiner Deutschlandpolitik will der Diktator die UdSSR vor allem vor einem erneuten Angriff aus dem Westen schützen. Aber natürlich hat er trotz aller gegenteiligen Beteuerungen auch vor, den Sowjetkommunismus in Europa zu verbreiten.

Deshalb fordert er einerseits einen entmilitarisierten, neutralen, gesamtdeutschen Pufferstaat. Dafür schafft er Strukturen, die den Anschein demokratischer Pluralität erwecken – um den Weg zu einer Einigung mit dem Westen nicht zu verbauen. Denn anders als etwa in Polen oder der Tschechoslowakei muss er in Deutschland Rücksicht auf die anderen Siegermächte nehmen.

Andererseits dominiert er diese Strukturen von Beginn an: Denn auch über einen vorgeblich neutralen Staat will er die Kontrolle behalten.

Mit seiner „Blockpolitik" versucht er, ein Vorbild für Gesamtdeutschland zu schaffen: Die vier zugelassenen Parteien CDU, SPD, KPD und Liberal-Demokratische Partei Deutschlands bilden zusammen die „Einheitsfront der antifaschistisch-demokratischen Parteien" – sie dient als Parlamentsersatz. Politische Beschlüsse, so die Bedingung, darf dieser „Block" grundsätzlich nur einstimmig fassen.

Die Parteien sollen auf diese Weise gemeinsam „die großen Aufgaben lösen" (und die Kommunisten verhindern so, dass sich eine Koalition gegen sie bilden kann).

Erste, in der Aufbruchstimmung der Nachkriegsmonate vorgebrachte Vorschläge der Sozialdemokraten, die „Einheit der Arbeiterklasse" wiederherzustellen – also SPD und KPD zu vereinen –, lehnt die KP-Führung zunächst brüsk ab: Sie sieht sich den anderen drei Kräften klar überlegen. Ihre führenden Funktionäre sind mit der Roten Armee nach Deutschland zurückgekommen und haben viele der wichtigsten Posten in Städten und Gemeinden längst mit verlässlichen Genossen besetzt.

Die Kommunisten sind straff organisiert, und sie genießen die Unterstützung der Sowjetführung. Die „Hegemonie der Arbeiterklasse und ihrer revolutionären Partei" müsse stets gesichert bleiben, instruiert Stalin die deutschen Genossen im Geheimen.

Ganz offen übt die Besatzungsmacht daher von Beginn an Druck auf die „Blockparteien" aus. So werden der CDU-Vorsitzende in der Sowjetzone sowie sein Stellvertreter schon im Dezember 1945 ihrer Ämter enthoben, weil sie eine Entschädigung der enteigneten Gutsbesitzer und Großbauern gefordert haben.

Auch wenn es die drei anderen Parteien nicht wahrhaben wollen: Seit dem Moment ihrer Gründung sind sie bloße Statisten in einem scheindemokratischen Spiel, das nur auf eines abzielt – die Vorherrschaft der stalinistischen Partei.

Doch Ende 1945 wählen die Menschen in Österreich und Ungarn, und die dortigen Kommunisten schneiden schlecht ab. Auch im besetzten Osten Deutschlands, das wird der Sowjetführung nun klar, würde die KPD keine freien Wahlen gewinnen.

Der frühere SPDler Otto Grotewohl (mit Hut) und der weißhaarige Kommunist Wilhelm Pieck führen offiziell die neue SED

Daraufhin ändert Stalin seinen Kurs. SPD und KPD, so die neue Devise, sollen sich sofort zusammenschließen. Das Kalkül: In einer solchen neuen Partei würden die Kommunisten über Manipulationen und Einschüchterungen schnell das Sagen haben.

Stalin lässt eine zentral gesteuerte Kampagne anlaufen, die sowohl Härte demonstrieren soll als auch (vermeintliches) Entgegenkommen. So umschmeicheln die Besatzer Otto Grotewohl, den starken Mann der Ost-SPD, den das radikale Auftreten der Kommunisten zögern ließ, mit der KPD zusammenzugehen. Sie schenken dem Hobbykünstler Mal-Utensilien, nutzen ihre Verbindungen, um seinen Sohn aus der britischen Kriegsgefangenschaft zu holen.

Andere Sozialdemokraten behandeln sie dagegen nicht so zuvorkommend. In Thüringen entgeht der SPD-Landesvorsitzende, der sich der Einheitskampagne widersetzt, seiner Festnahme nur durch Flucht in den Westen. In Grimma droht der sowjetische Stadtkommandant der örtlichen SPD-Führung mit Waffengewalt, sollte sie der Vereinigung mit der KPD nicht zustimmen.

Die von den Besatzern zensierten Zeitungen werben für das Zusammengehen von KPD und SPD. Sozialdemokraten, die sich dagegen aussprechen, werden in Betrieben und Ortsvereinen von KPD-Funktionären als „Handlanger der Reaktion“ oder „Söldlinge des Kapitals“ beschimpft. Überall bedrohen sowjetische Propaganda-Offiziere örtliche SPD-Funktionäre, damit sie der Parteiführung in Berlin ihren angeblich „unbändigen“ Wunsch nach einer Einheitspartei mit den Kommunisten übermitteln. Wer sich weigert, muss damit rechnen, verhaftet zu werden.

Nach wenigen Monaten ist der Widerstand gebrochen. Kurz spielt der Vorstand der Ost-SPD in Berlin noch mit dem Gedanken an eine Selbstauflösung – als letzten verzweifelten Akt des Ungehorsams. Doch dann billigen der Zentralausschuss in Berlin sowie die fünf Landesverbände Brandenburg, Mecklenburg-Vorpommern, Sachsen, Sachsen-Anhalt und Thüringen die Fusion.

Die KPD wirbt für eine Einheitspartei mit der SPD: Ohne die Sozialdemokraten hätte sie keine Chance auf eine Mehrheit

Etliche Genossen sind zermürbt durch den ständigen Druck, andere noch müde vom Leben in der Illegalität unter dem NS-Regime – und viele sogar hoffnungsfroh: Zwar kennen sie die Gnadenlosigkeit der Stalinisten, doch zugleich wünschen sie sich glühend, die Spaltung der Arbeiterklasse zu überwinden.

Nur in den von den Westalliierten kontrollierten Sektoren Berlins kann die Sowjetmacht eine Urabstimmung der Parteimitglieder nicht verhindern. Sie spiegelt vermutlich die Stimmung unter den Genossen der Ost-SPD wider: 82 Prozent votieren gegen eine sofortige Vereinigung, knapp 63 Prozent aber wünschen sich eine Zusammenarbeit.

Am 21. April 1946 versammeln sich in Ostberlin gut 1000 Delegierte, verteilt nach der Mitgliederzahl: 507 von der KPD, 548 von der SPD. Mit einem inszenierten Händedruck besiegeln KPD-Chef Wilhelm Pieck und der SPD-Vorsitzende Otto Grotewohl die Vereinigung ihrer Parteien zur „Sozialistischen Einheitspartei Deutschlands“, deren Vorsitz sie sich fortan teilen – so wie nun alle anderen wichtigen Parteiämter paritätisch mit je einem Kommunisten und einem Sozialdemokraten besetzt werden.

Auch andere Unterschiede zu kommunistischen Parteien erleichtern den SPDlern den Übergang: Die SED beruft sich zwar auf den Marxismus, nicht aber auf den Leninismus – also auf den Führungsanspruch der Partei der Arbeiterklasse. Und ihr Programm folgt nicht dem sowjetischen Modell, sondern fordert einen „deutschen Weg“ zum Sozialismus.

Trotzdem wird bald klar: Die Stalinisten werden ihre Macht nicht aufgeben. Interne Kritik verfolgen sie schnell als „parteischädigend“. Wer sich der Linie der Führung nicht anpasst, wird aussortiert, gleichgültig ob einstiger SPD-Mann oder alter Kommunist.

Immer mehr ehemalige Sozialdemokraten werden so kaltgestellt. Andere tragen aus Angst, Überzeugung oder Opportunismus die Gleichschaltung mit und wollen nun ebenfalls Widerspruch „ausrotten“, wie es Otto Grotewohl formuliert. Auch die Sozialdemokraten sind schließlich in Parteidisziplin geschult, und gerade die Jüngeren haben kaum Erfahrung mit demokratischen Strukturen.

In der Bevölkerung ist die SED (wie zuvor die KPD) als „Russenpartei“ verschrien: Ihre Führer arbeiteten als Handlanger der Besatzer, täten die enormen Versorgungsprobleme als feindliche „Lügen“ ab und verteidigten selbst die andauernden Demontagen von Industrieanlagen durch die UdSSR als gerechte Entschädigung für die Befreier.

Und so bringen die Landtagswahlen im Herbst 1946 nicht das erwünschte Ergebnis: Statt eines deutlichen Vorsprungs kann die SED in keinem der fünf Länder die absolute Mehrheit der abgegebenen Stimmen erringen.

Doch mit dem „Antifa-Block“ haben sich die Sozialisten abgesichert. Weil bereits überall eine Allparteienregierung feststeht, entscheidet die Wahl nur noch darüber, wie die Posten innerhalb des Blocks verteilt werden. Die SED als stärkste Kraft stellt in vier Ländern den Ministerpräsidenten, nur in Sachsen-Anhalt wird ein Liberaler Regierungschef. Überall aber sichert sich die SED das Innen- und das Kultusministerium.

Verstärkt wird die Partei nun stalinistisch umgeformt: Statt der traditionellen Ortsvereine bilden künftig Betriebsgruppen unter der Leitung linientreuer Genossen die Parteibasis.

Zudem tauscht die SED-Spitze von oben nach unten Funktionäre und sogar ganze Kreis- und Ortsvorstände aus. Die wichtigsten Posten sind bald allesamt in der Hand gehorsamer Parteisoldaten.

Mit der Übernahme der für die Polizei zuständigen und daher in Machtfragen so wichtigen Innenministerien – einer Strategie, die bereits die Nationalsozialisten bei ihrer Machtübernahme verfolgt hatten – sitzt die SED an der richtigen Stelle, um auch den Rest der Gesellschaft in der SBZ unter ihre Kontrolle zu bringen.

Eine „Deutsche Verwaltung des Inneren" übernimmt im Dezember die Aufgaben eines zentralen Innenministeriums. Ihre wichtigste Einheit ist das fünfte Kommissariat, die politische Polizei. Deren Verhörmethoden sind so gefürchtet wie einst die der Gestapo. Wer es etwa wagt, an einer Hauswand die Initialen SED als „Sowjetisches Eigentum Deutschland" auszuschreiben, den jagt das K 5 als „antidemokratischen" Feind und übergibt ihn den Besatzern. So wird es zur Urzelle des Ministeriums für Staatssicherheit.

Zehntausende geraten vor ein Militärtribunal und werden zum Tode, zu Gefängnis- oder Lagerhaft verurteilt. Oder verschwinden einfach: K-5-Agenten fälschen Aktenvermerke, denen zufolge die vermissten Personen in den Westen gegangen sind. Viele Inhaftierte kommen in sowjetischen Lagern um, sterben an den brutalen Haftbedingungen.

Unterdessen kühlt sich das Verhältnis der drei Westmächte zur UdSSR ab. Im März 1947 verkündet US-Präsident Harry Truman eine neue Doktrin: Fortan sei es Aufgabe der US-Außenpolitik, freie Völker in ihrem Kampf gegen den Totalitarismus zu unterstützen.

Ost und West steuern in den Kalten Krieg. Und die vier deutschen Besatzungszonen liegen im Frontgebiet.

Im Sommer 1947 formuliert Washington den Marshall-Plan, ein Milliarden Dollar teures Wiederaufbauprogramm für Europa, das sich auch an die sowjetisch besetzten Gebiete richtet. Aber gleichzeitig kommen die Westmächte Stalin weder bei der geforderten Beteiligung an der Kontrolle des Ruhrgebiets noch bei der Zahlung von Reparationen aus den Westzonen entgegen. Daraufhin lässt der Sowjetchef die Gründung eines ostdeutschen Teilstaats beschleunigt vorbereiten.

Doch Stalin will die Option eines (nach seinen Vorstellungen) neutralen gesamtdeutschen Staates nicht aufgeben. Im Dezember 1947 lädt die SED deshalb zu einem „Volkskongress", um ihren Willen zur Einheit Deutschlands zu demonstrieren. Mehr als 2000 Delegierte von Parteien und Gewerkschaften kommen in Ostberlin zusammen.

Aus dem Westen reisen allerdings nur wenige an. Und unter den Vertretern aus dem Osten verfügt die SED über die klare Mehrheit – es ist alles andere als eine repräsentative Vertretung des deutschen Volkes. Von den zeitgleich in London tagenden alliierten Außenministern fordert der Volkskongress „Einheit und gerechten Frieden" für Deutschland. Doch intern stellt SED-Chef Grotewohl fest: „An der Zerreißung Deutschlands in zwei Zonen kann nicht mehr gezweifelt werden."

Im Sommer 1948 führen die Westalliierten die D-Mark in ihren Zonen und in den drei Westsektoren Berlins ein – ein Vorwand für die Sowjetmacht, in der Nacht zum 24. Juni alle Land- und Wasserverbindungen vom Westen in die alte Reichshauptstadt zu sperren. Mehr als zwei Millionen Menschen sind isoliert und müssen fast ein Jahr lang über eine Luftbrücke versorgt werden, ehe Stalin die Blockade aufgibt.

In der SBZ regiert die SED mit zunehmender Härte. Walter Ulbricht, Stalins erster Mann unter den deutschen Kommunisten, beruft sich auch öffentlich wieder auf Lenin und propagiert dessen „Partei neuen Typs" als Leitbild für die SED: Die Beschlüsse des Zentralsekretariats seien fortan „richtungsweisend". Die Partei wird nun auch formal straff von oben geführt.

Dies ist der Beginn einer Säuberungswelle. Von September 1948 an erhält eine „Zentrale Parteikontrollkommission" die Aufgabe, Genossen, die nicht auf Parteilinie sind, zu enttarnen. Missliebige Funktionäre werden reihenweise abgemahnt, entlassen oder verhaftet. Erich Gniffke, nach Grotewohl die Nummer zwei der ehemaligen SPD-Mitglieder in der SED, flieht in den Westen aus Angst, er könnte verhaftet werden. In einem Abschiedsbrief prangert er den Wandel der SED in eine totalitäre Partei an. Wie viele hat er jede Illusion verloren über ihren Kurs.

Tatsächlich lassen die sozialistischen Führer im Januar 1949 die paritätische Besetzung der Posten mit jeweils einem früheren SPD- und einem KPD-Genossen abschaffen. Ganz offen benennt die SED nun ihren Führungs-

1948 setzt Sowjetdiktator Stalin noch auf ein von ihm dominiertes, wiedervereintes Deutschland. Auch die SED wirbt dafür

anspruch in Politik, Wirtschaft und Kultur. Sie erklärt sich zur Elite der Arbeiterklasse.

Wer in die Partei eintreten will, muss sich bewerben, zwei Bürgen benennen und eine Kandidatenzeit absolvieren: Arbeiter ein Jahr, alle anderen zwei Jahre. In dieser Zeit überprüft die SED die Linientreue der Bewerber.

Und wie Stalins Partei erhält auch die SED als oberstes Gremium ein Politbüro, das fortan alle wichtigen Entscheidungen fällt. Die neun Mitglieder rekrutieren sich aus dem engsten Funktionärszirkel der Partei, die nun an der Spitze ebenfalls nach stalinistischem Maß neu zugeschnitten wird.

Auch das Politbüro wird noch einmal zentralisiert: Seine Arbeit organisiert fortan das sogenannte Kleine Sekretariat, das zudem die Ausführung der vom Politbüro gefassten Beschlüsse überwacht. Die zunächst fünf Mitglieder sind, ähnlich wie Minister, für bestimmte Schwerpunkte zuständig (etwa Bildung, Wirtschaft oder Justiz).

Den Vorsitz des Sekretariats übernimmt Walter Ulbricht. Er ist damit endgültig der starke Mann der SED, eine Art inoffizieller Regierungschef.

Erneut beruft die Partei im Frühjahr 1949 einen Volkskongress ein und lässt diesmal die Kandidaten von den Bürgern wählen. Allerdings kann nur über eine Einheitsliste abgestimmt werden, auf der ausschließlich Vertreter des „Antifaschistischen Blocks“ nach einem festgelegten Schlüssel verzeichnet sind. Die einzige Wahlmöglichkeit besteht im Zustimmen oder Ablehnen folgender Aussage: „Ich bin für die Einheit Deutschlands und einen gerechten Friedensvertrag. Ich stimme darum für die nachstehende Kandidatenliste zum Dritten Deutschen Volkskongress.“

Offiziell votiert ein Drittel der Wähler mit Nein – doch in Wirklichkeit ist das Ergebnis stark geschönt.

Am 29. Mai bestimmt der Volkskongress einen Volksrat. Der legt schon am nächsten Tag eine „Verfassung für die Deutsche Demokratische Republik“ vor – die hatte ein Verfassungsausschuss unter Vorsitz des SED-Chefs Grotewohl in den Monaten zuvor bereits ausgearbeitet. Eine Woche nach der Gründung der Bundesrepublik ist nun auch in der SBZ alles bereit für einen eigenen, sozialistischen Staat.

Knapp fünf Monate nach der Gründung der Bundesrepublik entsteht am 7. Oktober 1949 die DDR: Festzug in Ostberlin

Doch Stalin zaudert. Erst nach der Wahl Konrad Adenauers zum westdeutschen Bundeskanzler am 15. September 1949 beordert er die SED-Spitze nach Moskau.

Und lässt sie tagelang warten.

Die Stimmung der angereisten Deutschen ist angespannt. Wilhelm Pieck plagen heftige Rückenschmerzen. Den Besuchern wird das übliche sowjetische Belustigungsprogramm geboten: samstags Kino, sonntags Ballett – „Don Quichotte“ im Bolschoj. Der kunstsinnige Otto Grotewohl mag das Kulturangebot genießen, bei seinem ersten Moskaubesuch 1947 soll er von Museen und Theatern der Hauptstadt geschwärmt haben.

Walter Ulbricht indes kennt die Kehrseite sowjetischer Gastfreundschaft. Vielleicht erinnert er sich an die Zeit der rücksichtslosen Massenverhaftungen, die er als Emigrant im legendären Moskauer „Hotel Lux“ erlebt hat.

Erst am 27. September 1949, elf Tage nach Ankunft der SED-Führung, befiehlt das Politbüro die Deutschen endlich in den Kreml, wo sie ein Antwortschreiben Stalins ausgehändigt bekommen.

Mit geringen Änderungen billigt der KP-Chef alle ihre Vorschläge – zu sehen bekommen die Deutschen den Diktator aber auch diesmal nicht.

Schon am nächsten Morgen fliegen Ulbricht und die anderen zurück nach Berlin, noch am Abend tagt das SED-Politbüro. Am 7. Oktober treten die 330 Mitglieder des Volksrats erstmals als „Provisorische Volkskammer“ zusammen, als Parlament der DDR. Dies ist der offizielle Gründungstag der neuen Republik.

Am 11. Oktober wählt die Volkskammer Wilhelm Pieck zum Staatspräsidenten der DDR, einen Tag später stellt Otto Grotewohl als Regierungschef seine von Stalin gebilligte Ministerriege vor. Ihr gehören neben SEDlern auch Mitglieder von CDU und Liberaler Partei an; das soll die Gleichschaltung der politischen Organisationen in der neuen Republik verschleiern.

Mächtigster Mann im SED-Staat aber ist Walter Ulbricht. Als oberster Sekretär des Politbüros herrscht er über die Partei und das Land.

Deutschland ist geteilt. Beide Staaten beanspruchen das Recht, für alle Deutschen zu sprechen, und erkennen sich wechselseitig nicht an.

Die Bundesbürger beginnen bald, sich mit dem neuen Staat zu identifizieren. Die DDR aber ist und bleibt ungeliebt. Selbst unter vielen SED-Genossen löst die Gründung eines ostdeutschen Staates, und damit die Teilung Deutschlands, Unbehagen aus.

Sie reden weiterhin von der „Zone“, die „Republik nehmen sie nicht zur Kenntnis“, klagt ein hoher Funktionär. Kaum jemand vermag sich vorzustellen, dass die ehemalige SBZ als eigenes Land lange existieren kann: In den Köpfen vieler Menschen bleibt die DDR ein Provisorium von Moskaus Gnaden, gestützt von gut einer halben Million sowjetischer Soldaten im Land.

Innerhalb von vier Jahren haben die Stalinisten um Walter Ulbricht die Sozialdemokraten ausgeschaltet, die neue Partei gesäubert und auf Linie gebracht und sich von der Sowjetmacht einen Staat maßschneidern lassen.

Sie sind an der Macht.

Aber noch ist es keinesfalls sicher, dass sie sich dort auch halten können. □

Reymer Klüver, 53, ist Redakteur der „Süddeutschen Zeitung“.

Die GEWALT *der* NEUEN HERREN

Ein Jahr nach Gründung der DDR hat die SED ihre Macht ausgebaut. Kritiker werden gejagt, vertrieben oder inhaftiert. Da entschließt sich im Herbst 1950 ein Schüler zum Widerstand – und ahnt nicht, dass er mit seinem Leben spielt VON RALF BERHORST

Mit riesigen Lettern, die sie auf einen geparkten Eisenbahnwaggon gepinselt haben, protestieren Jugendliche gegen das diktatorische Regime der SED. Wer verhaftet wird, dem droht Zuchthaus oder sogar der Tod

Es ist Samstag, 14. Oktober 1950. Ein Herbsttag in Olbernhau, einer Kleinstadt im Erzgebirge, am Vorabend der ersten Volkskammerwahl in der DDR. Der Ort ist geschmückt, überall hängen Wahlplakate. In den Schaufenstern Porträts des Sowjetführers Josef Stalin sowie der DDR-Staatsspitze, umkränzt von Blumen und Girlanden.

Gegen 22 Uhr macht sich ein junger Mann auf den Weg durch die Straßen: der 18-jährige Hermann Joseph Flade, Schüler der Goethe-Oberschule. In seinen Jackentaschen stecken knapp 200 von ihm gefertigte Flugblätter, gedruckt mit einem alten Kinder-Stempelkasten.

„Volkspolizei, SED-Funktionäre, Bevölkerung: Ihr werdet zur Verantwortung gezogen. Denkt an die Strafe", steht da. Flade fordert zum Widerstand gegen die DDR auf und prophezeit deren baldiges Ende. „Mit den Bonzen wird abgerechnet. Noch ist Zeit zur Besinnung."

Der Schüler steckt seine Zettel in Briefkästen, klemmt sie hinter Haustüren, wirft sie durch offene Fenster, lässt sie in Telefonzellen zurück. Ihm muss klar sein, dass er viel riskiert. Volkspolizisten und SED-Mitglieder patrouillieren durch Olbernhau, um genau solche Aktionen zu verhindern.

„Wir wissen genau, dass sich überall reaktionäres Gesindel verbirgt", hat Flade einen Funktionär auf einer Versammlung drohen gehört. „Aber wir werden jeden Einzelnen entlarven und unnachsichtig zur Verantwortung ziehen!"

Doch er hat Glück, bald trennen ihn nur noch 100 Meter von seinem Elternhaus. Es ist nach Mitternacht, er friert. Als er die Hände in den Jackentaschen vergräbt, fühlt er einige restliche Zettel – und biegt noch einmal ab. Vom anderen Ende der Straße nähert sich ein Paar, er verbirgt sich in einem Hauseingang. Als er hervorspäht, scheint die Gefahr gebannt; die beiden sind verschwunden.

Doch als Flade weitergeht, hört er hinter sich rasche Stiefelschritte und einen Befehl: „Halt! Polizei! Ihren Ausweis bitte!" Das Paar von eben ist eine Zivilstreife der Volkspolizei.

Das Licht einer Taschenlampe blendet ihn. Flade greift zu seiner Brieftasche, sucht das Papier – und entschließt sich anders. Wie aus seiner Angst Zorn wird, daran wird er sich später noch genau erinnern: Mit welchem Recht verfolgen ihn diese Menschen? Was hat er denn verbrochen?

Er zieht sein Taschenmesser und holt zum Stoß aus. Der Zivilpolizist kann den Stich mit dem Arm gerade noch abfangen und wirft sich auf ihn.

Im Handgemenge verletzt Flade sein Gegenüber drei weitere Male am Rücken. Dann befreit er sich und rennt nach Hause. Die Frau verfolgt ihn nicht.

Doch sie hat sein Gesicht gesehen. Es wird nur eine Frage der Zeit sein, bis man ihn findet. Die Staatsmacht ist nervös, sie wird alles daransetzen, ihn festzunehmen. Und dann so hart wie möglich zu bestrafen.

Ein Jahr nach der Republikgründung fühlt sich die SED noch immer nicht sicher in ihrer Machtposition, ist die DDR noch immer ein Provisorium, ein Staat von Moskaus Gnaden. Denn alle Entscheidungen trifft die Sowjetische Kontrollkommission, die oberste Behörde der Besatzer.

Der 18-jährige Hermann Joseph Flade ist zu eigensinnig, um sich der Diktatur zu beugen

KP-Chef Josef Stalin hat 1945 für Ostdeutschland eine Phase des Übergangs propagiert: eine „antifaschistische Demokratie", die die Möglichkeit einer Wiedervereinigung zuließe – allerdings nur, wenn dieses Deutschland anschließend unter seinem Einfluss stünde.

Ohnehin ist die 1949 gegründete Republik nur scheindemokratisch: Weder Regierung noch Parlament sind von den Wählern legitimiert.

Und alle wichtigen Posten in den Ministerien, Verwaltungen, Redaktionen werden von der SED mit ihren Genossen besetzt. Die Parteiführung hat ein Verzeichnis der Positionen in allen Bereichen der Gesellschaft anlegen lassen, vom Minister bis zum Werksdirektor. Diese Kader werden von der Partei eingesetzt, und dabei kommt es nur auf politische Zuverlässigkeit an.

Am 17. Oktober 1949 fasst die SED einen Beschluss, der das Scheinparlament sowie das Kabinett offiziell entmachtet: Alle Gesetze und Verordnungen müssen nun dem Politbüro zur Genehmigung vorgelegt werden, dem mächtigsten Gremium der SED.

Auch die Justiz bringt die Partei unter ihre Kontrolle. Die bewusst unbestimmt formulierten Straftatbestände der „Kriegshetze" und „Boykotthetze gegen demokratische Einrichtungen und Organisationen" lassen sich gegen jede Form von Opposition anwenden.

Am 8. Februar 1950 schließlich schafft die SED ihr wohl effektivstes Machtinstrument: Das Ministerium für Staatssicherheit nimmt mit 1000 Mitarbeitern seine Arbeit auf – als „Schild und Schwert" der Partei untersteht es direkt dem Politbüro der SED.

Gleichzeitig setzen die neuen Machthaber die bürgerlichen Parteien CDU und LDPD unter Druck, für die Volkskammerwahlen im Oktober 1950 auf einer Einheitsliste mit der SED zu kandidieren. Denn ihr Versprechen offener, freier Wahlen können die Sozialisten unmöglich halten, wenn sie deutlich siegen wollen.

Deshalb lanciert die SED Pressekampagnen und Proteste der Bevölkerung gegen „reaktionäre Politiker" in den Reihen von CDU und LDPD, führt Schauprozesse. In den Ländern werden mehrere bürgerliche Minister zum Rücktritt gezwungen, verhaftet oder angeklagt, etwa wegen angeblicher Geschäftskontakte zum Westen.

Im Januar 1950 soll der LDPD-Vorsitzende Hermann Kastner auf Anweisung der Besatzer ein „unzuverlässiges" Zehntel seiner Parteimitglieder ausschließen. Gegen den stellvertretenden CDU-Vorsitzenden Hugo Hickmann, der sich gegen die Einheitslisten ausgesprochen hat, inszeniert die SED Massendemonstrationen, seine Partei setzt ihn im Frühjahr 1950 ab.

Weil er sich gegen die politische Vereinnahmung durch die SED wehrt, wird der Potsdamer CDU-Bürgermeister zusammen mit seiner Frau vor einem sowjetischen Gericht wegen angeblicher Spionage angeklagt, später zum Tode verurteilt und hingerichtet.

Im März 1950 verlangen Staatspräsident Wilhelm Pieck und Ministerpräsident Otto Grotewohl von den Vorsitzenden der bürgerlichen Parteien, einer Einheitsliste der „Nationalen Front“ und einem gemeinsamen Programm für die Volkskammerwahlen zuzustimmen.

Die Wahlen sollen ein deutliches Zeichen der Einmütigkeit sein. In geradezu völkischem Tonfall beschwört die SED die „Kraft des einheitlichen Volkswillens“ und den Verzicht auf „parteiegoistische Agitation“.

CDU-Chef Otto Nuschke beugt sich, doch Hermann Kastner von der liberalen LDPD verweigert seine Unterschrift. Erst als Pieck ihm zusichert, die LDPD bleibe neben der SED „gleichberechtigt“, gibt er nach (vier Monate später wird seine Partei ihn ausschließen).

Bis August schreibt das SED-Politbüro das Wahlgesetz. Es sieht kein Kreuz mehr vor, nicht einmal ein Ja oder Nein zu der Einheitsliste aller Kandidaten, geschweige denn eine Entscheidungsmöglichkeit zwischen verschiedenen Parteien.

Den Stimmzettel einfach zu falten und in die Urne zu werfen gilt als Zustimmung. Der Wähler kann allenfalls einzelne Kandidaten streichen. Dafür aber müsste er sich trauen, vom vorgesehenen Verfahren abzuweichen.

Die provisorische Volkskammer – das Scheinparlament – verabschiedet das Gesetz ohne Änderung oder Diskussion.

Am 6. Juli 1950 gibt die Nationale Front, drei Monate vor der Wahl, auch schon die voraussichtliche Zusammensetzung des Parlaments bekannt: CDU und LDPD erhalten jeweils 15 Prozent, die SED 25 Prozent.

Trotzdem ist den Sozialisten eine Mehrheit sicher: Massenverbände wie die Einheitsgewerkschaft FDGB oder die von der SED kontrollierte Jugendorganisation FDJ bekommen weitere 30 Prozent der Sitze zugesprochen.

Und da auch die inzwischen gegründeten Parteien NDPD (National-Demokratische Partei Deutschlands, ein Sammelbecken anpassungswilliger NS-Funktionäre) und DBD (Demokratische Bauernpartei Deutschlands), die jeweils 7,5 Prozent der Sitze erhalten, Tarnorganisationen der Sozialisten sind, wird die SED in der Volkskammer über eine 70-Prozent-Mehrheit gebieten.

Letztlich aber beherrscht sie ohnehin die gesamte Volksvertretung: Denn auch CDU und LDPD nominieren fast nur noch linientreue Politiker.

Doch es geht den Sozialisten um mehr als bloße Mehrheitsbeschaffung, sie wollen den eigenen Bürgern und dem Westen gleichermaßen die Einigkeit der Menschen in der DDR demonstrieren.

Die Frage ist nur: Wie sehr lässt sich die Bevölkerung des Landes durch Repression einschüchtern?

Denn es regt sich Widerstand gegen diese kaum verdeckte Errichtung einer Einparteienherrschaft. Die Opposition formiert sich vor allem an den Oberschulen des Landes – aus Sicht der Sozialisten ohnehin Horte der Reaktion.

Viele der Jugendlichen stammen aus bürgerlichen Elternhäusern und ahnen, dass sie im SED-Staat wenig Zukunftschancen haben: Sie werden bei der Vergabe von Studienplätzen gegenüber Arbeiterkindern benachteiligt, erleben, dass ihre Väter beruflich degradiert, enteignet oder sogar verhaftet werden.

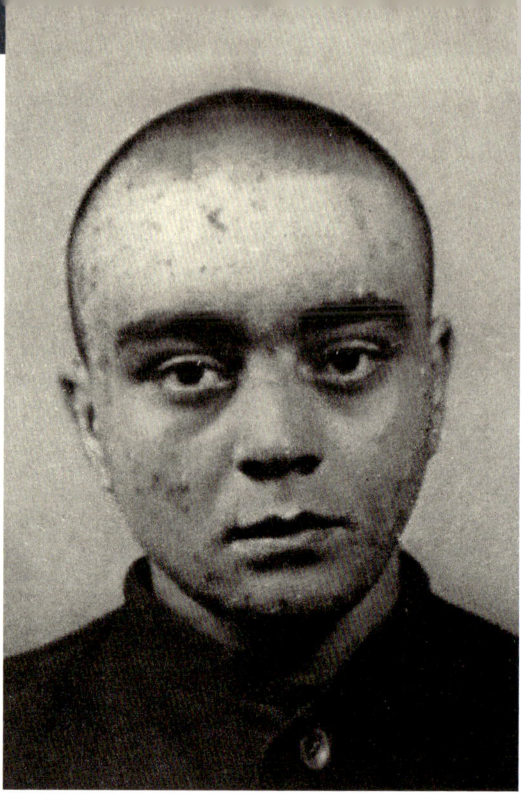

Schon als Kind im NS-Staat hat Flade rebelliert – und ist aus dem »Deutschen Jungvolk« ausgetreten. In der DDR verteilt er vor der Scheinwahl zur Volkskammer Flugblätter gegen das Regime. Als er gefasst wird, veranstaltet die SED-Führung einen Schauprozess gegen ihn (Foto aus der Haft)

Volkspolizeipräsidium Chemnitz
– Abteilung K –

Chemnitz, 15. Oktober 1950

Mordversuch
an einem
Volkspolizisten
5000 DM Belohnung

In der Nacht vom 14. zum 15. Oktober 1950 gegen 0.45 Uhr wurde in Olbernhau auf dem Tempelweg in Höhe des Hausgrundstückes Nr. 2 ein Volkspolizeiangestellter in Ausübung seines Dienstes (Ausweiskontrolle) von dem zu Kontrollierenden angegriffen und durch mehrere Messerstiche in den Rücken schwer verletzt.

Der Täter wird wie folgt beschrieben:

Personenbeschreibung: Etwa 18–25 Jahre alt, 1,70 m groß, kräftige Gestalt, längliches Gesicht, dunkles, glatt nach hinten gekämmtes Haar, dunkle, vermutlich braune Augen

Bekleidung: Der Unbekannte trug keine Kopfbedeckung und war mit einer dunkelgrünen Jacke bekleidet, auf der außer den Seitentaschen schräge Taschen aufgenäht sind. Er trug weiterhin eine lange Hose, deren Farbe nicht erkannt wurde. Er führte ferner eine rote Brieftasche bei sich.

Die Bevölkerung wird gebeten, auf folgendes zu achten:

1. Wer kennt Personen, auf die die angegebene Beschreibung zutrifft?
2. Wer hat in der Nacht vom 14. zum 15. Oktober 1950 eine solche Person beobachtet?
3. Der Täter ist durch Abwehrbewegungen am Kopf verletzt. Es besteht die Möglichkeit, daß die Bekleidung durch den Kampf beschmutzt ist. Wer hat diesbezügliche Wahrnehmungen gemacht?
4. Wo ist eine solche beschriebene Person abgängig?

Für sachdienliche Mitteilungen, die zur Ermittlung des Täters führen, hat der Generalstaatsanwalt im Land Sachsen eine

Belohnung in Höhe von 5000 DM

ausgesetzt.

Die Belohnung ist ausschl. für Personen der Bevölkerung und nicht für Angestellte des öffentlichen Dienstes bestimmt, zu deren Amtspflichten die Verfolgung strafbarer Handlungen gehört. Zuerkennung und Verteilung der Belohnung erfolgt unter Ausschluß des Rechtsweges durch die Generalstaatsanwaltschaft im Land Sachsen.

Volkspolizeipräsidium Chemnitz
Mordkommission

Generalstaatsanwalt im Land Sachsen

Mit diesem Plakat fahnden die Behörden im Herbst 1950 nach Flade – er hat einen Polizisten mit einem Messer verletzt

Die oft schiefen Buchstaben, mit denen Flade seine Flugblätter druckt, stammen aus seinem alten Kinder-Stempelkasten

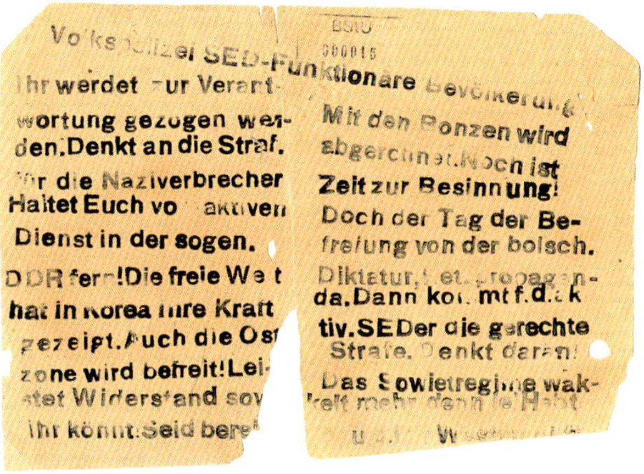

Ein Gericht verurteilt Flade 1951 zum Tod. Erst nach heftigen Protesten, hier ein Flugblatt, wird die Strafe zu 15 Jahren Zuchthaus abgemildert

Sie sehen, dass kritische Lehrer aus dem Staatsdienst entfernt werden. Dass der Staat an den Universitäten fast alle Professoren und Dozenten aus ihren Ämtern drängt, nicht nur jene, die durch die NS-Zeit belastet sind.

Die SED will dagegen Aufsteigern aus dem Arbeitermilieu den Weg bahnen – Karrieristen, auf deren Loyalität sie fortan hoffen kann.

Im thüringischen Altenburg bilden sich gleich mehrere oppositionelle Gruppen von Oberschülern, zum Teil unter Führung ihrer Lehrer. Ein Kreis trifft sich ab Sommer 1949 zu Diskussionsrunden und tippt auf einer Schreibmaschine Flugblätter gegen die SED. Aus Ersatzteilen bauen die jungen Männer einen Radiosender, mit dem sie die Freilassung von Gefangenen aus sowjetischen Internierungslagern fordern sowie freie Wahlen (wahrscheinlich kann aber niemand die Sendung empfangen).

Oberschüler im mecklenburgischen Güstrow verteilen heimlich Zettel mit der Aufschrift „Freiheit durch freie Wahlen in Ost und West“.

Eine Gruppe in Werdau, unweit von Zwickau, verbreitet ein Flugblatt: „Wir sehnen uns nach dem Frieden, nach der Einheit Deutschlands, in Freiheit – weg mit den Volksverrätern – wählt mit NEIN.“ In Schwerin und Löbau, in Werder an der Havel, in Bautzen und Eisenberg sind Schülergruppen aktiv.

Und auch im sächsischen Olbernhau entschließt sich ein Oberschüler zum Protest gegen die Scheinwahlen: Hermann Joseph Flade.

Flade wird am 22. Mai 1932 als uneheliches Kind geboren und wächst in Olbernhau auf, wo sein Stiefvater nach dem Krieg ein Spielwarengeschäft betreibt. Bereits als Zwölfjähriger ist Hermann aus dem nationalsozialistischen „Deutschen Jungvolk“ ausgetreten, mitten im Endkampf des NS-Regimes. Eine ungewöhnliche Geste der Aufsässigkeit: Er ist niemand, der sich leicht fügt, in Hierarchien, Befehlsstrukturen, politische Systeme.

Die Jahre der Diktatur haben den Heranwachsenden geprägt: Hermann ist zu jung, um schuldig geworden zu sein, aber alt genug, um den Niedergang des Nationalsozialismus bewusst erfahren zu haben. Den Respekt vor Autoritäten und Ideologien hat er verloren. Er ist ein eigenwilliger Kopf – von manchmal nahezu naiver Direktheit.

Flade fehlt die Gabe zur geschmeidigen Anpassung an die neuen Verhältnisse, die viele seiner Generation in Ost und West besitzen. Erneut will er sich nicht widerspruchslos einer Weltanschauung beugen. Auch wenn er sich dadurch selbst schadet.

Er will Ingenieur werden. Doch die Eltern können sich das Schulgeld schon bald nicht mehr leisten. Hermann könnte sich vermutlich befreien lassen – wenn er der FDJ beiträte.

Seine Mutter verbietet es ihm. Die Flades sind Katholiken, tief geprägt vom christlichen Glauben. Und wollen die Kommunisten nicht die Kirche abschaffen?

Der 17-Jährige erfährt zum ersten Mal die Enge des neuen Staates. Er lässt sich im Oktober 1949 von der Schule beurlauben, will selbst das Schulgeld verdienen. Er findet Arbeit bei einem Uranbergbau der Wismut AG in der Nähe von Marienberg, in dem die Sowjetunion spaltbares Material für ihre Atombombe gewinnt.

Die Schufterei unter Tage ist gut bezahlt, aber lebensgefährlich. Im April 1950 verletzt ihn herabstürzendes Gestein. Kurz darauf gibt er die Arbeit bei der Wismut AG auf. In jeder freien Stunde holt er den verpassten Unterrichtsstoff nach; im Herbst will er wieder zurück in seine alte Klasse auf der Goethe-Oberschule.

Doch das Kreisschulamt lehnt seinen Antrag ab, einen Jahrgang überspringen zu dürfen, trotz der guten Noten im letzten Zeugnis – denn Flade ist noch immer kein FDJ-Mitglied. Das Abitur sei ein Reifezeugnis, heißt es nun: Und wer sich nicht gesellschaftlich betätige, beweise damit seine Unreife und könne nicht zugelassen werden.

Daraufhin beugt sich Flade dem Zwang und tritt der FDJ bei.

An seiner alten Schule hat sich die Atmosphäre inzwischen gewandelt. „In das harmlose Schülergezänk, in die kleinen Bosheiten, in den Übermut und in die Freundschaften mischte sich etwas Fremdes, Ungewisses, etwas Hässliches“, wird sich Flade später erinnern.

Er ist befremdet, zugleich amüsiert: Halbwüchsige machen nun Karriere als FDJ-Funktionäre und indoktrinieren ihre Klassenkameraden.

Gleich am ersten Schultag werden die Schüler zu einer Versammlung gerufen. Es gebe „reaktionäre Umtriebe“ an der

Oberschule, die man nicht dulden werde, erklärt ein Mitschüler. Hermann Flade kann das ganze Gebaren, die Floskeln und Phrasen, kaum für voll nehmen. Er erfasst jedoch nicht ganz den Ernst der neuen Lage.

Ein Junge hat in den Ferien die Teilnahme an einer FDJ-Aktion verweigert. Nun soll ihm eine Rüge erteilt werden. Flade staunt über die Willfährigkeit seiner Mitschüler: „Die überwiegende Mehrheit entschied sich für eine Rüge. Zwei oder drei übten Stimmenthaltung, und zum Schluss fragte der Sekretär nach Gegenstimmen."

Hermann hebt die Hand – zusammen mit nur ein paar wenigen anderen.

Nun ist er vorgemerkt. Und fühlt sich fortan von vielen Lehrern benachteiligt. Sein Antrag auf Schulgeldermäßigung wird abermals abgelehnt.

Flade ärgert sich über die offensichtliche Willkür.

Er revanchiert sich mit kleinen Gesten der Aufsässigkeit: Als er im Auftrag der FDJ Sonderbriefmarken verkaufen soll, kehrt er absichtlich mit dem vollen Satz zurück.

Unterdessen naht der Tag der Volkskammerwahl. Die SED überzieht das Land mit einer gewaltigen Propagandakampagne. Sie lässt eine Million Broschüren drucken, die die Einheitsliste rechtfertigen. Auch in entlegenen Dörfern werden „Werbelokale" eingerichtet, in denen Unentschlossene von der Stimmabgabe überzeugt werden sollen.

Die SED will eine möglichst 100-prozentige Wahlbeteiligung erzielen – denn auch an der Zahl der Nichtwähler ließe sich ja eine Art Widerstand gegen die sozialistische Herrschaft ablesen.

Agitatoren der SED unterstützen die Aktivisten der Einheitsfront in Betrieben, Verwaltungen und auf volkseigenen Gütern. Auch das FDJ-Mitglied Flade hat Plakate zu kleben, ein Freund muss in einem Werbelokal Propaganda für die Einheitsliste der „Nationalen Front" machen. Mit Argumenten, die ihm die Funktionäre vorgegeben haben: Der Vorwurf des Westens, die Wahlen seien nicht frei, sei „unsinnig"; die anstehenden Aufgaben müssten gemeinsam bewältigt werden, da sei eine Oppositionspartei nicht nötig.

Am 4. Oktober soll Flade in Olbernhau Broschüren verteilen. Doch er geht lieber mit seiner Freundin spazieren. Am nächsten Tag werden die Schüler der Goethe-Oberschule erneut zusammengerufen: Diesmal ist es Hermann Flade, der sich rechtfertigen muss.

Trotzig erklärt er, er habe bei der Wismut AG bereits mehr für die Gesellschaft geleistet als jeder Schüler im Propagandaeinsatz.

Tatsächlich entgeht er einer Rüge. Doch zusammen mit den anderen volljährigen Schülern der Oberschule muss er eine Erklärung unterschreiben, dass er die Kandidaten der Einheitsliste befürworte (solche Selbstverpflichtungen haben beispielsweise auch die Bewohner eines jeden Mietshauses in der DDR zu unterzeichnen, um die Propaganda zu unterstützen). Die Papptafel wird gerahmt und im Schulflur aufgehängt.

Zwei Tage später, am 7. Oktober, hört Flade, dass in der Umgebung Olbernhaus Flugblätter gegen die Wahl aufgetaucht seien. Längst arbeitet es in ihm: Einerseits fühlt er, dass ihn das erzwungene Mitläufertum korrumpiert. Andererseits fürchtet er die Risiken des illegalen Widerstands, die mögliche Vernichtung aller Zukunftschancen.

Abstimmung mit den Füßen: Statt Verfolgung, Haft oder Tod zu riskieren, kehren viele Unzufriedene der DDR einfach den Rücken. Flüchtende Familie, 1948

Am linken Ufer liegt die sowjetisch besetzte, am rechten die amerikanische Zone: Bis 1952 ist die Grenze, wie hier 1949 im thüringischen Mödlareuth, kaum bewacht – und die Freiheit nur einen Sprung entfernt

Doch nun hat er genug. Spontan und ohne Mitwisser entscheidet er sich: Auch er will sich zur Wehr setzen gegen die inszenierte Einmütigkeit, ehe es zu spät ist.

So schnell wie möglich beginnt Flade, Flugblätter herzustellen. Er kramt einen Stempelkasten hervor – ein altes Spielzeug aus Kindertagen – und druckt erste unbeholfene Parolen auf ein Dutzend Zettel. Spätabends geht er los und heftet sie an Anschlagtafeln in der Stadt.

Flade bleibt unentdeckt. Zwei Tage später druckt er neue Zettel. „Oktober geschieht der unglaublichste Wahlbetrug nach sowjetischem Muster", steht auf ihnen oder ein Witz, den er aufgeschnappt hat: „Die Gans latscht wie Pieck, schnattert wie Grotewohl und wird gerupft wie das deutsche Volk."

Im Feierabendverkehr macht er sich wieder auf den Weg – zitternd vor Angst. Er hat gehört, dass kürzlich in einem Schauprozess Oberschüler wegen ähnlicher Vergehen zu langen Haftstrafen verurteilt worden sind.

Die möglichen Konsequenzen seiner Tat sind für ihn so furchteinflößend wie abstrakt: „Gefängnis oder Zuchthaus, ein halbes Jahr oder 15 Jahre, das galt für mich als ein und dasselbe: als etwas Unvorstellbares", erinnert er sich später. Nachgeben will er nicht. „Man konnte sich nicht unterwerfen. Du würdest schließlich vor dir selbst ausspeien. Dann schon lieber Gewalt gegen Gewalt."

Doch er ahnt wohl nicht, dass er mit seinem Leben spielt. Dabei haben die sowjetischen Besatzer schon zahlreiche Menschen hinrichten lassen: Mehr als 180 Todesurteile verhängen Gerichte allein im Jahr 1950, zum Teil wegen geringfügiger Vergehen, die als Spionage gewertet werden.

Teile der Widerstandsgruppen aus Altenburg sind schon im März 1950 verhaftet worden. Im September stehen 19 Schüler und Lehrer vor einem sowjetischen Militärtribunal. In nichtöffentlicher Sitzung werden drei wegen angeblicher Kontakte zu westlichen Organisationen und zum US-Geheimdienst zum Tode verurteilt – und drei Monate später in Moskau erschossen.

Das SED-Regime und die Besatzer halten die Verfahren fast immer vor der Öffentlichkeit geheim. Nicht einmal die Angehörigen erfahren etwas über das Schicksal der Verhafteten.

Am Tag vor der Volkskammerwahl druckt Flade seine umfangreichste Serie: rund 200 Flugblätter. Er verwendet ausgerechnet die Rückseiten jener Propagandaplakate der Nationalen Front, die er im Wahlkampf kleben sollte – Papier ist teuer.

In dem Text warnt Flade vor einer Unterstützung des SED-Staates, erinnert an die Strafen für die NS-Verbrecher, sagt gar eine „Befreiung von der bolschewistischen Diktatur" voraus: „Dann kommt f.(ür) d.(ie) aktiv.(en) SEDer die gerechte Strafe. Denkt daran!"

Als er losgeht, steckt er vorsorglich ein Taschenmesser ein, so fühlt er sich sicherer. Diesmal aber wird er entdeckt. Beamte haben bereits gegen 22 Uhr einige Flugblätter gefunden, die Streifen sind besonders aufmerksam.

Nur knapp kann er den Zivilpolizisten entkommen, nachdem er mit seinem Messer zugestochen hat.

Am nächsten Morgen wecken Musik, Fanfarenzüge und Sprechchöre die Bürger Olbernhaus. Betriebe und Hausgemeinschaften ziehen geschlossen zu den Wahllokalen, mit Transparenten und Losungen – die meisten Menschen vermutlich aus Angst vor den immer offeneren Repressionen des Regimes. Auch werden „Schlepperdienste" aktiv, sie nötigen die Unentschlossenen zu den Urnen. Mögliche Gegner des Regimes sind aus den Wählerlisten gestrichen. Hermann Flade gibt seine Stimme ab, als wäre nichts geschehen.

Das offizielle Ergebnis: 98,73 Prozent aller Wahlberechtigten haben an der Abstimmung teilgenommen, davon haben 99,72 Prozent für die Einheitsliste der Nationalen Front gestimmt.

Nach diesen Angaben hätten nur 34 000 DDR-Bürger die Kandidaten abgelehnt. Das Ergebnis ist eindeutig gefälscht – auch wenn sich vermutlich tatsächlich nicht viele Wähler getraut haben, in die Kabine zu treten und damit ihre Opposition öffentlich zu machen.

Der Volkspolizist, der Flade in der Nacht entdeckt hat, liegt unterdessen verletzt im Krankenhaus. Seine Kollegin aber beschreibt den Angreifer, und so werden noch in der gleichen Nacht Fahndungsplakate gedruckt.

Der Drucker wohnt im selben Haus wie Flade und beginnt bereits am nächsten Vormittag, dessen Mutter nach ihrem Sohn auszufragen. Wenige Stun-

Die Druckwalze für dieses sächsische Flugblatt stammt aus Westberlin: Die »Kampfgruppe gegen Unmenschlichkeit« unterstützt die Oppositionellen. Und erhält Geld von der CIA

Meist wehren sich vor allem Bürgerkinder gegen das Regime – doch auch in der Arbeiterjugend gibt es Widerstand (hier eine Gruppe Ostberliner Lehrlinge bei ihrem Prozess)

den später nimmt die Polizei Hermann Flade in seinem Elternhaus fest.

Sie bringt ihn erst auf die Wache, dann in das Stasi-Untersuchungsgefängnis von Dresden. Die Vernehmer sind darin geübt, Widerstand zu brechen: Als sie Flade mitteilen, dass auch seine Eltern und seine Großmutter verhaftet wurden, legt er sofort ein Geständnis ab.

Die DDR-Justiz will an dem 18-Jährigen ein Exempel statuieren. Sie bereitet einen Schauprozess vor.

Die SED, so verrät eine spätere Direktive, hofft, dass solche Tribunale abschrecken und „auf weitere Bevölkerungskreise erzieherisch einwirken". Noch vor Weihnachten ist die Anklageschrift fertig.

Am 10. Januar 1951 füllt sich das „Tivoli" in Olbernhau, ein prachtvoller Jugendstilbau für Tanzveranstaltungen und Theateraufführungen, bis auf den letzten Platz mit 1200 Menschen, selbst auf der Galerie drängen sich Zuschauer.

Scheinwerfer tauchen den Saal in gleißendes Licht, eine Kamera der „DEFA-Wochenschau" ist aufgebaut. Um 9.30 Uhr wird Hermann Joseph Flade hereingeführt. Vor seinem Platz sind mehrere Mikrofone aufgestellt. Lautsprecher übertragen die Verhandlung auf den Platz vor dem Gebäude, auch er voller Menschen. Selbst im Radio wird der Prozess in Teilen gesendet.

Die Anklage lautet auf „Kriegs-" und „Boykotthetze" in Tateinheit mit „militaristischer Propaganda" und Widerstand gegen Vollstreckungsbeamte.

Und auf versuchten Mord.

Hermann Flade lässt sich von der Kulisse nicht einschüchtern. Eine Strategie für seine Verteidigung hat er sich offenkundig nicht zurechtgelegt. Der Schüler will ganz einfach bei der Wahrheit bleiben. „Bin ich bei meiner Tat konsequent gewesen, muss ich auch jetzt Konsequenz beweisen", erklärt er seinem entgeisterten Pflichtverteidiger.

Auch von einem Gnadengesuch sieht er ab. Was für ihn auf dem Spiel steht, scheint ihm noch immer nicht bewusst.

Ein Mitarbeiter der Staatssicherheit notiert in seinem Bericht: „Der Angeklagte Flade legte während der Verhandlung ein zynisches und lächelndes Wesen an den Tag. Blieb haargenau bei seinem Geständnis, welches er vor dem Untersuchungsorgan abgelegt hatte."

In der Befragung durch den Vorsitzenden Richter gibt er sich keineswegs reumütig: „Ich war der Überzeugung, dass es eine gerechte Sache sei, wenn man gegen die Maßnahmen der DDR kämpft."

Seine Aktionen – so hält es das Verhandlungsprotokoll der Staatssicherheit fest – erklärt Flade mit klarer Offenheit: „Den Anstoß meiner Arbeit, meiner Flugblätter bildet die Wahl selber. Ich sagte mir, bei einer Wahl müsste auch eine andere Stimme gehört werden. Da ich das nicht offen machen konnte, weil ich von der Schule fliegen würde, musste ich das nachts im Geheimen tun."

Seine Attacke auf den Volkspolizisten rechtfertigt er als eine Art Notwehr: „Ich sagte mir, er hat dir nicht nachzulaufen, das ist ein Agent des rechtswidrigen Staates, und da kannst du dich zur Wehr setzen." Er habe ihn nicht töten wollen.

Der Mordvorwurf jedoch bleibt. Ob er mit Verletzungen gerechnet habe, die den Polizisten das Leben hätten kosten können, fragt der Richter – offenbar, um Flade einen Vorsatz nachzuweisen.

„Die Freiheit war mir lieber als mein Leben", entgegnet der Schüler. Auf dieses Bekenntnis hin lässt das Gericht die Übertragung per Lautsprecher auf den Vorplatz sofort abbrechen.

Will der 18-Jährige noch einmal die Bühne nutzen, ehe seine Stimme möglicherweise für immer verstummt? Wahrscheinlicher ist wohl, dass ihm nicht klar ist, dass es hier wirklich um sein Leben geht. In zwei Diktaturen hat er sich aufgelehnt, und doch ist ihm nie etwas wirklich Schlimmes widerfahren.

Flade sei eine Gefahr für den Frieden, wettert der Staatsanwalt in seinem Plädoyer. Angesichts „der Millionen Todesopfer", die seine „Kriegshetze" vielleicht einmal verursachen könne, fordere er – rhetorische Kunstpause – „die Todesstrafe".

Damit hat Flade nicht gerechnet. Wie benommen verfolgt er das Ende des Prozesses. Hört, wie sein Verteidiger auf mildernde Umstände plädiert, das jugendliche Alter des Angeklagten anführt, den Tötungsvorsatz bestreitet.

Dann zieht sich das Gericht zur Beratung zurück. Noch am selben Tag verkündet es seine Entscheidung: Hermann Flade wird „zur Strafe des Todes kostenpflichtig verurteilt".

Der Richterspruch löst in der DDR eine ungewöhnliche Welle der Empö-

Mit einem selbst gebastelten Sender stören Altenburger Schüler 1949 eine Radioübertragung zu Stalins 70. Geburtstag. Wegen seiner Verbindung zu der Gruppe wird der 17-jährige Ludwig Hayne verhaftet und später in Moskau erschossen

Für Parolen wie diese werden 24 Oppositionelle um den »Eisenberger Kreis« zu insgesamt 114 Jahren Zuchthaus verurteilt

rung aus – vielleicht, weil die SED diesmal selbst für eine große Öffentlichkeit gesorgt hat. Im Raum Dresden entdeckt die Staatssicherheit nach dem Prozess an Hauswänden und Brücken Parolen wie „Es lebe Flade", „Gebt Flade frei" oder „Freiheit für Hermann Flade".

Die Widerstandsgruppe aus Werdau bringt ein Flugblatt in Umlauf: „Die Hinrichtung dieses Schülers, der dem ganzen deutschen Volk als Vorbild dienen möge und dienen wird, muss verhindert werden." In Briefen und Postkarten an das Gericht fordern DDR-Bürger, manchmal sogar unter Nennung ihres Namens, eine Umwandlung des Todesurteils in eine Haftstrafe.

Auch aus dem Westen schicken Menschen Briefe, Entschließungen und Telegramme an die DDR-Regierung.

Auf einer Großkundgebung in Westberlin verlangen Politiker eine Revision des Urteils. Bundeskanzler Konrad Adenauer nennt es eine „terroristische Handlung".

Und das Undenkbare geschieht: Die DDR lenkt ein – offenbar überrascht von dem Aufruhr. Sachsens Stasi-Chef ordnet eine neue Verhandlung an.

Am 29. Januar 1951, diesmal ohne Publikum und Kameras, wird der Spruch auf 15 Jahre Zuchthaus reduziert. Flade wird in die berüchtigte Strafvollzugsanstalt nach Bautzen gebracht.

Das „Gelbe Elend", wie der Bau in der Bevölkerung heißt, hat schon den Nationalsozialisten als Haftanstalt gedient, die Sowjetführung internierte hier nach 1945 in einem Speziallager Tausende Häftlinge. Seit 1950 nutzt die Volkspolizei der DDR das Gefängnis von Bautzen, stets ist das Gebäude überbelegt, die Haftbedingungen sind katastrophal. Dort rasiert man Hermann Flade den Schädel kahl und hält ihn in strenger Isolationshaft.

Der Prozess gegen ihn bestärkt viele Oberschüler in ihrem Widerstand gegen das DDR-Regime. Einige der Gruppen radikalisieren sich.

Sie gehen zu Sabotageakten und militanteren Aktionen über: Im September 1951 sterben bei einem Anschlag mit „Reifentötern" auf eine Kolonne von FDJ-Fahrzeugen sieben Menschen. Die verbogenen Nägel, die auf der Straße ausgestreut wurden, stammen von der Westberliner „Kampfgruppe gegen Unmenschlichkeit", die seit Anfang des Jahres Gruppen auch zu einem gewaltsameren Vorgehen auffordert.

Seit 1949 schon unterstützt die KgU zahlreiche Widerstandsorganisationen in der DDR mit vorgefertigten Flugblättern und Klebezetteln, mit Druckwalzen und Geld. Die „Kampfgruppe" ist ein typisches Produkt des Kalten Krieges: zum einen humanitäre Organisation, die eine Suchkartei führt mit Menschen, die in DDR-Gefängnissen oder sowjetischen Internierungslagern verschwunden sind; zum anderen ein privater Nachrichtendienst, der im Osten ein Netz an Informanten unterhält und Daten sammelt – etwa über Truppenbewegungen der Besatzer.

Finanziert wird die KgU von der Bonner Regierung und amerikanischen Geheimdiensten. Allerdings gelingt es Agenten aus der DDR schon bald, sie zu unterwandern.

Immer härter – und erfolgreicher – geht der ostdeutsche Sicherheitsapparat nun gegen Widerständler vor: Im März 1951 wird eine Oppositionsgruppe verhaftet, die während der Leipziger Messe von der KgU gelieferte Flugblattraketen abgefeuert hatten. Im Mai wird eine andere Vereinigung in der Gegend um Parchim zerschlagen.

Im September 1951 nehmen die Fahnder in Ostberlin einen ehemaligen KgU-Mitarbeiter und dessen vermeintliche Informanten fest, mindestens 200 Personen. Insgesamt werden während des Bestehens der „Kampfgruppe" gut 1000 Menschen wegen der Zusammenarbeit mit der KgU angeklagt und mehr als 100 zum Tod verurteilt und hingerichtet.

Auch die 19 Werdauer Oberschüler, die gegen das Flade-Urteil protestiert hatten, werden verhaftet und im Oktober 1951 in Schauprozessen zu insgesamt 130 Jahren Zuchthaus verurteilt.

Zwischen 1950 und 1953 verhängen die Besatzer bei politischen Prozessen 1110-mal die Todesstrafe. Die Verurteilten lässt man aus Gründen der Geheimhaltung nach Moskau bringen und dort erschießen, ihre Leichen verbrennen und die Reste in Massengräbern verscharren.

Ab 1952 verrichten zunehmend auch deutsche Gerichte die blutige Arbeit: Mehrere Dutzend Todesurteile fällen sie in den frühen 1950er Jahren.

Die junge DDR ist ein Terrorstaat.

Im Frühjahr 1952 besucht die Führung des SED-Politbüros Moskau und trifft sich mit Josef Stalin. Danach verschärft die SED noch einmal ihren Kurs gegen jede Opposition. CDU und LDPD müssen nun „vorbehaltlos" die führende Rolle der Einheitspartei anerkennen, ebenso die Massenorganisationen der DDR mit ihren mehreren Millionen Mitgliedern.

Stalin hat inzwischen offenbar seine Hoffnung aufgegeben, dass die DDR in naher Zukunft Teil eines neutralen deutschen Gesamtstaates unter seiner Kontrolle werden könnte. Denn die USA, Großbritannien und Frankreich haben seine Offerte zurückgewiesen, Deutschland „als einheitlichen Staat" wiedererstehen zu lassen. Sie misstrauen (zu Recht) dem Diktator.

Immer wahrscheinlicher erscheint nun die Westintegration der Bundesrepublik, und immer weniger Rücksichten müssen Stalin und die SED nehmen.

Die neue Härte trifft unter anderem auch die Kirchen. Die Jugendarbeit der evangelischen „Jungen Gemeinde" gefährdet aus Sicht der SED ihr Weltanschauungsmonopol. Es handele sich, so der FDJ-Vorsitzende Erich Honecker, „um eine Tarnorganisation für Kriegshetzer, Sabotage und Spionage im amerikanischen Auftrag". Das Regime lässt Pastoren, Diakone und Laien verhaften und relegiert Hunderte, vielleicht sogar Tausende Mitglieder der „Jungen Gemeinde" von den Schulen.

Stalin hat bei dem Treffen mit der SED-Spitze in Moskau auch eine bessere Kontrolle der DDR-Staatsgrenze gefordert – über die weitgehend unbefestigte „grüne Grenze", etwa durch den Thüringischen Wald, verlassen immer wieder Menschen das sozialistische Deutschland.

Die SED hat in der Fluchtbewegung bis dahin eher einen unproblematischen Abgang möglicher Oppositioneller gesehen, der zudem die Versorgungslage entspannt, denn noch immer sind Lebensmittel, Wohnungen und Arbeitsplätze in beiden deutschen Staaten knapp.

Allein in den drei Monaten nach Hermann Flades Verhaftung verlassen mehr als 60000 Menschen die DDR; 1951 sind es fast 188000 (im selben Zeitraum kommen allerdings auch etwa 65000 Zuwanderer aus dem Westen, aus ideologischen, aber auch aus beruflichen Gründen).

Die Zonengrenze ist leicht zu überqueren, festgenommene illegale Grenzgänger müssen in der DDR bis Frühjahr 1952 meist nur mit geringen Geldstrafen rechnen. Insgesamt sind seit Mitte 1945 rund 500000 Menschen in den Westen gegangen.

Im Mai 1952 aber beginnt auf Stalins Drängen eine neue Politik – die DDR soll als eigenständiger Staat ihre Grenze behaupten.

Nun wird auf knapp 1400 Kilometer Länge ein zehn Meter breiter „Kontrollstreifen" gerodet, gepflügt und geharkt. Wer sich dort künftig unerlaubt aufhält, so Walter Ulbricht in einer Sitzung am 4. Juni 1952, soll „beschossen" werden.

An den „Kontrollstreifen" schließt sich ein 500 Meter tiefer „Schutzstreifen" an, in dem die Grenzpolizei sämtliche Bewohner registriert; das Betreten ist nur noch mit einem Sonderstempel im Pass erlaubt. Und auch in der fünf Kilometer breiten „Sperrzone" ist der Aufenthalt nur noch mit „Erlaubnisbescheinigungen" gestattet.

Eine „gründliche Säuberung" (so die Volkspolizei) der Sperrzone wird vorbereitet – die Maßnahme trägt den Namen „Aktion Ungeziefer".

Mit Hilfe von Spitzeln stellen Volkspolizei und Staatssicherheit Listen umzusiedelnder Personen zusammen: Aus-

Die Schar der Enttäuschten: Auch weil die SED ab 1952 immer härter gegen Andersdenkende vorgeht, verlassen Hunderttausende das Land in Richtung Westen (1953)

***Literaturempfehlungen:** Hermann Flade, „Deutsche gegen Deutsche", Herder: bewegender Erlebnisbericht über Flades Widerstandsaktionen gegen die Wahl 1950 und seine Odyssee durch Haftanstalten der DDR. Enrico Heitzer, „Einige greifen der Geschichte in die Speichen", Metropol: hervorragend recherchiertes Buch über den Widerstand von Schülern, Studenten und Lehrern.*

Hermann Flade sitzt zu dieser Zeit in der ehemaligen Militärstrafanstalt Torgau ein. 1954 wird er in das Zuchthaus Waldheim verlegt. Erst nach sieben Jahren Haft darf ihn seine Mutter das erste Mal besuchen.

Als im September 1960 Wilhelm Pieck stirbt, der erste Präsident der DDR, werden in einem pompös-feudalen Gnadenakt allen Gefangenen, die sich „gut geführt" und mehr als zwei Drittel einer langjährigen Haft verbüßt haben, ihre Reststrafen erlassen. Zwar erfüllt Flade diese Bedingung nicht ganz, er wird aber dennoch amnestiert – die DDR fürchtet wohl einen neuen Eklat.

Der Freigelassene darf seine Eltern besuchen, die inzwischen in der Bundesrepublik leben. Flade bleibt im Westen, holt sein Abitur nach, studiert Politologie und Philosophie, promoviert, arbeitet als Wissenschaftler am „Gesamtdeutschen Institut" der Bundesregierung – und wird doch nie heimisch.

Er hält die BRD für zu wenig kämpferisch in ihrer Auseinandersetzung mit der DDR und der Sowjetunion.

1980 stirbt Hermann Joseph Flade mit nur 47 Jahren an einem Gehirnschlag, geschwächt auch durch seine Zeit in der Haft.

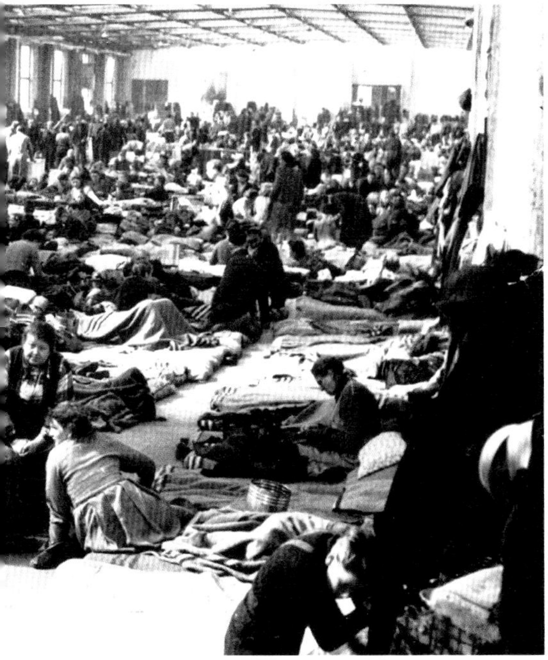

Wie Zivilisten, die aus einem Kriegsgebiet fliehen mussten, kauern DDR-Bürger in einer Holzfabrik. Zunehmend verlassen die Jungen und Gutausgebildeten das Land, der Aderlass wird zum Problem für die SED

länder und Staatenlose sind im Grenzgebiet unerwünscht, ebenso Prostituierte, Zeugen Jehovas, Gastwirte, Händler, „illegale Grenzgänger" „Grenzschieber" und „RIAS-Hörer". Kurzum: alle Menschen mit angeblich „negativer Einstellung" – so der Sprachgebrauch in den Akten.

Fast 8400 DDR-Bürger in Grenznähe werden erfasst und bis zum 15. Juni ins Hinterland zwangsumgesiedelt. Binnen weniger Stunden müssen sie ihre Wohnungen und Häuser verlassen.

Viele fliehen lieber in den Westen. Allein im Juli verlassen fast 16 000 Menschen die DDR – nun allerdings kaum noch über die innerdeutsche Grenze, sondern vor allem über Berlin, wo ein Grenzübertritt nur eine S-Bahn-Fahrt in den Westteil der Stadt ist. Bis Jahresende werden es rund 100 000 sein, die dem Land den Rücken kehren.

Jetzt erst wird die Fluchtbewegung von der SED-Führung als Gefahr erkannt. Denn es gehen viele Fachleute: Ingenieure, Ärzte, Techniker. Im September 1952 setzt das Politbüro eine Kommission zur Republikflucht ein. Sie soll die Ursachen der Abwanderung ergründen und politische Gegenmaßnahmen vorschlagen – erst gut dreieinhalb Jahre später ist ihr Bericht fertig.

Mit der Volkskammerwahl 1950 ist das politische System der DDR errichtet, das sich bis zur Herbstrevolution 1989 kaum verändern wird. Die Wahlen sind weder frei noch geheim, sondern erschöpfen sich im Falten des Stimmzettels.

Die vermeintlich unterschiedlichen politischen Kräfte sind in Wirklichkeit nur mehrere Masken der einen, alles bestimmenden Staatspartei. Und das Parlament sowie die Regierung führen bloß die Weisungen des Politbüros aus.

Bis 1952 sind die SED, alle Blockparteien und Massenorganisationen auf Linie gebracht, niemand stellt mehr öffentlich die Führungsrolle der Sozialisten in Politik, Kultur und Gesellschaft infrage.

Die Zeit ist reif, dem Vorbild von Josef Stalins Sowjetunion nun auch offen zu folgen. □

Ralf Berhorst, 46, ist Journalist in Berlin.

Die Diktatur der Pläne

Nachdem sie 1945 bereits die Großgrundbesitzer enteignet haben, beginnen die DDR-Machthaber 1952 mit der zweiten Stufe der Landreform: Immer mehr Bauern müssen ihre Höfe aufgeben und werden in Genossenschaften gezwungen VON MARION HOMBACH

Im Frühjahr 1952 fürchten die Bauern der DDR um ihr Land. Sieben Jahre zuvor hat die Sowjetmacht bereits die Gutsbesitzer und Großbauern enteignet, hat unter dem Propagandaruf „Junkerland in Bauernhand“ alle Betriebe mit einer Größe von mehr als 100 Hektar beschlagnahmt und das Land ohne Entschädigungen für die Besitzer an Landarbeiter, Kleinbauern oder Flüchtlinge aus den ehemaligen deutschen Gebieten im Osten verteilt.

Jetzt, so gehen die Gerüchte, will die SED alle Höfe vergemeinschaften. Die Parteispitze tut daraufhin alles, um diese Ängste zu zerstreuen, lässt ihr Sprachrohr „Neues Deutschland“ schreiben: „Das Geschwätz von einer angeblichen Kollektivierung ist als Lügenparole entlarvt.“

In Wahrheit plant die DDR-Spitze längst, die 850 000 privaten Höfe in „Landwirtschaftliche Produktionsgenossenschaften“ zusammenzufassen. Damit sollen die Bauern zu Arbeitern in einem Kollektiv werden – wenn es sein muss, mit staatlichem Zwang.

Der Plan ist Teil einer größeren Strategie: Drei Jahre nach Gründung der Republik will Walter Ulbricht die Wirtschaft der DDR endgültig in eine sozialistische umwandeln, nach dem Vorbild von Stalins Sowjetunion.

Begonnen hat diese Neuordnung bereits 1945: Unmittelbar nach dem Sieg über Nazi-Deutschland demontieren die neuen Machthaber in der Sowjetischen Besatzungszone etliche Industrieanlagen und verschicken sie in die UdSSR; zudem verstaatlichen sie auch viele Fabriken.

Die Macht in diesen Unternehmen übernimmt die SED-Führung, die auch darüber entscheidet, wer zum Betriebsleiter ernannt wird. Immerhin dürfen die Beschäftigten, genau wie ihre Kollegen im privaten Sektor, Betriebsräte wählen, die anfangs noch relativ eigenständig die Interessen der Arbeiter vertreten.

Es gibt nun zwei Typen von Staatsfirmen in der SBZ: Die neuen „Volkseigenen Betriebe“ produzieren auch für die Besatzungszone, die „Sowjetischen Aktiengesellschaften“ dagegen ausschließlich für die UdSSR. Moskau sichert sich auf diese Weise unter anderem den Zugriff auf den Uranbergbau in Sachsen und Thüringen.

Außerdem beschlagnahmen die Besatzer alle großen Bauernhöfe und Güter. Dieser Politik stimmen anfangs nicht nur die KPD, sondern auch die anderen Parteien in der SBZ grundsätzlich zu: Denn die Großindustriellen und Junker gelten gemeinhin als die Hauptverantwortlichen für den Aufstieg Adolf Hitlers. Als die Führung der CDU jedoch eine Entschädigung für die früheren Eigentümer der großen Höfe fordert, setzen die Sowjetvertreter die Vorsitzenden der Partei kurzerhand ab.

Mitte 1947 sind rund ein Drittel der Acker- und Weideflächen in kleine Parzellen von knapp zehn Hektar oder weniger zerlegt und meist an Neubauern übertragen.

Solche Volkseigenen Betriebe sollen die Produktivität der DDR-Wirtschaft steigern – tatsächlich aber sinkt sie

Diese Politik dient vor allem der kommunistischen Propaganda. Einerseits präsentieren sich die Machthaber bei der eigenen Bevölkerung damit als Wohltäter der armen Landbewohner. Andererseits wollen sie dem Westen mit der Landverteilung wie schon mit der Zulassung mehrerer Parteien (siehe Seite 38) einen „deutschen Weg“ zum Sozialismus demonstrieren, auf dem Bauern keine Kollektivierung fürchten müssen.

DOCH DIE SO geschaffenen Kleinhöfe sind nicht lebensfähig. Durch die Kriegsschäden, die Plünderungen und die Beschlagnahmungen fehlen vielerorts Traktoren und Zugpferde, oft selbst Wirtschafts- und Wohngebäude. Nur jeder vierte Bauer besitzt Schweine, nur jeder dritte Kühe, kaum jemand verfügt über genügend Dünger und Saatgut.

Zudem wissen viele der Neubauern nicht, wie man einen Hof wirtschaftlich betreibt. Vor allem aber sind die Landstücke viel zu klein und ernähren oft gerade einmal die Bauern selbst.

Innerhalb weniger Monate geben Tausende ihre Betriebe wieder auf. Nur etwa zehn Prozent der Neubauern arbeiten rentabel. Die eingesessenen größeren Höfe wirtschaften dagegen weitaus erfolgreicher.

Aber auch sie werden bald einer neuen Politik unterworfen – der Diktatur der Pläne. Die SED-Machthaber beseitigen nach und nach das, was in einer Marktwirtschaft die Produktion lenkt: die Steuerung durch Angebot und Nachfrage, den freien Wettbewerb. An ihre Stelle setzen sie ab Oktober 1947 zentrale Vorgaben.

Denn bei allem Gerede von einem angeblich besonderen „deutschen Weg“ – de facto folgt Ulbrichts Partei ganz und gar dem

Vorbild der Sowjetunion, auch in der Wirtschaft. Dabei produziert die Sowjetzone 1947 erst gut die Hälfte dessen, was in diesem Teil Deutschlands vor dem Krieg hergestellt wurde – und hat zudem nicht nur eine deutlich größere Bevölkerungszahl zu versorgen, sondern auch die sowjetischen Reparationsforderungen zu erfüllen.

Die SBZ muss höhere Entschädigungen leisten als das wesentlich größere Westdeutschland, insgesamt rund 14 Milliarden US-Dollar, mehr als irgendein anderes Land im 20. Jahrhundert.

Zwar wurde die ostdeutsche Industrie im Zweiten Weltkrieg weniger stark zerstört als die westdeutsche, doch hinterlassen die frühen Plünderungen, die späteren Demontagen sowie die andauernden Reparationszahlungen in der DDR am Ende größere wirtschaftliche Schäden als alle alliierten Bomben.

Freudig wie diese Melkerin sollen Bauern ins Kollektiv eintreten. Wer sich weigert, gilt als Klassenfeind

In ihrer Besatzungszone und in Ostberlin demontiert die UdSSR etliche Tausend Betriebe, mehr als die Hälfte vollständig. Stalin lässt auf den Bahnstrecken zweite Gleise abbauen, Lokomotiven und Waggons wegschaffen. Die DDR kann in den 1950er Jahren auf ihren Schienen nur halb so viel transportieren wie die Reichsbahn 1936; die einst führende Automobilindustrie erreicht nur ein Drittel der Vorkriegsproduktion.

Erst 1954 gibt die UdSSR die letzten Sowjetischen Aktiengesellschaften an die DDR zurück (bis auf den Uranbergbau, der bis 1991 unter Kontrolle Moskaus bleibt). Manche Bereiche der Wirtschaft werden sich bis zum Mauerfall nicht von diesem Raubbau erholen.

Mit einer nach festen Planvorgaben organisierten Wirtschaft hoffen Besatzer und SED ab 1947 trotzdem, die Leistungsfähigkeit der ostdeutschen Betriebe zu erhöhen. „Mehr produzieren, gerechter verteilen, besser leben!“, fordert der 2. Parteitag der Einheitspartei.

Parallel dazu werden die Gewerkschaften nach und nach gleichgeschaltet. Der 1945 in der SBZ gegründete, von den Kommunisten dominierte Freie Deutsche Gewerkschaftsbund beschließt im November 1946, dass Streiks nur im „Kampf gegen das kapitalistische Unternehmertum angewandt“ werden dürfen – also nicht in den verstaatlichten Betrieben. Dort lösen zudem ab 1948 sogenannte Betriebsgewerkschaftsleitungen aus SED-Kadern die gewählten Betriebsräte ab.

Der FDGB ist nun immer weniger eine Vertretung der Arbeiterinteressen und immer mehr ein Arm der Staatspartei. Seine Aufgabe: die Beschäftigten zu mobilisieren, damit sie die vorgegebenen Pläne erfüllen.

Im Sommer 1948 führt die Deutsche Wirtschaftskommission – eine Art vorläufige Regierung – in der Sowjetzone die Planwirtschaft nach Moskauer Vorbild ein: Sie erlässt einen Zweijahrplan, der präzise festlegt, was und wie viel jeder Wirtschaftszweig zu produzieren hat. So soll etwa die Leistung der Stahlwerke, Energieanlagen und Maschinenfabriken von 1950 auf 1951 um mehr als 30 Prozent steigen.

Das wollen die Machthaber mit Akkordarbeit erreichen – jenem Mittel, das sie im Kapitalismus als Ausbeutung geißeln. Fortan erhält beispielsweise ein Bergmann mehr Gehalt, wenn er mehr Kohle fördert, als sein Plansoll vorsieht. Wenn er aber umgekehrt die Forderungen nicht erfüllt, bestraft man ihn, etwa indem ihn der Betrieb nicht mehr mit Kleidung versorgt.

Mancher Beschäftigte verliert sogar seine Lebensmittelkarte, mit der die Einwohner der Sowjetzone ihre Nahrungsmittel erwerben. „Kampf gegen Arbeitsbummelei“ heißt diese Praxis.

Ohnehin ist die Versorgung der Bevölkerung mit Konsumgütern für die SED-Wirtschaftspolitik eher zweitrangig. Sie konzentriert sich vor allem auf den Ausbau der Schwerindustrie – und später auch auf die Waffenproduktion für die entstehende Armee. Mit der Aufnahme in den „Rat für Gegenseitige Wirtschaftshilfe“ muss die DDR zudem ab 1950 die anderen Ostblockstaaten beliefern.

Die einzelnen Unternehmen sind aber nicht aufeinander abgestimmt, die geforderte Leistung eines Werks also etwa nicht danach festgelegt, wie viele Rohstoffe den Arbeitern tatsächlich zur Verfügung stehen.

Auch in der Landwirtschaft gelten nun Planziele – unabhängig davon, ob in einer Region Viehseuchen ausbrechen oder ein Sommer besonders kalt und feucht war und die Ernteerträge daher besonders niedrig sind.

Die meisten Bauern können die unrealistischen Ziele ohnehin nicht erreichen, was der SED einen Vorwand gibt, gegen weitere vermeintliche Klassenfeinde vorzugehen – nun gegen all jene Landwirte, die einen Hof mit einer Größe von mehr als 20 Hektar betreiben und noch nicht enteignet worden sind.

Sie können sich, anders als die Neubauern, nicht einfach in gemeinsamen Maschinenparks günstig Traktoren oder Mähdrescher leihen, ihre Steuern sind um ein Drittel höher. Gleichzeitig steigt ihr Soll: 1950 müssen sie fast dreimal so viel Getreide, Eier, Milch oder Fleisch abliefern wie die Kleinbauern. Trotzdem halten sich die meisten größeren Betriebe noch immer.

Doch dann verkündet SED-Chef Ulbricht im Juli 1952 ein neues Programm: den „planmäßigen Aufbau des Sozialismus“. Das bedeutet die endgültige Abkehr vom „deutschen Weg“ – und eine Kampfansage an weite Teile der eigenen Gesellschaft. Auch an die Bauern auf ihren Höfen.

Nur neun Wochen nach dem Dementi der Kollektivierung im „Neuen Deutschland“ beschließt die SED offiziell die Statuten für drei Typen von Landwirtschaftlichen Produktionsgenossenschaften. Gruppen von Bauern sollen ihr Land zusammenlegen und je nach Typ der LPG auch ihre Tiere und Maschinen einbringen.

Als Kollektiv dürfen sie selber über die Organisation der LPGs bestimmen – allerdings kann die örtliche Parteistelle ihre Entscheidungen jederzeit aufheben.

„Freiwillig“ nennt das Politbüro diesen Zusammenschluss. Tatsächlich aber beginnen schon kurz darauf zahlreiche Strafverfahren gegen Bauern, die ihr Soll nicht abliefern und ihren Hof nicht aufgeben wollen.

Dazu nutzen die Funktionäre einen Paragrafen des DDR-Wirtschaftsstrafrechts, mit dessen Hilfe sich fast jeder verurteilen lässt: Danach macht sich strafbar, wer „die Durchführung der Wirtschaftsplanung oder die Versorgung der Bevölkerung gefährdet“. Und dafür reicht schon eine schlechte Ernte.

Volkspolizei und Staatsanwaltschaft ermitteln nun gegen selbstständige Landwirte – unterstützt von Denunzianten, die schon melden, wenn ein Bauer täglich etwas Milch für den Eigenbedarf zurückhält, obwohl er sein Soll nicht erfüllt. Ein 73-jähriger Landwirt muss im Februar 1953 für zwei Jahre ins Zuchthaus, weil er angeblich nicht genug Rind- und Schweinefleisch, Kartoffeln und Milch abgeliefert hat. Damit habe er „die Volksernährung sabotiert, die Wirtschaft geschwächt und den Klassengegner gestärkt“, so das Gericht.

In den sieben Monaten nach Einführung der Produktionsgenossenschaften verurteilen DDR-Gerichte 1250 Bauern zu Geld- oder Haftstrafen. Bis Ende 1953 werden mehr als 10 000 Höfe enteignet.

Alt- wie Neubauern geben nun auf – die einen können die Abgaben nicht mehr aufbringen, die anderen hatten von Beginn an zu kleine Flächen. Ein Jahr nach dem Beginn der Kollektivierung ist die Anzahl privater Höfe um 100 000 gesunken.

Parteichef Ulbricht setzt nach Sowjet-Vorbild auf die Schwerindustrie und vernachlässigt die Versorgung der Bevölkerung

Auch in anderen Bereichen des Wirtschaftslebens übt die Regierung nun massiven Druck und offenen Terror aus. So fahndet die SED in Stahlwerken und im Kohlebergbau nach vermeintlichen Saboteuren, um die schlechten Leistungen der Industrie zu erklären.

Und Anfang 1953 überprüft die Polizei in Razzien private Hotels und Gaststätten an der Ostseeküste. Wo sie nichts Belastendes findet, versucht sie, Geständnisse zu erpressen.

Die Wirte kommen vor Gericht, weil sie angeblich Zimmer ohne Heizung, Bettwäsche und Decken vermieten; weil sie 50 Pfennig für ein heißes Bad verlangen oder amerikanische Zigaretten verkaufen; weil auf ihrem Dachboden ein Koffer mit Ausgaben der Illustrierten „Stern“ entdeckt wird; weil Beamte im Puppenladen der Tochter neun Kaffeebohnen und eine Büchse für Kakao finden.

Die Richter verurteilen manchmal gleich mehrere Familienmitglieder zu Zuchthausstrafen. Das Eigentum wird beschlagnahmt, minderjährige Kinder den örtlichen Behörden übergeben. Mancher darf später als Angestellter in sein eigenes Hotel zurückkehren.

Zu einer besseren Wirtschaftsleistung aber führen weder Kollektivierung noch Verstaatlichung. Im Gegenteil: Die Produktivität der DDR-Ökonomie sinkt Anfang 1953 weiter. Immer wieder kommt es zu Stromsperren, es fehlt an Grundnahrungsmitteln, bezahlbarer Kleidung, Lederschuhen.

Daraufhin setzt die SED die Leistungsnormen für die Arbeiter um zehn Prozent herauf – und hebt gleichzeitig die Preise für zahlreiche Konsumgüter an. Sie erhöht die Einkommensteuer, streicht Selbstständigen die allgemeine Kranken- und Sozialversicherung. Mithilfe eines „Gesetzes zum Schutz des Volkseigentums“ lässt sie harte Strafen gegen kleinste ökonomische Vergehen verhängen: Zwischen Juli 1952 und Mai 1953 steigt die Zahl der Häftlinge um mehr als das Doppelte auf 66 000.

Seit 1945 haben die Machthaber die ostdeutsche Wirtschaft schrittweise an die sowjetische angepasst. Haben enteignet, verstaatlicht, vergemeinschaftet, sind Stalins Reparationsforderungen nachgekommen.

Eine zerstörte und ausgeraubte Industrie, eine unter hohen Steuern leidende Mittelschicht, eine zwangskollektivierte und schikanierte Bauernschaft sollen stetig mehr produzieren, den Wohlstand der DDR und ihrer Bewohner steigern – was unmöglich ist, denn es fehlt am Nötigsten. Tausende flüchten nun allmonatlich in den Westen.

Und unter jenen Arbeitern und Bauern, die bleiben, wächst die Wut: auf den Staat, der behauptet, der ihre zu sein. □

Dr. Marion Hombach, 38, ist Autorin in Berlin.

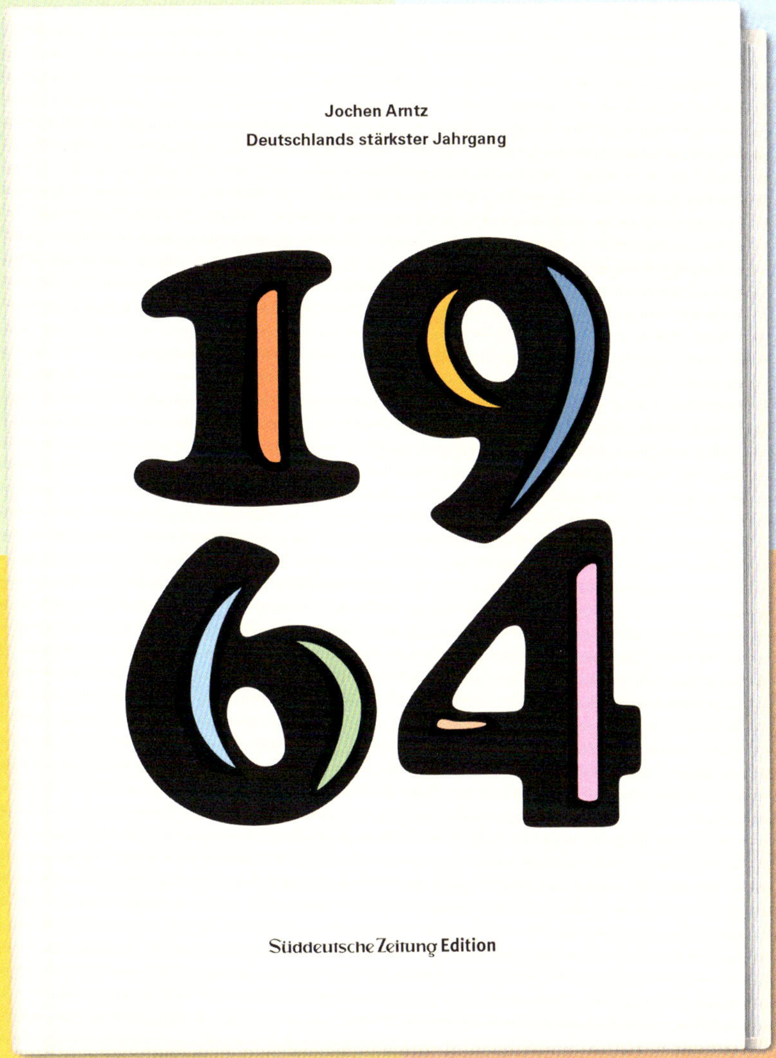
Jochen Arntz
Deutschlands stärkster Jahrgang
1964
Süddeutsche Zeitung Edition

Der Tag, an dem die

Befeuert durch einen Streik Ostberliner Bauarbeiter, demonstrieren am 17. Juni 1953 Hunderttausende DDR-Bürger für höhere Löhne, Freiheit und Einheit. Weite Teile des Landes geraten außer Kontrolle – bis die Sowjetarmee eingreift VON MATHIAS MESENHÖLLER

Am 17. Juni herrschen wie hier am Potsdamer Platz in Ostberlin vielerorts bürgerkriegsähnliche Zustände: Weil die Polizei mit der Situation überfordert ist, drängen sowjetische Panzer Demonstranten von den Versammlungsplätzen

Panzer rollen

Es ist Dienstag, der 16. Juni 1953, 8.30 Uhr. Auf einer Baustelle an der Stalinallee, im Zentrum Ostberlins, wo etliche Monumentalbauten entstehen, greifen sich an diesem Morgen Männer in Arbeitskleidung wütend eines der überall hängenden SED-Propagandatransparente und schreiben auf die Rückseite: „WIR BAUARBEITER FORDERN NORMSENKUNG“. Sie befestigen das Transparent an Stangen und recken es empor.

Arbeitsnormen sind ein Herzstück der DDR-Planwirtschaft. Sie legen den Akkord fest, den ein Maurer oder Zimmermann zu erfüllen hat, bevor er Zulagen bekommt. Nun hat die Regierung beschlossen, die Normen zu erhöhen – und die Betriebsleitung der Baustelle hat deshalb am letzten Zahltag, am Mittwoch zuvor, die Löhne schon einmal pauschal um zehn Prozent gekürzt.

Ein paar Dutzend Arbeiter stellen sich hinter das Plakat und ziehen über die größte Baustelle der DDR, den halbfertigen Vorzeigeboulevard Stalinallee.

Die meisten ihrer Kollegen auf den hochragenden Holzgerüsten reagieren, ohne lange nachzudenken: Block um Block klimmen sie die Leitern hinab, lassen Zementmischer stehen, Ziegel liegen, kommen aus den Baubuden.

Gegen zehn Uhr besteht der Zug bereits aus 1500 bis 2000 Zimmerleuten in schwarzen Cordanzügen, aus Maurern und Malern unter weißleinenen Mützen, aus Steinmetzen, Rohrlegern, Putzern. Manche in Holzpantinen, ihre Schritte klappern auf dem Trottoir. Sie wenden sich Richtung Innenstadt.

In Sprechchören fordern die Arbeiter niedrigere Normen, höhere Löhne, erschwingliche Lebensmittel. Und: „Berliner reiht euch ein, wir wollen freie Menschen sein!“ Zahlreiche Passanten kommen dem Ruf spontan nach, Anwohner und Büroangestellte laufen auf die Straße. Ein Müllwagen hält, die Besatzung springt ab und geht mit.

Eine Straßenbahn bremst, Fahrer und Insassen verstärken den Protestzug. Immer weiter wächst er an, immer lauter hallen die Parolen. Wo die Demonstranten auf Polizei treffen, beschränkt die sich darauf, die Verkehrsstörung zu regeln. Entweder ist die Staatsmacht kalt überrascht, oder sie wartet ab.

Das Fanal zum landesweiten Aufstand: Bauarbeiter auf der Ostberliner Stalinallee marschieren am 16. Juni zum Haus der Ministerien, um gegen die Erhöhung ihrer Arbeitsnormen – de facto eine Lohnkürzung – zu protestieren

Gegen 13 Uhr passiert der Zug die Humboldt-Universität Unter den Linden. Studenten klatschen, kommen aber nicht heraus. „Die haben Angst um ihr Stipendium“, spottet ein Arbeiter.

Eine halbe Stunde später erreichen die Spitzen der Kolonne ihr Ziel: das Haus der Ministerien in der Leipziger Straße. Den Sitz des Ministerpräsidenten Otto Grotewohl. Wenig später drängen sich mehr als 10 000 Menschen auf dem Vorplatz, in den Seitenstraßen. Den Haupteingang versperrt ein Scherengitter. Laut fordert die Menge, Grotewohl und SED-Chef Walter Ulbricht zu sprechen. Von den Mauern des mächtigen Baus schallt der Ruf dröhnend zurück.

Doch die beiden Spitzenkader sind nicht im Regierungsgebäude, sondern nehmen einige Kilometer entfernt an einer Sitzung der SED-Führung teil. Zwei Wochen zuvor hat die sowjetische Besatzungsmacht der Partei einen neuen, liberaleren Kurs verordnet. Nun ringen die deutschen Sozialisten um die Details – und untereinander um die Macht.

Obwohl er früh von den Protesten unterrichtet wird, will Ulbricht die Sitzung daher nicht verlassen. Ohnehin hält er den Auflauf für eine vom Westen gesteuerte Provokation. Gleichwohl stimmt er zu, die neuen Normen erst einmal auszusetzen. Danach bleiben die Funktionäre und Minister in der Leipziger Straße sich selbst überlassen.

Dort heizt sich die Stimmung der Menge auf. Als ein Parteimann von ei-

DIE ARBEITER DROHEN MIT GENERALSTREIK

nem Fahrradsattel herab verkündet, die Normen seien zurückgenommen, erntet er nur Wutgeheul und Gelächter.

Gegen 14 Uhr tritt Industrieminister Fritz Selbmann aus dem Gebäude, lässt einen Tisch heraustragen und steigt hinauf. „Ich bin doch selbst ein Arbeiter!“, ruft Selbmann.

„Das hast du aber längst vergessen!“, kommt es zurück.

„Liebe Kollegen!“, versucht es der Minister.

„Du bist nicht unser Kollege!“, rufen die Männer. „Verräter!“ „Lump!“ „Zu fett, zu fett!“ „Verschwinden!“

Auf dem Marsch und während des Wartens ist der bloße Ärger umgeschlagen in wütende Empörung. Plötzlich geht es um mehr als Normen.

Selbmann wird vom Tisch geholt. Ein Maurer steigt hinauf und stellt eine neue Forderung: freie und geheime Wahlen! Donnernde Zustimmung. Eine elegant gekleidete Frau, in der Hand eine Einkaufstasche, folgt ihm und erklärt, auch andere Teile der Bevölkerung stünden hinter den Arbeitern! Applaus.

Ein Mädchen in der Uniform der FDJ schiebt sich empor – Pfiffe, Buhrufe, „FDJ runter vom Tisch!“ Es streift die Jacke ab und wirft sie in die Menge. Johlende Begeisterung. In der Versammlung, ruft das Mädchen, lauerten Spitzel, die notierten die Namen der Redner! Unruhe, Schreie, an einer Stelle des Platzes bricht ein Handgemenge aus, jemand wird fortgejagt.

Längst sind die Sprechchöre drohender geworden, rufen viele: „Nieder mit der Regierung! Weg mit Ulbricht!“

Dann besteigt der Bauarbeiter Horst Schlafke den Tisch. Wenn Grotewohl und Ulbricht nicht binnen einer halben Stunde erschienen, ruft Schlafke, werde die Versammlung durch die Straßen ziehen – und den Generalstreik erklären!

Kurz darauf, ohne die Frist abzuwarten, marschieren die ersten Demonstranten unter der neuen Parole ab.

Inzwischen fahren Lautsprecherwagen durch die Straßen und geben die Rücknahme der Normerhöhungen bekannt, doch das kommt zu spät. Arbeiter werfen einige der Wagen um, kapern andere und rufen per Mikrofon zum Generalstreik auf, zu einer Kundgebung für den nächsten Morgen, 7.00 Uhr, Sammelpunkt Strausberger Platz.

Am späten Nachmittag löst der Hauptzug sich auf, Kuriere eilen in die Fabriken, um die Belegschaften zu informieren. Noch stundenlang kommt es zu spontanen Protesten; bis zu 20 000 Berliner skandieren an verschiedenen Orten die Losungen von Generalstreik und freien Wahlen, niedrigeren Preisen und einem Sturz der Regierung. Auf der Friedrichstraße geraten sie in ein erstes Scharmützel mit der Polizei.

Doch die Staatsmacht wirkt wie gelähmt. Als finde sie keine klare Linie mehr. Liegt es daran, dass im Frühling Stalin gestorben ist, der Mann, dem die DDR ihr Dasein verdankt und der sie von Moskau aus mit harter Hand gesteuert hat? Wankt nun auch sein Schüler und Gefolgsmann Walter Ulbricht?

Innerhalb weniger Stunden hat sich eine fiebrige Spannung durch Ostberlin verbreitet. Plötzlich, vier Jahre nach Gründung der Republik, scheint das Regime verwundbar. Sieht es so aus, als liege etwas ganz Neues zum Greifen nah: Freiheit. Vielleicht gar die Wiedervereinigung Deutschlands. Demokratie, erzwungen vom Volk.

Bahnt sich ein Aufstand an?

EIN VIERTELJAHR ZUVOR, 7. März 1953. „Neues Deutschland“, das Parteiorgan der SED, erscheint mit der Schlagzeile: „Das Herz des größten Menschen unserer Epoche, des Genossen J. W. Stalin, hat aufgehört zu schlagen“. In der UdSSR löst der Tod des Diktators hysterische Trauer aus – und Erleichterung unter den Spitzenkadern, Stalins paranoiden Terror überlebt zu haben.

Die mächtigsten von ihnen bilden nun eine kollektive Führung, aus der bald zwei Männer herausragen werden: Innenminister und Geheimpolizeichef Lawrentij Berija sowie der Sekretär der Kommunistischen Partei, Nikita Chruschtschow. Die neue Führung bricht mit der Tyrannei Stalins, stellt Wirtschaftsreformen in Aussicht – und befasst sich bereits im April mit der Krise ihres deutschen Satellitenstaats: Die DDR scheint vor dem Kollaps zu stehen.

Denn während in Moskau der starre Stalinismus endet, führt Walter Ulbricht, der ergebenste Vasall des Diktators, unbeirrt das ideologisch rigide Programm „Aufbau des Sozialismus“ fort, was vor allem eine verschärfte Kollektivierung bedeutet. Unternehmen werden in „Volkseigene Betriebe“ umgewandelt, freie Bauern in „Landwirtschaftliche Produktionsgenossenschaften“, Handwerker und Gewerbetreibende in „Produktionsgenossenschaften des Handwerks“ gezwungen, verhaftet, enteignet.

Alle, die sich wehren oder nur beklagen, werden ebenso umstandslos festgenommen wie parteiinterne „Abweichler“ oder bekennende Christen: Im Mai 1953 sitzen mehr als 65000 DDR-Bürger in Gefängnissen, Zuchthäusern und Arbeitslagern ein. Freie Rede, freie Reise, freie Wahlen, ein Ende der Teilung Deutschlands scheinen ferner denn je.

Und während im Westen das Wirtschaftswunder anläuft, werden in der DDR die Geschäfte immer leerer. Der Ausbau der Schwerindustrie und die Aufrüstung haben auf Geheiß Ulbrichts Vorrang vor Konsumwünschen.

Einigermaßen funktionierende Märkte brechen unter der Kollektivierung und Verstaatlichung zusammen, Badehosen und Sommerstoffe erreichen die Geschäfte 1952 erst im Herbst; Winterbekleidung dagegen ist noch im November kaum zu bekommen.

Butter, Margarine, selbst Kartoffeln werden nicht mehr in ausreichender Menge produziert oder ausgeliefert. Fett, Fleisch, Zucker sind rationiert und dennoch oft nicht zu haben oder unerschwinglich. Der Pro-Kopf-Verbrauch von Fisch liegt um zwei Drittel unter dem Vorkriegsniveau. Immer wieder kommt es zu Stromsperren.

Angesichts der Krise versucht die SED, Kosten zu mindern: Löhne und Zulagen werden gesenkt. Bald treten einzelne Belegschaften stunden- oder schichtweise in den Streik. Das Regime reagiert mit Propagandakampagnen und Strafen, erhöht zudem die Zahl der Mitarbeiter im Ministerium für Staatssicherheit auf mehr als 10000, denen Zigtausende Spitzel zuarbeiten.

Doch die SED-Führung verschärft damit nur den gefährlichsten Protest: die Massenflucht. 182000 Menschen haben 1952 die DDR verlassen – von Januar bis April 1953 allein sind es 120000. Darunter zahlreiche Bauern und Fachkräfte, die auf den Feldern und in den Fabriken dringend gebraucht werden.

Dennoch beschließt das Zentralkomitee der SED am 14. Mai 1953, die Arbeitsnormen um durchschnittlich zehn Prozent anzuheben. Die Folge sind vermehrte, meist rasch kriminalisierte Streiks. Denn das Recht zum Arbeitskampf steht den Beschäftigten der Staatsbetriebe nur theoretisch zu. Vielmehr dienen die Gewerkschaften als Organe der SED, bedrängen die Arbeiter auf Betriebsversammlungen, den neuen Normen „freiwillig“ zuzustimmen. Und schüren so abermals den Unmut.

Zwei Wochen später wird die Staatsführung nach Moskau beordert. Auf einen Geheimbefehl hin fliegen Grotewohl, Ulbricht und der Propagandachef Fred Oelßner am 2. Juni in die UdSSR. Dort erwartet sie ein Schock: Stalins Nachfolger verlangen von ihnen, die Maßnahmen für einen forcierten „Aufbau des Sozialismus“ zurückzunehmen.

Zwar räumen die sowjetischen Genossen ein, das Programm ja selber gebilligt zu haben, stellen Hilfslieferungen in Aussicht, Nachlässe bei den Reparationen. Trotzdem wehrt Ulbricht sich – bis Berija ihn derart anbrüllt, dass es selbst dem robusten Chruschtschow peinlich ist. Am 4. Juni dürfen die Deutschen zurückkehren. Im Gepäck die Anweisungen für einen „Neuen Kurs“.

Die Öffentlichkeit erfährt nichts von alldem. So wenig wie von dem Machtkampf, der nun im Politbüro entbrennt, dem höchsten Führungsgremium der SED. Walter Ulbricht, als Generalsekretär bis dahin deren unangefochtener Chef – und damit auch der DDR –, muss harsche Kritik an seinem ideologischen Starrsinn hinnehmen, seiner Selbstherrlichkeit.

Neben anderen verlangen Wilhelm Zaisser, der Minister für Staatssicherheit, und Rudolf Herrnstadt, der Chefredakteur des „Neuen Deutschland“, dass Ulbricht seine Macht in Zukunft stärker mit dem Politbüro teilt. Zugleich bereitet das Gremium fieberhaft den befohlenen Kurswechsel vor.

Herrnstadt verfasst im Namen des Politbüros ein Kommuniqué für die Be-

Die Forderung nach höheren Löhnen schlägt rasch um in den Ruf nach einem Rücktritt des SED-Regimes. Am 17. Juni brennen überall im Land Propagandaplakate, werden Parteizentralen und Gefängnisse gestürmt. In Berlin reißen Demonstranten Schilder an den Sektorengrenzen herunter und setzen das Columbushaus am Potsdamer Platz in Brand, in dem unter anderem eine Polizeiwache untergebracht ist

völkerung – und bittet den sowjetischen Hohen Kommissar Wladimir Semjonow dringend, es vorerst zurückhalten zu dürfen. Ohne propagandistische Vorarbeit würde das Papier Chaos auslösen; hingegen wären 14 Tage ausreichend, die neue Politik überzeugend, ja mitreißend zu begründen. „In 14 Tagen", antwortet Semjonow, „werden Sie vielleicht schon keinen Staat mehr haben."

Wie in jeder Angelegenheit hat der Vertreter Moskaus auch hier das entscheidende Wort. Am nächsten Morgen, dem 11. Juni 1953, steht das Kommuniqué in der Zeitung.

Die Verlautbarung räumt Fehler ein, verspricht Preis- und Steuersenkungen, eine teilweise Rückgabe enteigneten Besitzes, Freiheit für politische Gefangene, ein Ende des Drucks auf Einzelhändler, Handwerker, Bauern. Sie widerruft fast das gesamte Programm zum beschleunigten „Aufbau des Sozialismus".

Wie von Herrnstadt befürchtet, beruhigt der abrupte Schwenk niemanden. Im Gegenteil. Das kommentarlos abgedruckte Kommuniqué verstört loyale Parteimitglieder – und wird von den übrigen Bürgern als Teilkapitulation, sogar als Bankrotterklärung der SED verstanden.

Widerstand, so lautet offenbar die unbeabsichtigte Botschaft, kann Zugeständnisse erzwingen.

Statt abzuklingen, breitet der Oppositionsgeist sich weiter aus.

Verheerend indes ist der Effekt unter den Arbeitern. Denn von der verhassten Normenerhöhung findet sich kein Wort. Die Regierenden halten sie für unerlässlich, fühlen sich zudem der offiziell „herrschenden Klasse" wohl allzu sicher. Ein Irrtum, der den jungen Staat um ein Haar in den Abgrund reißen wird.

An diesem 11. Juni, einem Donnerstag, wird allgemein bekannt, dass die Berliner Bauleitungen im Sinne der Normenerhöhung kurzerhand die Löhne um zehn Prozent gesenkt haben. Tags darauf legen entlang der Stalinallee mehr als 1000 Mann erstmals spontan die Arbeit nieder. Auch auf der benachbarten Baustelle am Krankenhaus Friedrichshain kursieren Streikparolen.

Dort erzwingen die Arbeiter am Montag, dem 15. Juni, eine Belegschaftsversammlung. Sie wird zum Tumult, als ein Gewerkschaftsfunktionär verkündet, an den Normen sei nicht zu rütteln. Rhythmisch trommelnd skandieren die Männer: „Streiken! Streiken! Streiken!"

Schließlich versucht Max Fettling, der Vorsitzende der Betriebsgewerkschaftsleitung, sie etwas zu beruhigen. Er hilft, einen Brief an Ministerpräsident Grotewohl zu verfassen, in dem die Belegschaft die alten Normen zurückverlangt. Mit einem kleinen, dreirädrigen Lieferwagen bringt Fettling die Resolution zum Haus der Ministerien. Später am Tag erreichen Durchschläge des Briefes die Arbeiter auf der Stalinallee und anderen Berliner Großbaustellen. Die Zustimmung ist fast einhellig. Eine Antwort jedoch wird nie erfolgen.

Und so treten die Arbeiter am 16. Juni an der Baustelle Stalinallee in den Streik.

AUF BLOCK 40, einem Wohnkomplex in zweiter Reihe, arbeiten an diesem Morgen nur noch wenige Brigaden, am Krankenhaus Friedrichshain etwas abseits allein die Lehrlinge. Zwischen den Streikenden hasten Gewerkschafter und Agitatoren umher, versuchen, die Aufsässigen zur Räson zu bringen. Eine Rücknahme der Normen indes komme nach wie vor nicht infrage.

Vermutlich sind es die Arbeiter von Block 40, die gegen 8.30 Uhr den Protest als Erste auf die Straße tragen, sich hinter dem rasch gefertigten Transparent einreihen und losziehen.

Um die gleiche Zeit eilen einige der Gewerkschaftsfunktionäre in die Ostberliner SED-Bezirksleitung. Ihre Botschaft: Eine „Riesendemonstration" bahne sich an, „ihr müsst sofort etwas tun!". Ein Parteisekretär wird von der Bezirksleitung zum Politbüro entsandt.

Wie jeden Dienstag sitzt das höchste Gremium der SED in der Parteizentrale an der Wilhelm-Pieck-Straße zusammen. Hinter verschlossenen Türen kämpfen Ulbricht und seine Gegenspieler um die Macht – um die Rolle, die der Generalsekretär künftig noch spielen soll.

Der Emissär der Bezirksleitung lässt den Berliner SED-Chef Hans Jendretzky herausrufen, berichtet von dem beginnenden Aufruhr und fordert dringend, die Normenerhöhung zurückzuziehen. Jendretzky verspricht eine Lösung, verschwindet im Sitzungszimmer.

Ein anderes Mitglied der Bezirksleitung hält dagegen jeden Kompromiss für falsch: Polizeipräsident Waldemar Schmidt. Noch während das Politbüro diskutiert, bittet er bei der sowjetischen Kommandantur um Erlaubnis, den Protestzug aufzulösen (die Machtorgane der DDR dürfen nicht ohne Plazet der Besatzer handeln, gar Gewalt anwenden). Schmidt ahnt, dass es die letzte

Gegen Mittag des 17. Juni fahren auf Ostberlins Potsdamer Platz sowjetische Panzer auf, kurz darauf verkündet die Sowjetarmee den Ausnahmezustand: Soldaten und Polizisten dürfen auf die Demonstranten schießen

Chance ist, einen beginnenden Aufstand zu ersticken.

Doch die Sowjetvertreter lehnen ab. Sie wollen keine neuerlichen Repressionen – und unterschätzen die Wut auf den Baustellen: Hochkommissar Semjonow hat sich Memoranden über den Unmut verbeten, immerhin lebten die deutschen Arbeiter erheblich besser als ihre russischen Kollegen.

Polizei und Staatssicherheit bleibt nur, Spitzel auszusenden und die absehbare Eskalation zu beobachten.

Offensichtlich verkennt aber auch das Politbüro die Lage. Bis Mittag lässt man sich Zeit, dann kommt Berlins SED-Chef Jendretzky wieder heraus, gemeinsam mit Ulbricht. Sie bringen eine Erklärung mit, die in umständlichen Formulierungen eine Rücknahme der Normen ankündigt.

Der Rundfunk werde den Beschluss bekanntgeben; außerdem sollen die Bezirksfunktionäre es den Bauarbeitern direkt mitteilen und ihre Demonstration so „aufhalten und auflösen". Für Ulbricht ist die Sache damit erledigt.

Zurück auf der Straße, finden Ulbrichts Boten einen Protestzug vor, der sich mit dürren Verlautbarungen längst nicht mehr stoppen lässt – und bald schon den Regierungssitz belagert.

Nun versucht Industrieminister Fritz Selbmann, ins Politbüro durchgestellt zu werden und Walter Ulbricht ans Telefon zu bekommen, doch das gelingt erst nach mehreren Versuchen.

Ulbricht erklärt, er sei unabkömmlich. Aber es regne ja, da werde die Ansammlung sich ohnehin bald verlaufen. Noch ist er der führende Mann, zumal sich Ministerpräsident Grotewohl dem Parteichef untergeordnet hat.

16. JUNI, NACHMITTAG. Ab 16.30 Uhr berichtet der amerikanisch geführte Westberliner Radiosender RIAS von den Unruhen im Ostsektor, stellt bald sein gesamtes Programm auf die Ereignisse um. Zugleich jedoch untersagt die US-Direktion des Senders allzu hitzige Kommentare.

Eine Arbeiterdelegation aus der Stalinallee, die im RIAS den Aufruf zum Generalstreik verbreiten will, weisen die Verantwortlichen zurück – ja sie verbieten den Redakteuren sogar, auch nur das Wort zu erwähnen.

Die Amerikaner und ihre westdeutschen Mitarbeiter geben der Erhebung kaum eine Chance. Dagegen fürchten sie eine unnütze Provokation, eine Eskalation bis hin zum Krieg.

Um diese Zeit sitzt Hans Jendretzky gelähmt in der Berliner Bezirksleitung der SED. Der Tisch vor ihm besteht zur Hälfte aus einer Telefonanlage voller Knöpfe, Schalter, Lämpchen. Eine Kommandozentrale. Doch Jendretzky kommandiert nichts mehr. Hin und wieder schnarrt die Anlage, er nimmt den Hörer

GEGEN 12.55 UHR STIRBT DER ERSTE DEMONSTRANT

ab, um von einem neuen Unruheherd zu hören. Dann lacht er hysterisch. Als seine Mitarbeiter fragen, was sie tun sollen, zuckt er hilflos mit den Schultern.

Die Rücknahme der Normen ist verpufft. Verzweifelt verlangt Polizeipräsident Schmidt von Jendretzky, die Besatzer umzustimmen, um die Straßen endlich mit Gewalt räumen zu dürfen. Ohne Erfolg: Staatsspitze und Sowjetvertreter hoffen weiterhin, dass die Proteste sich totlaufen werden.

Dazu trägt nicht zuletzt ideologische Verblendung bei. Bereits in der morgendlichen Sitzung des Politbüros haben die SED-Führer sich darauf geeinigt, dass die Proteste von westlichen Agenten ausgelöst worden seien – und sobald die Zugeständnisse sich herumsprächen, sei die Krise überstanden. Am Abend bekräftigt Ulbricht bei einer Parteiveranstaltung im Friedrichstadtpalast die These von chancenlosen „Provokateuren, die aus Westberlin gekommen sind". Beifall und Bravorufe.

Draußen werden Polizisten dagegen bereits in erste Straßenschlachten verwickelt. Später werfen Demonstranten am Rosenthaler Platz Dreck und Steine auf zurückkehrende Politbüro-Mitglieder. Von da an ahnt die Parteispitze, dass ein gewaltiger Protest auf sie zurollt.

Noch in der Nacht treffen sich Ulbricht, Stasi-Minister Zaisser und andere mit Hochkommissar Semjonow und dessen Militärchef. Die Anwesenden halten die Lage für angespannt, aber beherrschbar. Dennoch versetzt Semjonow Teile der Roten Armee in Gefechtsbereitschaft und verlegt Truppen in die Nähe seines Hauptquartiers Karlshorst, wenige Kilometer südöstlich des Stadtzentrums: eine Reserve für den Notfall.

In der Stasi-Zentrale Normannenstraße zieht Zaisser einen Einsatzstab zusammen. Polizeitruppen aus dem Umland werden nach Ostberlin kommandiert, um am nächsten Tag die Ordnung zu verteidigen – und die Sektorengrenze zu sichern: Die führenden Köpfe bleiben in ihrer Verschwörungsfiktion gefangen. Mit Unruhen in der Provinz rechnet in Berlin offenkundig niemand.

17. JUNI, 6.25 UHR, BITTERFELD. Horst Sowada tritt den Kickstarter seines Motorrads herunter. Über dem Morgen liegen die Schwefel- und Kohlengasdünste der chemischen Fabriken. 15 Minuten später geht der 29-jährige Elektromechaniker in den Umkleideraum des VEB Elektrochemisches Kombinat Bitterfeld.

Die Spindnachbarn führen erregte Diskussionen. Obwohl Störsender dafür sorgen, dass der RIAS in dieser Region schwer zu empfangen ist, sind die Nachrichten aus Berlin durchgedrungen.

Sowada sorgt sich vor allem um einen zwei Tage zuvor festgenommenen Lehrling, die jüngste von vielen willkürlichen Gefangennahmen. Deshalb beteiligt er sich an der nun einsetzenden Mundpropaganda – vielleicht ist es sogar Sowadas Idee: zur Frühstückspause um neun Uhr alle raus auf den Hof, Versammlung.

7.00 UHR, OSTBERLIN, Strausberger Platz. Hier, an der entstehenden Stalinallee, sollen 400 Polizisten die Seitenstraßen abriegeln, um den angekündigten Aufmarsch zu unterbinden. Sie kommen zu spät. Und sind viel zu wenige.

Bei Nieselregen ziehen bereits mehrere Tausend Arbeiter über die Stalinallee. Wo sie auf Sperrketten stoßen, brechen sie mühelos durch. Und mit jeder Minute treffen mehr Streikende ein.

7.35 UHR, MOSKAU, Kreml (9.35 Uhr Ortszeit). Hochkommissar Semjonow meldet aus Karlshorst, die Proteste vom Vortag seien vermutlich „erst der Anfang der von Westberlin organisierten Aktionen" gewesen; die DDR-Spitze rechne mit Unruhen. Doch hätten für den äußersten Fall 450 Rotarmisten im sowjetischen Sektor Stellung bezogen, beruhigt er seine Führung.

8.30 UHR, OSTBERLIN, Normannenstraße, Stasi-Einsatzzentrale. In rascher Folge gehen die telefonischen Meldungen ein: Agenten berichten aus einem Betrieb nach dem anderen von Streiks, vom Abmarsch der Arbeiter, oft unter regierungsfeindlichen Parolen. Weder Drohungen noch gute Worte oder geschlossene Werkstore halten sie auf. Zu riesigen Kolonnen formiert, bewegen sich ganze Belegschaften aus den Vorortbetrieben auf das Stadtzentrum zu.

Dort demonstrieren bereits Zehntausende am Brandenburger Tor, auf dem Alexanderplatz, auf der Friedrichstraße, vor dem Haus der Ministerien. Vereinzelt brechen Schlägereien aus, die Polizei setzt Knüppel ein. Sie hat strikten Befehl, nicht zu schießen.

Vielleicht wird Wilhelm Zaisser in diesen Stunden bereits klar, was er erst am Nachmittag ausspricht: „Es geht jetzt darum, wir oder sie."

9.00 UHR, BITTERFELD, Elektrochemisches Kombinat. Die Werkssirenen heulen auf: Frühstückspause. Mehr als

13 000 Mitarbeiter produzieren in dem Kombinat Regenmäntel, Phosphor für Streichhölzer, Aluminium für Küchengeräte. Fast alle strömen nun zum Hof vor dem Hauptgebäude. Ein Parteivertreter, der sich in den Weg stellt, wird angeraunzt: „Was geht das dich an, wo wir unsere Stullen essen?“ Einige haken sich unter, rufen nach Freiheit für die politischen Gefangenen.

Nach einer Weile steigt Paul Othma, ein schwerer Mann im Monteursanzug, auf das Führerhaus eines Lastwagens.

Nach der Verhängung des Ausnahmezustands entbrennt am Potsdamer Platz eine Straßenschlacht. Viele Demonstranten flüchten vor den Schüssen der Rotarmisten in den britischen Sektor Berlins (links unten), andere versuchen, Panzer zu behindern, in dem sie Antennen abknicken oder Balken zwischen die Ketten schieben. Ein aussichtsloser Kampf

„Kollegen!“, ruft Othma: „Wir erklären uns solidarisch mit den streikenden Bauarbeitern der Stalinallee!“ Ganz Berlin habe die Arbeit niedergelegt. Bitterfeld werde die Protestierenden in der Hauptstadt nicht allein lassen.

In dem Moment bekommt Horst Sowada Angst. Bislang war alles noch legal, vertretbar. Doch wie sich die Kollegen nun Richtung Werkstor wenden, in Bewegung setzen – das ist Aufruhr. Trotzdem reiht er sich ganz vorn ein. 11 000 Chemiearbeiter drängen zur Landstraße Richtung Innenstadt. Wie im Rausch.

9.30 UHR, OSTBERLIN, Stasi-Einsatzzentrale. Vor dem Haus der Ministerien fliegen Steine, Polizisten werden verletzt. Wilhelm Zaisser schickt das Wachbataillon der Stasi als Verstärkung. Wenig später macht er sich auf den Weg in die Parteizentrale, um an einer Krisensitzung des Politbüros teilzunehmen.

Als Zaissers Truppe das Regierungsgebäude erreicht, rollen die Mannschaftswagen rücksichtslos durch die Menge, die Soldaten sitzen ab und beginnen sofort zu schlagen. Die Demonstranten wiederum überwältigen einzelne Uniformierte und prügeln mit den erbeuteten Knüppeln zurück.

Waren die Umzüge bis dahin überwiegend friedlich, oft sogar heiter, begleitet von der alten Arbeiterhymne „Brüder, zur Sonne, zur Freiheit“ und anderen Liedern, so schlägt der Protest zwischen neun und zehn Uhr um in einen Aufstand. Transparente mit Losungen und den Porträts kommunistischer Führer werden herabgerissen, zerfetzt, verbrannt. Entlang der Sektorengrenze zu Westberlin werfen Demonstranten Hinweisschilder zu Scheiterhaufen zusammen. Bald gehen die ersten Propagandakioske in Flammen auf.

Andernorts fällt die Staatsmacht unter dem Ansturm der nach Zehntausenden zählenden Masse regelrecht in sich zusammen. Polizisten verweigern den Befehl, einige streifen die Uniform ab und wechseln die Seiten. SED-Genossen lassen Parteiabzeichen verschwinden, Gewerkschafter werfen ihre Mitgliedsausweise fort.

Regierungsmitglieder fliehen in den Stabssitz der „Kasernierten Volkspolizei“, also der im Aufbau befindlichen Armee, am südöstlichen Stadtrand. Wo die an ihren Nummernschildern leicht zu erkennenden Wagen der Offiziellen vorbeikommen, recken sich ihnen Fäuste entgegen; die Fahrer nehmen Umwege.

Planungschef Bruno Leuschner gerät in eine wütende Menschenmenge, die sein Auto umzuwerfen versucht; schnell gibt der Chauffeur Gas, biegt in eine Seitenstraße ab. Von dort kann Leuschner zu Fuß entkommen und schleicht sich durch einen Hintereingang in das belagerte Ministeriengebäude. Später am Tag wird er einen Herzanfall erleiden.

Sicherheitsminister Zaisser aber erreicht unbeschadet die Parteizentrale in der Wilhelm-Pieck-Straße. Dort erfährt er, dass Hochkommissar Semjonow das SED-Politbüro ins sowjetische Hauptquartier nach Karlshorst beordert hat.

10.30 UHR, KARLSHORST. Zaisser, Ulbricht, Grotewohl, Herrnstadt und der Rest des Politbüros warten im Dienstzimmer des Hochkommissars auf Semjonow. Ulbricht telefoniert mit der Parteizentrale – und erfährt, dass mehrere Hundert Aufständische gerade dabei seien, das Gebäude zu stürmen.

Blass legt er auf. „Aus“, sagt er.

Endlich tritt Semjonow ein. Er eröffnet den Deutschen, dass ihre am meisten gefährdeten Funktionäre – Ulbricht, Grotewohl, Zaisser, Herrnstadt – in seinem Hauptquartier bleiben sollen.

Später wird er den SED-Granden mitteilen, dem RIAS zufolge gebe es in DDR keine Regierung mehr – und sich dann süffisant an einen Mitarbeiter wenden: „Na, fast stimmt es doch.“

Die Rote Armee verfügt in der DDR über nahezu eine halbe Million Soldaten, hochgerüstet, routiniert geführt. Seit dem frühen Morgen beobachten ihre Posten und Patrouillen das Geschehen; nun werden sie Zug um Zug verstärkt, rollen Panzer durch die Leipziger Straße Richtung Sektorengrenze.

Allein, die Masse der Truppen befindet sich erst noch im Aufmarsch: Während von Moskau aus Verteidigungsminister Nikolaj Bulganin verlangt, die Demonstrationen mit Panzern aufzulösen, muss Semjonows Militärchef am Telefon mühsam kaschieren, dass auch Karlshorst die Gefahr unterschätzt hat. Zahlreiche Einheiten verlassen eben erst ihre Garnisonen, die vor allem im Norden und um Berlin liegen.

Der Notfall ist eingetreten – mit einer Wucht, die ihnen undenkbar schien.

Geschichte erleben.

Jetzt 6x im Jahr GEO EPOCHE frei Haus lesen oder verschenken. Mit einem Dankeschön nach Wahl.

„GEO EPOCHE lädt Sie alle zwei Monate auf eine Zeitreise in die Geschichte ein: mit gründlich recherchierten Texten und grandiosen Bildern.“

Herzlichst Ihr
Michael Schaper

Michael Schaper,
Chefredakteur GEO EPOCHE

IHRE Abovorteile

1. **Nach-Hause-Service**
   Garantiert keine Ausgabe verpassen.
2. **Dauerhafte Ersparnis**
   6x im Jahr 11 % sparen und portofreie Lieferung.
3. **Ohne Risiko**
   Nach einem Jahr jederzeit kündbar.
4. **Dankeschön gratis**
   Geschenk nach Wahl zur Begrüßung.
5. **Wahlweise mit DVD**
   Auf Wunsch mit passender DVD zum Heftthema.

GEO EPOCHE bestellen

Per Post:
Karte abschicken

Per Telefon: (bitte die Bestell-Nr. angeben)
+49 (0)40/5555 89 90

Verlag: Gruner + Jahr AG & Co KG, Alexander Schwerin, Am Baumwall 11, 20459 Hamburg, AG Hamburg, HRA 102 257.
Vertrieb: DPV Deutscher Pressevertrieb GmbH, Nils Oberschelp (Vorsitz), Heino Dührkop, Dr. Michael Rathje, Düsternstraße 1, 20355 Hamburg, AG Hamburg, HRB 95 752.

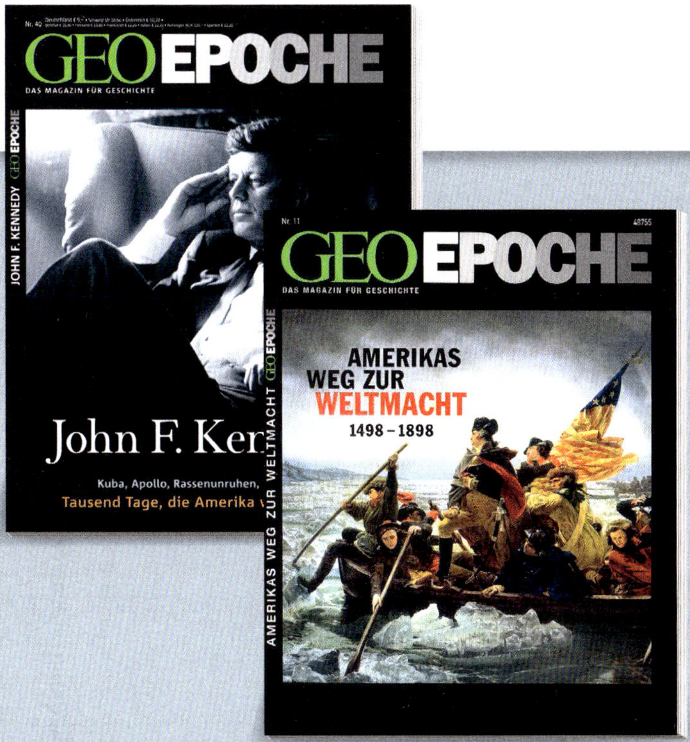
GEO EPOCHE
DAS MAGAZIN FÜR GESCHICHTE
JOHN F. KENNEDY
John F. Ker
Kuba, Apollo, Rassenunruhen,
Tausend Tage, die Amerika v
GEO EPOCHE
DAS MAGAZIN FÜR GESCHICHTE
AMERIKAS
WEG ZUR
WELTMACHT
1498 – 1898
AMERIKAS WEG ZUR WELTMACHT

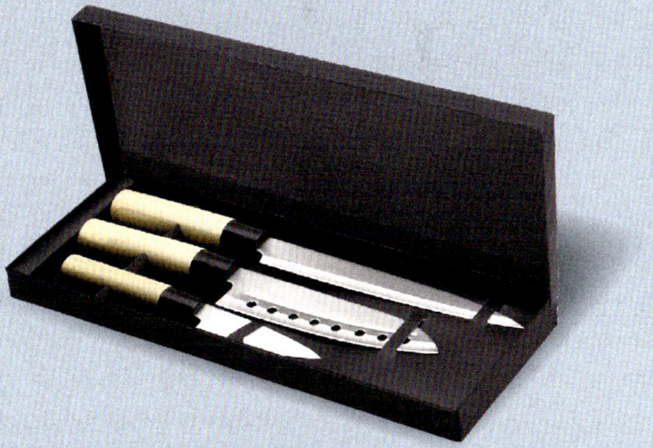

Westberliner beobachten von der Sektorengrenze aus das Heranrollen der Panzer im Ostteil der Stadt. Viele feiern den Mut der Arbeiter, doch die Bundesregierung hält sich, wie auch Washington, auffällig zurück

Doch anders als viele auf der Straße träumen, betrachten die Besatzer ihn nicht als eine innerdeutsche Angelegenheit. Die Moskauer Führung ist zu keinem Moment bereit zu verhandeln.

10.30 UHR, OSTBERLIN, Potsdamer Platz. Tausende belagern die Polizeiwache im kriegsbeschädigten Columbushaus. Schließlich zerwerfen sie Scheiben, dringen ein. Die Polizisten hissen eine weiße Fahne. Bald fliegen unter Gejohle Uniformteile aus den Fenstern, drinnen machen die Eroberer Waffen unbrauchbar. Die Besatzung türmt.

11.10 UHR, BITTERFELD, Platz der Jugend. Die Männer und Frauen des Elektrochemischen Kombinats schwenken auf den alten Markt und stellen begeistert fest, dass die Belegschaften der beiden Nachbarkombinate, der Filmfabrik Agfa und der Farbenfabrik Wolfen, dem gleichen Impuls gefolgt sind. Bald füllen etwa 50 000 Menschen den Platz, neben den Arbeitern auch Verkäuferinnen in weißen Schürzen, Ingenieure, Ärzte, Juristen, Bauern aus dem Umland.

Ein Traktoranhänger wird zur Rednertribüne. Die Agfa-Arbeiter haben eine Lautsprecheranlage mitgebracht. Elektriker schließen sie an den Stadtfunk an, der sonst dazu dient, Bitterfeld mit Propagandaparolen zu beschallen.

Paul Othma tritt an das Mikrofon: Der Tag der Befreiung sei da, die Tyrannei zu Ende! Er fordert die Abschaffung der Normen, Senkung der Lebensmittelpreise, Freiheit für politische Gefangene – sowie den Rücktritt der Regierung und freie Wahlen.

So oder ähnlich klingt es zur gleichen Zeit quer durch die DDR. Denn Bitterfeld ist kein Einzelfall. Vor allem in den Industrierevieren des Südens, von Magdeburg über Halle und Leipzig bis Dresden, aber auch in den Kleinstädten Brandenburgs schließen die Menschen sich dem Streik der Berliner an, formen Demonstrationszüge.

Wo immer sie vor allem über den RIAS erfahren haben, was seit dem Vortag in Ostberlin geschieht, lässt die Nachricht den angestauten Unmut geradezu explodieren. Die Bauarbeiter der Stalinallee haben einen Flächenbrand ausgelöst – einen Volksaufstand, der Bauern und Angestellte, Schüler und Studenten, Hausfrauen und Rentner erfasst.

Doch nur an wenigen Orten begreifen die Aufständischen so rasch wie in Bitterfeld, dass sie sich organisieren müssen, wenn aus ihrer Erhebung eine Revolution werden soll. Daher wählen sie nun ein zentrales Streikkomitee. Mit dabei: Paul Othma und Horst Sowada.

11.15 UHR, MOSKAU, Kreml (13.15 Uhr Ortszeit). Ein telegraphischer Lagebericht aus Karlshorst versetzt die Sowjetführung in Alarm. Die Polizei der DDR, meldet Semjonow, habe die Lage nicht mehr unter Kontrolle. Die Gewaltigen in Moskau werden sich rasch einig: Dann muss die Rote Armee den Aufruhr niederschlagen – auch mit Waffengewalt.

DER WESTEN WILL IN BERLIN NICHTS RISKIEREN

11.20 UHR, OSTBERLIN, Brandenburger Tor. Der Lastwagenfahrer Horst Ballentin hat eine ungesicherte Tür zu dem Berliner Wahrzeichen entdeckt. Er steigt hinauf, schneidet die Rote Fahne vom Mast und wirft sie hinab; unten wird sie zerrissen, stückweise verbrannt.

Rotarmisten feuern Warnschüsse ab. Vielleicht die ersten dieses Tages.

UM 11.30 UHR, MOSKAU. Sicherheitschef Lawrentij Berija telefoniert mit einem Mitarbeiter des sowjetischen Hochkommissars. „Warum", schreit Berija, „spart Semjonow so mit Patronen?"

11.45 UHR, OSTBERLIN, Unter den Linden. Dicht gedrängt strömen die Menschen über den Boulevard. Da fahren vor dem Zeughaus Panzerspähwagen zwischen die Protestierer – ein junger Mann wird überrollt. Später markiert ein Lattenkreuz die Blutlache, daran ein

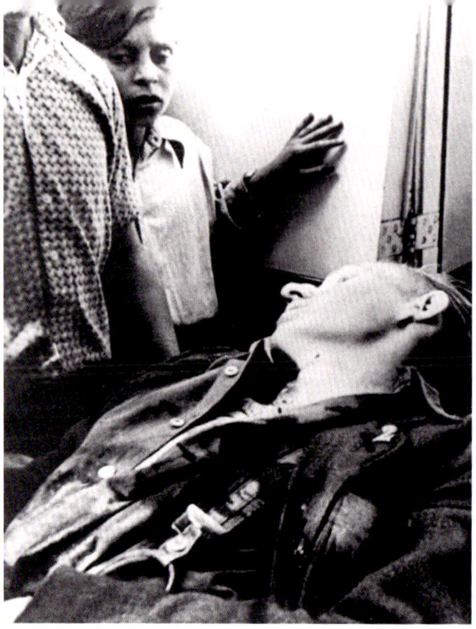

graues Hutband, mit Tinte beschriftet: „Von Sowjets ermordet".

Doch vermutlich stimmt das nicht. Einigen Berichten zufolge hat sich der Mann, der lange als erster Toter des 17. Juni gelten wird, verletzt fortgeschleppt, ist schließlich in ein Westberliner Krankenhaus gebracht worden.

Gleichwohl heizt das Gerücht die Atmosphäre unter den mehr als 100 000 weiter an, die gegen Mittag zwischen dem Brandenburger Tor, Potsdamer und Alexanderplatz, in der Leipziger und Friedrichstraße umhermarschieren. „Freie Wahlen!", hallt es, „Spitzbart, Bauch und Brille sind nicht des Volkes Wille!" – eine auf den Generalsekretär anspielende Variante der Parole „Nieder mit Ulbricht!" –, „Einigkeit und Recht und Freiheit!". Aber auch Hass-Chöre: „Wir wollen nicht nur halbes Brot, wir schlagen alle Russen tot!"

S- und U-Bahnen fahren nicht mehr. Mehrere öffentliche und Parteigebäude

Sowjetsoldaten und Volkspolizisten erschießen während der Rebellion etwa 40 Menschen (oben: Opfer in Berlin und Leipzig). Weitere Aufständische werden von Panzern zermalmt – wie vielleicht auch jener Mann, für den Demonstranten in Ostberlin ein Holzkreuz errichten. Abends ist das Land weitgehend wieder unter Kontrolle, doch kommt es in den Folgetagen noch vereinzelt zu Streiks und Kundgebungen

sind ganz oder zum Teil gestürmt worden; Akten und Mobiliar fliegen auf die Straße. Selbst im Haus der Ministerien haben Demonstranten mehrere Räume verwüstet und Feuer gelegt. Nun sichern sowjetische Panzer den Bau.

Direkt daneben aber hocken Volkspolizisten resigniert, eingeschüchtert auf dem Boden. Andere haben sich über die Demarkationslinie in den Schutz der Westberliner Polizei geflüchtet. Zugleich dringen aus Westberlin vor allem Jugendliche in den Ostteil und schließen sich dem Aufstand an. Anderswo gehen die Eroberungen weiter, werden Regierungsfahrzeuge umgeworfen und angezündet, Uniformierte gehetzt, Stasi-Männer mit Steinen beworfen, verprügelt. Es triumphiert die Revolte.

Für einen Moment scheint die SED gestürzt. In einem Ausbruch enthusiastischer Wut haben die DDR-Bürger die sozialistische Diktatur von der Straße gefegt. Die Rote Armee wirkt unentschlossen. Die Freiheit in Reichweite. Nun könnte sich der spontane Aufruhr auch in Berlin ausweiten zur einer Revolution. Das rebellierende Volk müsste sich organisieren, Anführer wählen.

Doch dazu wird es nicht mehr kommen.

12.00 UHR, KARLSHORST. Wladimir Semjonow teilt den deutschen Genossen mit, dass Moskau den Ausnahmezustand angeordnet hat. Ab 13.00 Uhr gilt in Berlin Kriegsrecht. Damit geht alle Gewalt an die Sowjettruppen über. Versammlungen von mehr als drei Personen sind verboten; Widerstand kann mit dem Tod bestraft werden. „Ein paar Minuten nach ein Uhr ist die ganze Sache erledigt", erklärt der Kommissar.

12.40 UHR, BITTERFELD, Platz der Jugend. „Befreiung! Befreiung!", schallt es über den Platz. Die Menge fordert, das Stadtgefängnis zu öffnen. Die Streikleiter verständigen sich: Eine Gruppe soll zum Gefängnis gehen, eine zweite die Parteigebäude besetzen, eine dritte die Kreisdienststellen von Polizei und Stasi.

12.45 UHR, OSTBERLIN, Potsdamer Platz. Aus Maschinenpistolen feuern vorrückende Soldaten zunächst über die Köpfe der Menschen hinweg, dann auch in die Menge hinein. Mehrere Demonstranten brechen verwundet zusammen, andere suchen Schutz in U-Bahn-Schächten oder hinter Kriegstrümmern.

Kurz darauf rollen sowjetische T-34-Panzer in geschlossener Formation auf den Platz. Der Krach, das klopfende Motorengeheul und die scheppernden Ketten der 30 Tonnen schweren Kolosse sowie die drohend gesenkten Geschützrohre treiben die Menschen zunächst in die Flucht. Doch bald kehren die Ersten wieder um. Den Panzern entgegen.

12.55 UHR, WESTBERLIN, Elisabeth-Krankenhaus. Ärzte stellen den Tod von Horst Bernhagen fest. 21 Jahre, Kopfschuss, ein paar Minuten zuvor. Auch der rasche Abtransport über die Sektorengrenze hat Bernhagen nicht mehr gerettet. Er ist der erste dokumentierte Tote des Aufstands in Ostberlin.

13.00 UHR, POTSDAMER PLATZ. Ein stundenlanger, ungleicher Kampf entbrennt. Demonstranten fluten vor und zurück, werfen Steine, einzelne wagen sich nah an die Panzer heran, knicken deren Funkantennen ab, schieben Holzbalken in die Laufketten, um sie lahmzulegen. Immer wieder fallen Schüsse, Verwundete schreien.

Da der Platz direkt an der Sektorengrenze liegt, können die Demonstranten in den Westteil ausweichen, Verwundete hinüberbringen. Dort sind Krankenwagen aufgefahren – aber auch Übertragungsfahrzeuge von Radiosendern. Tausende Schaulustige und Sympathisanten sehen zu, bald mühsam zurückgedrängt von der Westberliner Polizei.

Denn die ist von den alliierten Stadtkommandanten scharf angewiesen, die Ordnung aufrechtzuerhalten, ein weiteres Eindringen aufgebrachter Westberliner in den Ostsektor zu verhindern: Die Vertreter der Westmächte wollen unbedingt eine Eskalation abwenden.

Ein Lautsprecherwagen der SPD, der die Sowjetsoldaten auf Russisch auffordert, nicht auf unbewaffnete Arbeiter zu schießen, muss abgezogen werden.

Nun rücken Rote Armee und Kasernierte Volkspolizei auch am Alexanderplatz und Unter den Linden vor. Panzer schieben sich in die Ansammlungen, versuchen sie aufzuspalten und in Seitenstraßen abzudrängen. Hinter ihnen folgen Ketten von Infanteristen, die verbliebene Demonstranten jagen und das Terrain sichern, Posten bilden, Kanonen aufstellen. Dabei rollen die Panzer im Schritttempo und mit großer Vorsicht, manövrieren teils auf den Millimeter genau, ihre Fahrer offensichtlich bemüht, ein Blutbad zu vermeiden.

Die Menschen aber wollen nicht weichen. Immer wieder fallen Schüsse; Schreie, Sprechchöre antworten. Pflastersteine fliegen, Glas bricht, in die Panzerabgase mischt sich der Rauch brennender Zeitungsbuden. Chaos.

13.00 UHR, WASHINGTON D.C., Weißes Haus (7.00 Uhr Ortszeit) US-Präsident Dwight D. Eisenhower erwacht. Zum Frühstück erhält er einen Bericht über die Lage in Berlin. Eisenhower ist besorgt, sieht aber keine Möglichkeit einzugreifen.

FÜR DIE SED IST ES EIN »FASCHISTISCHER PUTSCH«

13.00 UHR, BITTERFELD. Als Horst Sowadas Kolonne das Tor zum Hof der Polizei eindrückt, blicken die Uniformierten aus den Fenstern. Sie kennen Sowada – kurz nach dem Krieg war der Mechaniker selbst eine Zeit lang Polizist. Nun lassen die verängstigten Männer ihn und drei andere in die Diensträume.

Kooperierten sie, werde ihnen nichts geschehen, verspricht Sowada. Zögernd willigen die Offiziere ein, ziehen sich in ein oberes Stockwerk zurück. Ihre Untergebenen dürfen nach Hause gehen.

Sowada – einem anderen Bericht zufolge der hinzugekommene Othma – postiert einen Laborarbeiter vor der Waffenkammer, drückt ihm eine Pistole in die Hand und weist den Mann an, auf keinen Fall weitere Waffen herauszugeben. Dann stellt er ein Kommando zusammen, das den Bau besetzt halten und Plünderungen verhindern soll.

Die drückend überlegenen Aufständischen treffen auch bei der Staatssicherheit und am Gefängnis auf wenig Widerstand. Zumal die Anführer ihre Autorität als gewählte Vertreter nutzen, um sich vor die Uniformierten zu stellen, wo die Menge mit Lynchjustiz droht.

Kurz darauf sieht eine Kommission gemeinsam mit dem Kreisstaatsanwalt die Strafakten durch, lässt politische Gefangene frei, behält Kriminelle ein. Die Befreiten hängen ihre Sträflingsuniformen symbolisch an Straßenlaternen auf.

Das Streikkomitee zieht in den Ratssaal der Stadt. Durch den Raum schwirren Erzählungen, Forderungen, Fragen, Nachrichten von Streiks und Protesten aus immer neuen Städten.

Um Ordnung zu schaffen, wird Paul Othma zum Versammlungsleiter gewählt, Sowada zu seinem Stellvertreter, und ein allgemein respektierter Lehrer zum neuen Bürgermeister ernannt. Die Betriebsgruppen von SED, FDJ und Gewerkschaft werden für aufgelöst erklärt, Boten mit den Beschlüssen in die Fabriken entsandt. Die Masse der Aufständischen erfährt jeden Schritt vom Rathausbalkon aus. Bitterfeld hat jetzt eine Revolutionsregierung.

13.30 UHR, OSTBERLIN, Militärflughafen Schönefeld. Eine Maschine aus Moskau setzt auf. An Bord: Marschall Wassili Sokolowskij, Chef des Generalstabs der Roten Armee und stellvertretender Verteidigungsminister, Heerführer im Zweiten Weltkrieg, Deutschlandkenner.

Sokolowskij fährt sofort weiter nach Karlshorst. Als er dort eintrifft, ist seine erste Frage an die SED-Führer: „Wie konnte diese Sache passieren, das verstehe ich nicht. Dazu ist doch eine Organisation erforderlich.“ Ob denn Zaissers Sicherheitsapparat nicht im Bilde gewesen sei, dass ein feindliches Netz die DDR unterwandert habe?

Wilhelm Zaisser windet sich, kann es auch nicht erklären. Ulbricht beobachtet die Nöte seines Widersachers mit sichtlicher Befriedigung. Wenige Stunden zuvor noch verzweifelt, wittert er plötzlich eine Chance.

Anschließend kommen Sokolowskij und Semjonow überein, weiter auf massive Einschüchterung zu setzen – obwohl Moskau schon erlaubt hat, den Aufstand einfach niederzuschießen. Die Truppen sollen hart, aber kontrolliert vorgehen, ihre Salven über die Köpfe hinweg anlegen.

14.00 UHR, BITTERFELD, Ratssaal. Ein Chemiker, der laufend den Rundfunk abhört, stürzt herein: Der RIAS melde, in Ostberlin sei der Ausnahmezustand verhängt worden. Panzer rollten, es werde geschossen. Aus dem Saal kommt die Frage: Hat sich die Bundesregierung geäußert?

Nein. Nichts. Der Westen schweigt.

Eine Diskussion beginnt: Ob man die Sowjets zur Anerkennung der Streikkomitees bewegen könne? Jemand schlägt vor, sich an den Hohen Kommissar zu wenden. Ein Telegramm wird formuliert, das Wladimir Semjonow als „Freund des Friedens und der Völkerverständigung" im Namen der Werktätigen des Kreises Bitterfeld bittet, „alle Maßnahmen, die gegen die Arbeiterschaft gerichtet sind, sofort aufzuheben".

Horst Sowada geht mit dem Text zum Postamt, legt ihn einer Fernschreiberin vor. Sie fängt an zu tippen. Wenige Minuten später rollt aus einem anderen Apparat ein Papierstreifen.

Karlshorst bestätigt den Empfang.

14.15 UHR, BONN. Der Bundestag tritt zusammen. Kanzler Konrad Adenauer erklärt: „Die Bundesregierung empfindet mit den Männern und Frauen, die heute in Berlin Befreiung von Unterdrückung und Not verlangen."

Das heißt: Wir können nichts tun.

Derweil sitzt Westberlins Regierender Bürgermeister Ernst Reuter auf einem Kongress in Wien fest, bittet die Alliierten seit dem Vortag um einen Sonderflug zurück. Vergebens. Als einziges Zugeständnis genehmigen die Besatzer für den Abend eine Solidaritätskundgebung der West-Gewerkschaften und SPD in Kreuzberg – mit der Auflage an die Redner, maßvoll zu sprechen.

15.30 UHR, KARLSHORST. Seit er im sowjetischen Hauptquartier gestrandet ist, hält Wilhelm Zaisser Telefonkontakt zum Einsatzstab der Stasi in der Normannenstraße. Dort rattern immer neue

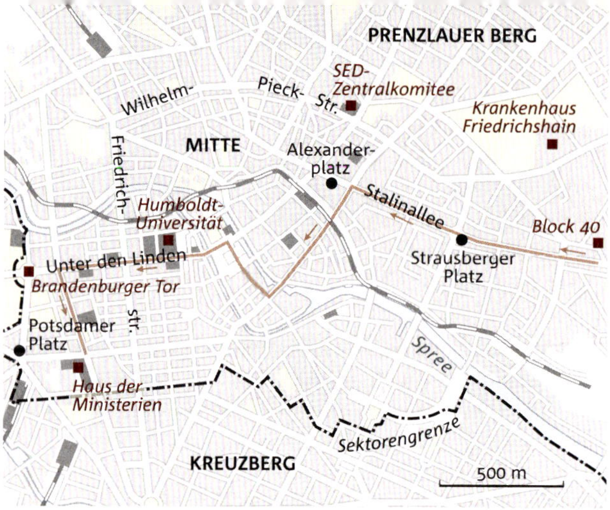

Am 16. Juni ziehen streikende Arbeiter von den Baustellen der Stalinallee bis zum Haus der Ministerien. Sie wollen Walter Ulbricht sprechen – doch der SED-Chef verharrt im Zentralkomitee

Krisenmeldungen aus den Fernschreibern. In Halle ist die SED-Bezirksleitung von Aufständischen besetzt, in Leipzig die Staatsanwaltschaft, in Magdeburg die Kreisleitung der Partei, in Görlitz hat ähnlich wie in Bitterfeld ein Stadtkomitee die Macht übernommen.

Zu diesem Kollaps der Staatsmacht trägt nicht nur die schiere Wucht der Erhebung bei, sondern auch die Lähmung des SED-Apparats. Die Dienststellenleiter in der Provinz wagen kaum eine Entscheidung ohne Rücksprache mit Berlin – wo eben jene Stäbe völlig überfordert sind, keine zentrale Lenkung zustande bringen.

Mancherorts fehlen Polizeiverbände, die während der Nacht in die Hauptstadt verlegt worden sind. Zudem sind die Ratsvorsitzenden der DDR-Bezirke „zur Instruktion" über den „Neuen Kurs" nach Berlin beordert worden.

Doch für das Regime zeichnet sich eine Wende ab. Stadt um Stadt, Landkreis um Landkreis stellen die Sowjetvertreter unter Kriegsrecht. Überall in der DDR erreichen Truppen der Roten Armee nun die Zentren des Aufstands.

16.30 UHR, BITTERFELD, Ratssaal. In der Tür steht ein Motorradkurier: „Haut ab! Sie kommen aus Richtung Zörbig, das kann eine ganze Division sein." Sowjetsoldaten im Anmarsch. Erneut debattiert das Komitee: Soll man auf dem Posten bleiben – oder weichen? Die Streikleiter entscheiden, ihre Kollegen zurück in die Betriebe zu führen. Dort wollen sie weiter die Arbeit verweigern, bis die Regierung (oder eine neue) Zugeständnisse gewährt. Denn dass das Regime einfach weitermacht nach den Ereignissen, kann sich kaum einer vorstellen.

Zehn Stunden nachdem er seinen Monteursanzug übergestreift hat, steht Horst Sowada wieder in der Umkleidekabine. Abgespannt, euphorisch – und unsicher, was nun kommen wird.

18.15 UHR, WASHINGTON D.C. (12.15 Uhr Ortszeit). Eisenhower geht golfen. Sein Sicherheitsberater hat Anweisung, ihn nur in dringenden Fällen zu stören.

18.30 UHR, OSTBERLIN. Rund 600 Panzer stehen in der Stadt, 20000 Mann der Roten Armee, 15000 ostdeutsche Polizisten und Soldaten. Viele große Straßen sind jetzt fast menschenleer. Die Sektorengrenze nach Westberlin ist abgeriegelt. Wo der Widerstand niedergeschlagen ist, versuchen einzelne Panzerkommandanten die Besiegten zu beruhigen: Stalin sei tot, bald werde alles besser. Kaum einer glaubt es.

Am Alexanderplatz und in Pankow haben Jugendliche Barrikaden errichtet und verteidigen sie erbittert. Am Potsdamer Platz brennt das Columbushaus, fallen gegen 19 Uhr noch einmal Schüsse. Es sind nicht die letzten des Tages; trotz Versammlungsverbots und der Ausgangssperre ballen sich immer wieder Menschenmengen zusammen. Doch das sind verzweifelte Ausläufer.

Kurz nach 19 Uhr enden die Kämpfe in Leipzig, etwas später in Magdeburg und Görlitz, nach 20 Uhr in Halle. In Dresden ist der Aufstand weitgehend friedlich geblieben – hingegen liefern sich im thüringischen Weida Bergarbeiter, die Waffen erbeutet haben, noch bis tief in die Nacht heftige Feuergefechte mit der Polizei.

21.00 UHR, BITTERFELD, Platz der Jugend. Im Licht der Straßenlaternen sind auf dem Boden die aus den Fenstern der Amtsstuben geworfenen Akten und abgerissenen Parteiabzeichen zu erkennen. Das Rathaus ist still und dunkel. Einige wenige Menschen stehen in Gruppen zusammen und diskutieren.

Einen Steinwurf entfernt, auf der Hauptstraße nach Wolfen, schiebt ein Mann sein Motorrad – und hört plötzlich ein rasselndes Dröhnen in seinem Rücken. Zwei Panzer, die rasch näherkommen. Der Mann lässt die Maschine fallen und flieht in eine Gasse, die zu eng für die Panzer ist. Hinter sich hört er noch das Krachen und Knirschen, mit dem sie über das Motorrad walzen.

23.00 UHR, KARLSHORST. Sokolowskij und Semjonow erstatten telegraphisch Bericht nach Moskau: „Die Unruhen in Berlin wurden beendet. Die Straßen sind ruhig. In den meisten Städten der DDR wurde die Ordnung vollständig wiederhergestellt." Wenn ihnen das Bitterfelder Angebot zu verhandeln je vorgelegt wurde, haben sie es ignoriert.

NOCH IN DER NACHT beginnen die Verhaftungen. Vor allem Streikleiter und Redner werden festgesetzt. Vereinzelt sprechen sowjetische Standgerichte Todesurteile aus, die sofort vollstreckt und zur Abschreckung bekannt gemacht werden.

Zwar kommt es am 18. Juni zu Arbeitsniederlegungen und Protesten in Gegenden, die zuvor ruhig waren, etwa an der Küste und auf dem Land. Auch in den Zentren der Erhebung dauern etliche Ausstände fort oder flackern über die folgenden Tage und Wochen neu auf. Doch der Geist ist gebrochen.

Bis zu 1,5 Millionen DDR-Bürger haben aufbegehrt; alle großen Städte sowie die meisten kleineren und Hunderte Ortschaften sind beteiligt: 167 von 217 Land- und Stadtkreisen stehen schließlich unter Kriegsrecht. Mehr als 40 Demonstranten werden in diesen Tagen getötet, darüber hinaus mindestens fünf hingerichtet. Die Zahl der Verwundeten lässt sich nicht benennen, weil sich nur wenige in ein Krankenhaus trauen. Hunderte werden in sibirische Straflager deportiert, einige dort und in der DDR zum Tode verurteilt. Umgekehrt haben Aufständische mindestens zehn Polizisten und Funktionäre getötet.

Die Menschen erkennen, dass ein Volksaufstand das Regime stürzen kann – nicht aber die Rote Armee besiegen. Dass es deshalb besser ist, sich zu arrangieren. Oder zu fliehen: Abermals gehen Zehntausende in den Westen. Unter ihnen sind der Bauarbeiter Horst Schlafke, Horst Ballentin, der die Fahne vom Brandenburger Tor schnitt, und Horst Sowada, der sich am Abend des gescheiterten Aufstands bei Freunden versteckt und dann aus Bitterfeld absetzt.

DER 17. JUNI WIRD ZUM TRAUMA DER DIKTATUR

Max Fettling, der den Brief der Bauarbeiter zu Grotewohl brachte, bleibt. Und wird zu zehn Jahren Zuchthaus verurteilt. Paul Othma erhält zwölf Jahre. Zwei von 1800 Schuldsprüchen.

Die Masse der mehr als 10 000 Festgenommenen hingegen kommt rasch wieder frei: Der etwas liberalere „Neue Kurs" bleibt in Kraft, einschließlich der Entlassung vieler politischer Gefangener.

Am 19. Juni darf Walter Ulbricht aus dem sowjetischen Hauptquartier in sein Büro zurückkehren. Für einen Moment sieht er aus wie ein geschlagener Mann, dessen Borniertheit einen massiven Militäreinsatz provoziert hat. Über Wochen kann er im Politbüro nur mit Mühe die Macht behaupten.

Doch die sowjetische Führung will nach dem Aufruhr keinen Wechsel an der Spitze. Zumal sich gerade in diesen Tagen ihr eigener interner Machtkampf entscheidet: In Moskau lässt eine Kamarilla um Nikita Chruschtschow Lawrentij Berija verhaften (und später hinrichten) – der Geheimpolizeichef hat den Zwist der Stalin-Erben verloren.

Ulbricht nutzt den Moment, um vor allem Staatssicherheitsminister Zaisser für den Aufstand verantwortlich zu machen: Dessen Apparat habe den „Putschversuch" einer „faschistischen Untergrundbewegung" und westdeutscher „Mord- und Terrorbanden" nicht kommen sehen, ja, er habe vermutlich sogar mit Berija gegen die DDR konspiriert.

Ende Juli verlieren Zaisser und Rudolf Herrnstadt, der zweite prominente Ulbricht-Gegner im Politbüro, ihre Ämter. Anfang 1954 werden sie aus der Partei ausgeschlossen. Auch Hans Jendretzky fällt der Säuberung zum Opfer und etliche andere mit ihm. Der stets vorsichtig lavierende, faktisch machtlose Grotewohl hingegen darf bleiben.

Noch 17 Jahre wird Walter Ulbricht sich an der Macht halten, gestützt auf eine groteske Propaganda vom „Tag X", an dem „Imperialisten", „Gangster", „Tangojünglinge" und „verkommene Elemente" die DDR angriffen.

Sie soll eine ideologische Unerträglichkeit verschleiern: dass im Juni 1953 das Volk revoltiert hat – und die SED binnen Stunden zusammengebrochen ist. Dass die Kommunisten zusehen mussten, wie erst sowjetische Panzer ihre Macht wiederherstellten. Dass die DDR ein abhängiger Vasallenstaat ist.

Vorerst vermeidet die SED nun eine Konfrontation wie den „Sozialistischen Aufbau". Mit ökonomischer Hilfe der UdSSR hebt sie den Lebensstandard; ein kurzes innenpolitisches Tauwetter setzt ein. Gleichzeitig jedoch knüpft die Stasi ihr Überwachungsnetz dichter: Nie wieder soll die Staatsmacht von den Beherrschten so kalt überrascht werden.

Das Trauma des 17. Juni bleibt im Kopf der Diktatur haften. Als 1989 das Volk erneut unruhig wird, fragt Erich Mielke, damals Zaissers Stellvertreter, seit 1957 sein Nachfolger an der Spitze des Ministeriums für Staatssicherheit: „Ist es so, dass morgen der 17. Juni ausbricht?" Wenige Wochen später erfüllt sich die bange Ahnung.

Nur bleibt die Rote Armee diesmal in ihren Kasernen. □

__Literaturempfehlungen:__ Ilko-Sascha Kowalczuk, „17. Juni 1953", C. H. Beck: knappe, ausgewogene Einführung. Hubertus Knabe, „17. Juni 1953. Ein deutscher Aufstand", Propyläen: schildert detailliert, anschaulich und meinungsstark die Erhebung gegen den SED-Staat.

Dr. Mathias Mesenhöller, 44, ist Historiker und Journalist. Vom 17. Juni hat er erstmals als Kind gehört: Sein Vater war damals in Westberlin – und rechnete mit einem Krieg.

HERR B. und die PARTEI

Um möglichst viele Künstler nach Ostdeutschland zu locken, sorgen die sowjetischen Besatzer anfangs für eine tolerante Kulturpolitik. Doch schon bald nach der Gründung der DDR verschärfen sie die Zensur: Als Kunst gilt nun nur noch, was dem »Sozialistischen Realismus« folgt. Statt zu rebellieren, arrangieren sich viele Kulturschaffende – auch der Dichter Bertolt Brecht

VON JOHANNES SCHNEIDER

Für seine erste Inszenierung in Ostberlin wählt Brecht im Januar 1949 ein zehn Jahre altes Stück gegen Profitgier und Krieg: Doch seine »Mutter Courage« ist den Sozialisten plötzlich zu negativ

Bertolt Brecht (hier 1953) leitet in der DDR sein eigenes Theaterensemble, er gewinnt gut dotierte Auszeichnungen und bewohnt ein Haus am See. Der Preis für die Privilegien: Anpassung

Welch ein Triumph! Zwei Stunden lang haben die mehr als 1000 Besucher im Berliner Admiralspalast die Premiere der Oper „Das Verhör des Lukullus" verfolgt. Haben der experimentellen Musik Paul Dessaus gelauscht, den ungewohnt schrillen Klängen seiner Klaviere, deren Hämmer der bekannte Komponist mit Nagelköpfen bestückt hat; den dröhnenden Tonschwallen des Trautoniums, eines Vorläufers des Synthesizers, das Dessau anstelle der klassischen Hörner, Geigen und Oboen verwendet.

Das Publikum hat den Zeilen Bertolt Brechts zugehört, gebannt von der Geschichte, in der der Dramatiker den blutrünstigen römischen Feldherrn Lukullus für seine schändlichen Kriege abstraft, ihn in der finalen Szene ins unendliche Nichts hinabstürzen lässt.

Jetzt, nach dem letzten Vorhang, rast es. Viele der Zuschauer klettern auf ihre Sitze. Sie rufen nach Brecht und Dessau, jubeln, als die Macher der Oper auf die Bühne treten, johlen, als sie sich umarmen und auf die Wangen küssen. Erst nach einer knappen halben Stunde ebbt der Applaus langsam ab.

Sie habe dergleichen in ihrem ganzen Leben noch nicht erlebt, notiert die österreichische Schriftstellerin Gina Kaus, dabei habe sie bereits „viele erfolgreiche Premieren mitgemacht". Doch nicht jeder teilt die Begeisterung. Walter Ulbricht, der mächtigste Mann der DDR, hat die Regierungsloge nach der Vorstellung so schnell wie möglich verlassen.

Fünf Tage später, am 22. März 1951, erscheint eine Rezension der Aufführung im „Neuen Deutschland", dem Verlautbarungsorgan der SED. Die Musik der Oper sei „dünn und bruchstückhaft", urteilt der linientreue Kritiker Heinz Lüdecke. Sie überschütte „ihre Hörer mit Misstönen und intellektualistischen Klügeleien" und bestärke so „den rückständigen Teil des Publikums in seinen Auffassungen". Und Brecht? Der hätte es doch eigentlich besser wissen müssen „als Analytiker von hohen Gnaden". Sein pazifistisches Stück zeuge von „Zweifel und Schwächen".

Das Urteil über den „Lukullus" ist damit verkündet. Die Aufnahme in den Spielplan wird der Oper verwehrt.

Brecht, verboten! Der berühmteste aller DDR-Künstler. Der bekennende Marxist mit Schiebermütze und Arbeiterhose, der seine Aufführungen als „Kampfbühnen der Werktätigen" versteht. Die Zensur gegen den Hauptdarsteller des ostdeutschen Kulturbetriebes ist ein Skandal, und mehr noch: Sie kündet vom Ende einer großen Idee.

Von einer besseren Gesellschaft hatten viele der Künstler geträumt, die nach dem Zweiten Weltkrieg aus dem Exil nach Ostdeutschland zurückgekehrt waren. Errichtet von sozialistischen Menschen, die den Frieden wahren, die freudvoller arbeiten und gerechter handeln als die im Kapitalismus gefangenen Massen. Diese Menschen zu erschaffen, dazu wollten die Künstler beitragen mit ihren Büchern, Bildern, mit ihrer Musik und ihren Dramen.

Sie waren Versprechungen gefolgt von einem Land, in dem Künstler Leitfiguren sein würden – Lehrmeister eines Volkes, das aus wissbegierigen Lesern und begeisterten Bühnenbesuchern bestehen sollte.

Jetzt, nur knapp 18 Monate nach der Gründung der DDR, werden ihre Gemälde übermalt, ihre Bücher zerrissen, lässt das Regime Ausstellungen schließen, Theaterproben überwachen.

Als dekadent, bürgerlich, imperialistisch verdammen die SED-Kader nunmehr alle Werke, die ihnen verdächtig vorkommen – oder die sie schlicht nicht verstehen: atonale Musik etwa, abstrakte Bilder oder eben ein pazifistisches Stück just in der Zeit, in der die sowjetischen Genossen die Volksrepublik Korea im Krieg gegen die USA und ihre Verbündeten unterstützen. Alles, was ihnen ästhetisch zuwiderläuft oder als Kritik an ihrer Politik gesehen werden könnte, unterdrücken die Funktionäre.

Dabei sind es häufig dieselben Männer, die noch wenige Jahre zuvor die Notwendigkeit einer vielfältigen Kultur beschworen haben.

Von Beginn an machen die Verantwortlichen in der Sowjetischen Besatzungszone deutlich, wie sehr sie beim Neuaufbau auf die Kraft der Künste setzen. Denn sie wollen der westlichen Welt zeigen, dass sie nicht vorhaben, die Freiheit der Kultur zu beschneiden; vielmehr sollen die kapitalistischen Machthaber sehen, dass mit der UdSSR ein Reich des Geistes möglich ist. Sofort nach Kriegsende durchwandern sowjetische Kulturoffiziere die Trümmerlandschaften in Ostberlin, Dresden und Leipzig. Sie haben Namenslisten von Künstlern dabei, die sie umwerben sollen mit „Intelligenzpaketen" – Pappkartons, gefüllt mit Speck, Zucker, Brot, Schokolade und Cognac.

Einer der Beschenkten, der deutsche Theaterregisseur Boleslaw Barlog, kann sein Glück kaum fassen, als ihm Sowjetvertreter am Heiligen Abend 1945 reichlich Lebensmittel und zwölf Weihnachtskerzen in sein Haus in Ostberlin bringen. In einer Zeit des Hungers sind die Gaben der Besatzer mehr als leere Gesten. Sie sind ein Signal.

Schon im Juli 1945, nur zwei Monate nach dem Sieg über Hitler, hat die Militäradministration die Gründung des „Kulturbundes zur demokratischen Erneuerung Deutschlands" genehmigt, eines Sammelbeckens für deutsche Intellektuelle. Präsident wird der Dichter Johannes R. Becher. In der Weimarer Republik hatte sich der gebürtige Münchner in der KPD engagiert, vor den Nationalsozialisten war er ins Moskauer Exil

JOHANNES R. BECHER 1891–1958

Der Dichter steigt auf zum wichtigsten Kulturfunktionär der DDR. Rigoros vertritt er die Linie des Regimes, das nur sozialistische Erbauungskunst akzeptiert

geflüchtet. Nun wird der 54-Jährige, ein Mann mit einem ausgeprägten Hang zu pathetischer Sprache, zum wichtigsten Kulturfunktionär.

Besonders in Ostberlin entwickelt sich bald eine lebhafte Künstlerszene. In den von Bomben weitgehend verschonten Spielstätten können die Menschen schon im ersten Nachkriegsjahr Sinfoniekonzerte und Theaterabende besuchen. 1946 werden in der Sowjetzone schon wieder 75 Bühnen regelmäßig bespielt. Selbst manche Kunstschaffende, die sich mit dem Nazi-Regime arrangiert hatten, werden protegiert – während die Entnazifizierungskommissionen in den westlichen Besatzungszonen versuchen, in aufwendigen Verfahren die politisch tragbaren Künstler von den Kollaborateuren zu trennen.

Der im August 1945 auf Betreiben des Kulturbundes gegründete Aufbau-Verlag legt vom NS-Regime verbotene Autoren wie Anna Seghers oder Lion Feuchtwanger auf, lässt innerhalb von zwei Jahren 2,5 Millionen Bücher drucken. Im Geleitwort zur ersten Ausgabe der vom Kulturbund herausgegebenen Monatszeitschrift „Aufbau" heißt es selbstbewusst: „Wir sind überzeugt, dass ohne eine geistige Neugeburt ein dauerhaftes Aufbauwerk nicht gelingen kann."

Bei der Gestaltung dieser Neugeburt geben sich die sowjetischen Besatzer zunächst ausgesprochen tolerant. Anders als in der Sowjetunion, in der Josef Stalin nur noch politisch einwandfreie sozialistische Erbauungskunst akzeptiert, dürfen in Ostdeutschland alle Kunstrichtungen gezeigt werden.

Auch mit dem traditionellen deutschen Kulturerbe brechen die Besatzer nicht. Ob Schiller, Goethe oder Lessing, die Klassiker werden gedruckt und gespielt. Nach der Barbarei der Nationalsozialisten, so die Botschaft der neuen Herren, werde nun an die Traditionen der deutschen Kulturnation angeknüpft. Doch hinter der vermeintlichen Offenheit steckt Kalkül. In Moskau hofft man auf ein vereintes Deutschland unter sowjetischem Einfluss. Würde man in dieser Phase auf kommunistische Propagandakunst setzen, so die Befürchtung, könnte man die Westmächte alarmieren und die ostdeutsche Bevölkerung verschrecken.

Eigentlich ist die Kultur für die kommunistischen Machthaber also schon jetzt ein Instrument der Politik. Nur soll es noch keiner merken.

Die Vernebelungstaktik verfängt. Viele Künstler kommen aus dem Exil nach Ostdeutschland – auch solche, die vor dem Krieg in Westdeutschland gelebt haben. Paul Dessau etwa aus den USA, Anna Seghers aus Mexiko. Durch ihren Beruf, sagt die Autorin, wolle sie im Volk „die Kraft zu einem neuen friedvollen Leben erwecken".

Auch Bertolt Brecht verfolgt die scheinbare geistige Wiederauferstehung in der Sowjetzone mit Interesse. Zwar ist er alles andere als ein Hüter konservativ-bürgerlicher Werte. Schriftstellern wie dem Patriziersohn Thomas Mann attestiert er „Geistesschwäche und Harmlosigkeit", Rilkes Ausdrucksweise hält er für „absolut schwul".

Schon als junger Mann ist Brecht zum überzeugten Kommunisten geworden, hat Karl Marx gelesen und fortan in seinen Werken die Ausbeutung der Arbeiter immer wieder kritisiert. Während seiner Exilzeit in den USA überwachte ihn das FBI, musste er sich vor dem „Ausschuss für unamerikanische

1951 inszenieren Brecht und der Komponist Paul Dessau die Oper »Das Verhör des Lukullus«. Die Aufführung wird verboten – Brechts Text ist den Machthabern zu pazifistisch, Dessaus Musik zu experimentell

Umtriebe" rechtfertigen. Und auch in der Schweiz, in der er seit 1947 lebt, hört die dortige Polizei sein Atelier ab, gilt er als „kommunistischer Agent".

Wie viele sozialistische Künstler ist Brecht der Meinung, dass Kunst eine erzieherische Wirkung haben soll, einen „Gebrauchswert", wie er es nennt. In seinen Theaterstücken lässt er archetypische Figuren auftreten, die Namen tragen wie Mutter Courage oder Mackie Messer. Seine Charaktere stehen stets exemplarisch für große gesellschaftliche Fragen, zelebrieren den Wert des Friedens oder verdammen die zersetzende Macht des Geldes. Aus ihren Schicksalen sollen die Zuschauer lernen – und sich so zu besseren, letztlich sozialistisch denkenden Menschen entwickeln.

Im Prinzip hat Brecht also nichts einzuwenden gegen eine Kunst, die eine politische Botschaft in sich trägt – gegen Einschränkungen seiner Arbeit aber sehr wohl. Er beobachtet daher genau, wie es die Verantwortlichen der Sowjetzone mit der Freiheit der Künste halten. Und die Funktionäre tun alles, um seine Bedenken und die anderer zu zerstreuen. Immer wieder betonen sie die Unabhängigkeit der Kultur.

Man habe schon einmal erlebt, wie die Literatur zu einer „Fassade der Staatsführung" verkommen sei, sagt beispielsweise Johannes R. Becher im Oktober 1947 vor 300 Autoren auf einem Schriftstellerkongress und fügt hinzu: Dies dürfe nicht noch einmal passieren.

„Die Politik verschlingt die Literatur", so Becher, „wenn nicht die Literatur auf eine ihr eigentümliche und selbstständige Art politisch wird."

Genau das schwebt Brecht vor: eine politische Kunst, aber ohne staatliche Zensur. Er sei sich nun sicher, notiert er 1948, dass in Ostdeutschland „eine große Zeit für die Künste" anbreche.

Nachdem er mit den Verantwortlichen Verhandlungen über ein eigenes Theaterensemble aufgenommen hat, siedelt er Anfang 1949 vom Ufer des Zürichsees nach Ostberlin um. Und erreicht die Stadt just zu einer Zeit, in der sich das Klima in der Kulturpolitik allmählich zu ändern beginnt.

Denn immer deutlicher wird die Teilung Deutschlands spürbar. Tiefer und tiefer sind seit dem Kriegsende die Gräben zwischen der Sowjetunion und den Westalliierten geworden. Ein geeintes Deutschland, wie es sich Stalin wünscht, scheint vorerst unmöglich. Und damit entfällt einer der Hauptgründe für die ideologische Zurückhaltung Moskaus.

Immer häufiger ist in den Sitzungen der ostdeutschen Kulturfunktionäre nun das Wort „Formalismus" zu hören. Gemeint ist damit eine Kunst, der die Form angeblich wichtiger ist als der Inhalt. In der UdSSR dient der Begriff seit den 1930er Jahren dazu, alle Werke zu verdammen, die dem Regime zu experimentell erscheinen, die Stalin zu kritisch oder bürgerlich sind. Jetzt wird dieser Kampfbegriff auch in Ostdeutschland als Waffe eingesetzt.

ANNA SEGHERS 1900–1983

Die Mainzer Schriftstellerin entscheidet sich 1947 für ein Leben in Ostdeutschland. Nur dort könne sie ausdrücken, wozu sie gelebt habe, sagt die überzeugte Kommunistin

Brecht bekommt die neue Linie gleich nach seiner ersten Theaterpremiere in Ostberlin im Januar 1949 zu spüren.

Die Aufführung seines Dramas „Mutter Courage und ihre Kinder" am Deutschen Theater ist ein Publikumserfolg, und auch die Kritik reagiert zunächst positiv. Es sei „das bedeutsamste Theaterereignis seit 1945", notiert der Kulturfunktionär Fritz Erpenbeck.

Doch fünf Tage später hat Erpenbeck seine Meinung geändert, vermutlich auf Befehl der SED: Brecht verliere sich „trotz höchsten, formalen Könnens" in einer „volksfremden Dekadenz", schreibt er nun.

Den Entscheidern in Ostberlin ist Brechts Stück zu negativ. Seine Protagonistin Mutter Courage, eine profitgierige Händlerin, die im Dreißigjährigen Krieg den Truppen folgt und dabei drei Kinder verliert, lernt nicht aus ihren Fehlern. Am Ende des Stücks zieht sie noch immer den Soldaten hinterher, um ihre Waren loszuwerden.

Brecht präsentiert auf der Bühne Probleme. Die kommunistischen Führer aber wollen Lösungen.

Sie wollen Gemälde, auf denen Arbeiter mit fröhlicher Miene Traktoren lenken, sie wollen Lieder mit harmonischen Melodien und aufmunternden Texten. Und sie wollen makellose Charaktere, die dem Volk als Vorbilder dienen können. „Sozialistischen Realismus" nennt Moskau diese staatlich sanktionierte Kunst – deren Realismus darin besteht, die Wirklichkeit schönzumalen, um zur passenden Botschaft zu gelangen.

In der UdSSR ist diese Kunstrichtung seit Jahren das Maß aller Dinge. Mit ihr befiehlt Stalin seinem Volk die gute Laune. Denn „wenn es sich froh lebt", meint der Diktator, „geht auch die Arbeit gut vonstatten". Nach der Gründung der DDR im Oktober 1949 machen sich Stalins deutsche Handlanger bald ebenfalls daran, diese Doktrin zu etablieren.

Im März 1951 verkündet das SED-Regime offiziell den „Kampf gegen den Formalismus in Kunst und Literatur".

Genau in dieser Wendezeit der Kulturpolitik arbeiten Brecht und Dessau an ihren letzten Proben für die „Lukullus"-Oper. Am 8. März 1951 bekommen sie Besuch. 16 SED-Funktionäre, Kritiker und Komponisten wollen die Inszenierung begutachten. Die zwei Künstler sind empört, doch sie geben nach und führen die Probe weiter.

Vier Tage später reicht der Komponist Ernst Hermann Meyer, linientreuer Inhaber eines Lehrstuhls für Musiksoziologie, beim ZK ein Gutachten ein. Dessaus Komposition enthalte „alle Elemente des Formalismus", schreibt er, und zeichne sich durch ein „Vorherrschen destruktiver ätzender Dissonanzen" aus. Eine „dem Volke verständliche,

EINE BÜHNE FÜR DEN STAATSDICHTER

Um der Zensur zu entgehen, inszeniert Bertolt Brecht mit seinem Berliner Ensemble vor allem Klassiker. Doch auch eigene Werke seines »epischen Theaters« setzt er auf den Spielplan – jener Gattung, die nicht nur unterhalten, sondern in erster Linie zum kritischen Denken anregen soll

Im »Lukullus« wird ein römischer Feldherr von einem Gericht verurteilt – der SED ist das Stück zu kriegsverdammend

Helene Weigel (Mitte), die Ehefrau des Dichters, probt mit dem Ensemble Brechts »Kaukasischen Kreidekreis«

Die Hauptfigur in Brechts »Herr Puntila und sein Knecht Matti« ist ein Ausbeuter, der nur betrunken Empathie zeigt

Im »Leben des Galilei« widerruft der Forscher auf Druck der Kirche seine Erkenntnisse. Brecht verfasst das Drama schon 1938

humane Musik“ fehle dagegen ganz.

SED-Chef Walter Ulbricht ordnet daraufhin die Absetzung der Oper an. Wohl nicht nur wegen der Musik: Ihn beunruhigt vermutlich auch, wie wenig die pazifistische Botschaft des Stücks zu den seit Monaten andauernden Einsätzen sowjetischer Kampfpiloten im Koreakrieg passt. Eine endgültige Entscheidung soll nach einer Probeaufführung am 13. März fallen.

Als Brecht von dem geplanten Verbot erfährt, schreibt er dem „werten Genossen Ulbricht“ sofort einen Brief. Seine Oper sei eine „einzige Verurteilung der Raubkriege“, erklärt er, und besonders gegen „einen neuen Angriffskrieg in Westdeutschland“ gerichtet. Auch wenn die Form des Werkes noch nicht vorbildlich sei, so sei ein solcher Inhalt doch zweifelsfrei „aufführungswert“. Um sein Werk zu retten, behauptet Brecht, er habe Verständnis für die Kritik, die Oper sei zu formalistisch. Tatsächlich aber sieht er in der Kampagne ein „Zeichen für den Tiefstand in der Kunst“, wie er einem Mitglied seines Ensembles erklärt.

Brecht ist ein geschickter Taktiker. Und er kennt seinen Status als Symbolfigur der DDR-Kultur. Einen Eklat um ihren größten Künstler wird die SED-Führung nach Möglichkeit vermeiden wollen. Und tatsächlich genehmigt das Zentralkomitee nach der Probeaufführung die öffentliche Premiere im Admiralspalast für den 17. März.

Doch dieses Mal ist es Ulbricht, der blufft. Er lässt die Karten für die Premiere kostenlos an linientreue Mitglieder der FDJ, des FDGB, des ZK und des Volksbildungsministeriums verteilen. Die Genossen, so das Kalkül, werden die Oper schon durchfallen lassen.

Brechts Premiere soll ein Exempel gegen den Formalismus werden. Ein Urteil gegen angeblich missratene Kunst, nicht von der SED angeordnet, sondern vom Volk gesprochen.

PAUL DESSAU 1894–1979
Die experimentelle Musik des Komponisten ist den Kulturfunktionären oft zu elitär. Sie fordern gefällige Melodien und eingängige Texte für die Massen

Viele FDJler und Gewerkschafter aber verkaufen ihre Karten an wirklich interessierte Opernbesucher. Und die sind es, die nach der Premiere in Jubel ausbrechen und die wenigen Buhrufe der bestellten Besucher übertönen.

Um solche unangenehmen Possen in Zukunft auszuschließen, schafft das SED-Regime nun ein engmaschiges Kontrollsystem. Im Juli 1951 gründet die Regierung eine „Staatliche Kommission für Kunstangelegenheiten“. Das Gremium soll fortan die Musikhochschulen, Museen und Theater beaufsichtigen – und so sicherstellen, dass dort nur Kunst zu sehen und zu hören ist, die dem Sozialistischen Realismus entspricht.

Offen erklärt Ministerpräsident Grotewohl den Mitgliedern der Kommission bei deren Berufung, dass „die Idee in der Kunst der Marschrichtung des politischen Kampfes folgen“ müsse. „Was sich in der Politik als richtig erweist, ist es unbedingt auch in der Kunst.“

Richtig sind demnach Lieder wie „Frieden, Freundschaft, Einheit“ oder „Heute lacht Brandenburg“. Falsch dagegen expressionistische Gemälde. „Wir brauchen weder die Bilder von Mondlandschaften noch von faulen Fischen“, verkündet Ulbricht. „Die Grau-in-Grau-Malerei“ sei „ein Ausdruck des kapitalistischen Niedergangs“ und stehe „in schroffstem Widerspruch zum neuen Leben in der Deutschen Demokratischen Republik“.

Daneben gründet die Regierung ein „Amt für Literatur und Verlagswesen“. Dort müssen die Verlage alle zum Druck bestimmten literarischen Texte vorlegen. Die Lektoren haben klare Richtlinien: Positive Darstellungen des Kapitalismus oder Zweifel am eigenen System sind genauso zu beanstanden wie zu pessimistische Charaktere. Nur den linientreuen Arbeiten teilt das Amt Papier für den Druck zu.

Texte, die bei der ideologischen Kontrolle durchfallen, gehen zur Überarbeitung an die Verlage zurück – oder werden gleich ganz abgelehnt.

Immer mehr Kunstverbote ergehen so. Schon Anfang 1951 lässt das Regime ein großes Wandbild des Malers Horst Strempel im Ostberliner Bahnhof Friedrichstraße überstreichen. Das expressionistische Werk, in dem Figuren mit grotesken Proportionen und dunklen Augenhöhlen zu sehen waren, sei „gesellschaftsfeindlich und antiästhetisch“, schreibt die von der Roten Armee herausgegebene „Tägliche Rundschau“.

An die Bibliotheken ergeht die Order, „alle pazifistische, kosmopolitische und dekadente Literatur auszusondern und in die Papiermühlen zu bringen“.

In „Themenschwerpunktplänen“ gibt das Regime nun vor, welche Inhalte gewünscht sind. Die Kulturfunktionäre bevorzugen Werke, die Ulbrichts Forderung nach der Gestaltung des „neuen Menschen, des Aktivisten, des Helden des sozialistischen Aufbaus“ nachkommen. Und es gibt viele Schriftsteller, die bereit sind, die bestellten Themen zu liefern: aus Überzeugung – oder um ihre Karriere zu fördern.

HANNS EISLER 1898–1962
Für die DDR-Hymne erhält der Österreicher 1950 den Nationalpreis – die Melodie soll er teilweise aus dem Schlager »Goodbye Johnny« (1939) entlehnt haben

Angelehnt an die Klassiker der sowjetischen Erbauungsliteratur wie Nikolaj Ostrowskijs „Wie der Stahl gehärtet wurde“ von 1934, schreiben sie Romane über vorbildhafte Fabriken, verfassen Gedichte über genossenschaftliche Arbeitsmethoden, inszenieren Stücke, in denen sozialistisch organisierte Kleinbauern ihren Lebensstandard verbessern.

Es ist Literatur, die einzig dazu dienen soll,

die Motivation der Arbeiter zu steigern und so dem Sozialismus im Kampf der Systeme zum Sieg zu verhelfen.

Künstler, denen diese plumpe Art der Propaganda zuwider ist, versuchen ihre Werke anzupassen, ohne sich vollends zu verkaufen. So schreibt Brecht nach dem Verbot seines „Lukullus" so lange an dem Text herum, bis die Oper (um einige gefällige Arien bereichert) im Oktober 1951 doch noch aufgeführt wird.

In der neuen Fassung preist das Gericht, vor dem Lukullus steht, einen König, der sich gegen die Angriffe des Römers zur Wehr gesetzt hatte – eine Legitimation des Verteidigungskrieges, wie ihn Moskau nach offizieller Propaganda in Korea unterstützt.

F

Für die meisten Kreativen wird der quälende Gang durch die Zensur zu einem Teil ihrer Arbeit. Der Schriftsteller Joachim Schwarz erzählt später in seinem autobiografischen Roman „Die Partei hat immer recht", wie er seine Bücher bis zu sechs Mal umschreiben musste.

Doch fast alle Künstler arrangieren sich. Sie glauben weiter an ihren Beitrag zu einer besseren Gesellschaft – oder befürchten Repressalien. Und viele denken wohl auch an die Privilegien, die das Regime ihnen gewährt.

Denn da die gelenkten Kulturschaffenden nach SED-Einschätzung einen wichtigen Beitrag für den Aufbau des Sozialismus liefern, gibt es in der DDR zahlreiche Stipendien. Vor allem die schlecht verdienenden Lyriker erhalten Geld aus den Kulturfonds. Freischaffende Künstler genießen erhebliche Steuervergünstigungen. Die staatseigenen Verlage zahlen den Autoren für ihre Manuskripte zwölf bis 15 Prozent des Ladenpreises – deutlich mehr, als im Westen üblich ist. Den Granden der Branche bietet das System zudem Dutzende lukrative Kulturpreise.

Brecht erhält nur wenige Monate nach dem Eklat um den „Lukullus" den mit 100 000 Ost-Mark dotierten Nationalpreis 1. Klasse. Als er später in einem Fragebogen angeben soll, welcher DDR-Massenorganisation er angehöre, schreibt er: „Nationalpreisträger".

Zwar inszeniert er sich weiter als Anwalt der Arbeiter, gibt sich mit seiner schäbigen Lederjacke, den ausgebeulten Cordhosen, seinem Dreitagebart und dem deutlichen Körpergeruch möglichst ärmlich. Doch seine grauen Arbeiteranzüge sind aus Seide geschneidert, und seine Brille in der Form billiger Kassenmodelle ist aus teurem Titan.

Im Sommer 1952 pachtet er, wohl auch mit dem Geld des Nationalpreises, ein Landhaus an einem See, weit ab vom Berliner Trubel. Er legt sich einen Spazierstock zu, raucht Zigarren im weitläufigen Garten seines Anwesens, liest Horaz. In weißen Tennisschuhen führt er stolz Besucher durch sein Haus.

In seinem neuen Domizil verbringt er viel Zeit mit seiner zweiten Ehefrau, der österreichischen Darstellerin Helene Weigel; beherbergt weibliche Mitglieder seines Ensembles, von denen etliche seine Geliebten sind.

Eine seine Eroberungen ist die Regieassistentin Isot Kilian, verheiratet mit dem jungen Intellektuellen und Theaterkritiker Wolfgang Harich. Der hat 1949 für Brecht Partei ergriffen, als der Dramatiker wegen der Aufführung der „Mutter Courage" in Bedrängnis geriet.

Doch Brecht gefällt es nicht, wenn die Frauen, die er für sich beansprucht, noch mit anderen Männern intim sind – und seien es ihre Ehemänner.

So fordert er Harich nach einiger Zeit auf, den Platz zu räumen: „Lassen Sie sich jetzt von ihr scheiden und heiraten Sie in ungefähr zwei Jahren noch einmal." 1954 endet die Ehe tatsächlich.

Brecht hält, als sei nichts gewesen, Kontakt zu beiden: Isot Kilian bleibt eine seiner Gespielinnen, den wortgewandten Harich schätzt er als kundigen Gesprächspartner für Kunst und Politik.

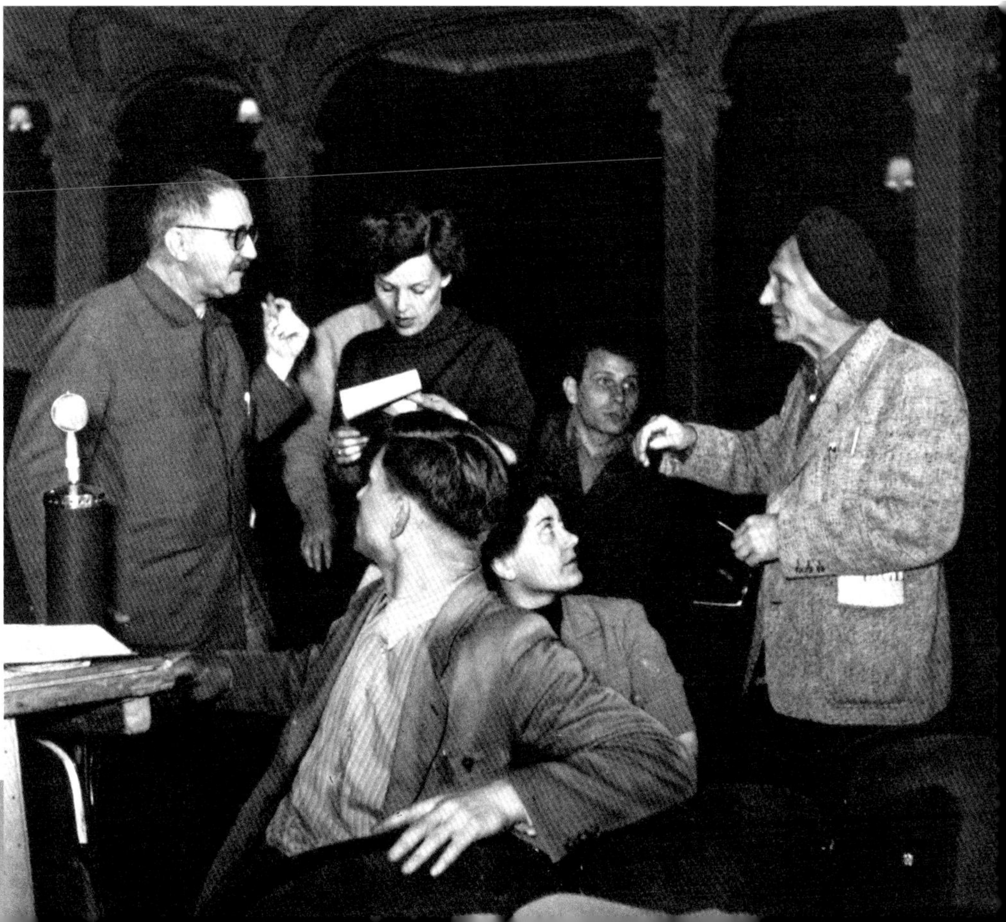

Mit mehreren weiblichen Mitgliedern seines Ensembles beginnt Brecht Affären. So auch mit der jungen Regieassistentin Isot Kilian (2. von links). Ihren Mann fordert Brecht auf, sich scheiden zu lassen

Die Frauen in seinem Leben sind stets mehr als Bettgenossinnen. Sie arbeiten mit an seinen Stücken, bringen Ideen ein, schreiben selbst Passagen. Nicht immer ist daher klar, wie viel der Texte am Ende wirklich von Brecht stammt. Schon 1929 wird er des Plagiats überführt, als er in der „Dreigroschenoper" Teile einer französischen Ballade benutzt hat, ohne dies kenntlich zu machen. Brecht erklärt den Vorfall mit seiner „grundsätzlichen Laxheit in Fragen des geistigen Eigentums".

Seinen Untergebenen aber lässt er keine Ungenauigkeit durchgehen. Ein Scheinwerfer, etwas zu früh eingeschaltet, reicht aus, um bei ihm einen Wutausbruch auszulösen. Seine Schreierei ist berüchtigt. „Brecht geht vor Recht" lautet ein Spruch der Bühnentechniker.

Mit seinem Berliner Ensemble, das er gemeinsam mit Helene Weigel führt, inszeniert Brecht vor allem Klassiker, etwa Molières „Don Juan". Aktuelle Themen vermeidet er, um der Zensur zu entkommen. Darüber hinaus genießt er gewisse künstlerische Freiheiten, die ihm sein Status einbringt. Die „Mutter Courage" darf trotz der anfänglichen Kritik weiterlaufen. Auch den „Kaukasischen Kreidekreis", ein Drama voller negativer Figuren, kann Brecht auf die Bühne bringen. Er muss nur hinnehmen, dass die DDR-Presse seine unliebsamen Arbeiten negativ bespricht oder schlicht totschweigt.

Fast scheint es, als hätte er seinen Frieden gemacht mit dem Regime, das aus seiner Sicht zwar von Kunst nicht das Geringste versteht, aber im großen Ringen der Systeme zumindest für die richtige Sache kämpft. Ein „befohlener Sozialismus" sei immer noch „besser als gar keiner", hat er schon vor seiner Rückkehr nach Ostberlin geschrieben, später soll er gar von der zeitweiligen „Diktaturnotwendigkeit" geraunt haben, die der Aufbau der neuen Gesellschaftsform nun einmal mit sich bringe.

Ende 1952 aber gerät er erneut in Konflikt mit der Zensur; seine Inszenierung von Goethes „Urfaust" erscheint der SED dann doch zu ketzerisch. Denn nach offizieller DDR-Lesart gilt Faust als ein „sich gesellschaftlich bewährender" Tatmensch – Brecht aber zeigt ihn als schillernden Scharlatan. Das Stück wird vom Spielplan gestrichen.

In dem Dichter gärt es. „Die Kunst ist nicht dazu befähigt, die Kunstvorstellungen von Büros in Kunstwerke umzusetzen", notiert er. „Nur Stiefel kann man nach Maß anfertigen."

Nach außen hin aber bewahrt er weiterhin die Fassung. Er hat einen Burgfrieden mit dem Regime geschlossen.

Dann kommt der 17. Juni 1953. Der Volksaufstand, die Panzer, die Toten. Brecht, der sich die Heftigkeit der Proteste auch mit vom Westen „eingeschleusten Losungen" erklärt, verfasst spontan ein kurzes Schreiben an Ulbricht, in dem er „eine große Aussprache mit den Massen über das Tempo des sozialistischen Aufbaus" fordert, den Funktionären abschließend aber auch seine „Verbundenheit mit der Sozialistischen Einheitspartei Deutschlands" ausspricht.

Es ist allein dieser letzte Satz, den das „Neue Deutschland" wenige Tage später druckt. Brecht sieht sich als Strohmann der SED missbraucht, empört sich vor Freunden, sein Schreiben sei durch die Kürzung verfälscht worden, schließlich habe er auch Reformen anregen wollen. Im privaten Kreis soll er sogar erwogen haben, ins chinesische Exil zu gehen. Doch öffentlich protestiert er nicht.

Als der Schriftsteller und SED-Funktionär Kurt Barthel in einem Zeitungsartikel schreibt, die protestierenden Bauarbeiter hätten das Vertrauen der Regierung verspielt, verfasst Brecht sein – später berühmt gewordenes – Gedicht „Die Lösung": „Nach dem Aufstand des 17. Juni / Ließ der Sekretär des Schriftstellerverbands / In der Stalinallee Flug-

Trotz der Zensur ihrer Arbeit bleiben viele Künstler dabei, dass der Weg in den Sozialismus grundsätzlich richtig sei. Sie unterstützen die DDR-Regierung öffentlich, wie hier bei der 1.-Mai-Demonstration 1953

blätter verteilen / Auf denen zu lesen war, dass das Volk / Das Vertrauen der Regierung verscherzt habe / Und es nur durch verdoppelte Arbeit / zurückerobern könne. Wäre es da / Nicht doch einfacher, die Regierung / Löste das Volk auf und / Wählte ein anderes?"

Aber wieder behält er seine Wut über die Selbstgefälligkeit der Verantwortlichen für sich; veröffentlicht wird das Gedicht erst 1959 in Westdeutschland, drei Jahre nach Brechts Tod.

Andere Künstler sind mutiger. Sie nehmen den 17. Juni zum Anlass, auf Änderungen in der Kulturpolitik zu drängen. Der Bildhauer und Nationalpreisträger Gustav Seitz brandmarkt öffentlich den „Dilettantismus" der „Standardurteile", der Autor Stefan Heym beklagt das simple „Rezept: Du, Schriftsteller, zeige einen vorbildlichen Aktivisten". Anna Seghers setzt sich für den unter Formalismus-Verdacht geratenen Maler Max Lingner ein.

Und für kurze Zeit scheint es, als könnte ihr Aufbegehren tatsächlich Erfolg haben.

Die nach dem Tod Stalins im März 1953 und dem Volksaufstand vom 17. Juni verunsicherte SED-Führung verkündet, „die Möglichkeit einer freien schöpferischen Tätigkeit" müsse gesichert werden. Auffassungen über Kunst dürften „in keinem Fall administrativ aufgezwungen werden".

Die Regierung löst die „Kommission für Kunstangelegenheiten" auf und gründet im Januar 1954 ein Ministerium für Kultur. Zum ersten Leiter macht das Zentralkomitee Johannes R. Becher.

Doch schon bald wird klar, dass die Änderungen lediglich kosmetisch und die großen Versprechungen nichts wert sind. Das Ministerium setzt die Überwachungsarbeit der Kommission fort, das „Amt für Literatur und Verlagswesen" bleibt bestehen. Der 1951 geschaffene Zensurapparat existiert unverändert weiter.

Viele Künstler sehen jetzt nur noch eine Möglichkeit: die Flucht. Ab 1955 verlassen immer mehr Intellektuelle die DDR. Der Schriftsteller Gerhard Zwerenz setzt sich 1957 ab, ebenso der Literaturprofessor Alfred Kantorowicz, wenig später gehen Heinar Kipphardt und Uwe Johnson.

Das Ausbluten der DDR-Kulturszene hat begonnen, und es wird bis zum Ende des SED-Regimes anhalten.

Selbst Johannes R. Becher verliert nun mehr und mehr den Glauben an die Kulturpolitik der SED. In seinem Tagebuch macht er sich über Entscheidungen lustig, die er als Minister zu verantworten hat. Durch die ständigen Forderungen, die Bedürfnisse der Politik zu erfüllen, würden die Dichter zu irrelevanten „Jodlern", notiert er.

Ganz oben angekommen, verzweifelt Becher nun an dem Apparat, den er mitgeschaffen hat.

Einige Intellektuelle aber hoffen noch immer, Stalins Tod werde einen „dritten Weg" ermöglichen – einen sozialistischen Staat, der seinen Bürgern Mitspracherecht gewährt. Bei ihren Treffen debattieren die Reformer über die Wiederherstellung der Meinungsfreiheit, das Recht der Bauern auf ihr Land und über den Sturz Ulbrichts.

Ihr Wortführer ist Wolfgang Harich, mittlerweile Cheflektor im Aufbau-Verlag, in dessen Räumen viele der Gespräche stattfinden. Der Leiter des Verlags ist Walter Janka. Beide sind bestens vernetzt in der ostdeutschen Künstlerszene.

FRITZ CREMER 1906–1993

Sein Buchenwald-Denkmal gilt in der DDR als Inbegriff antifaschistischer Kunst. Als Vertreter des »Sozialistischen Realismus« erhält Cremer zwei Nationalpreise

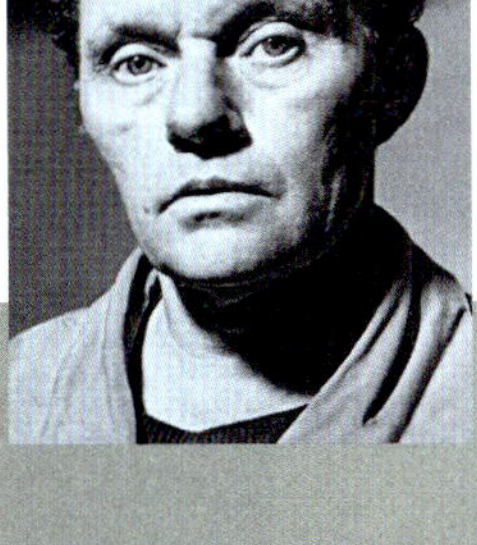

Auch Brecht kennt die zwei gut. Janka hat einige seiner Werke herausgegeben. Und der Kontakt zu Harich, dessen Ehe er einst zerstört hat, ist nie abgerissen. Harich wird Brecht später sogar als Inspiration für die Gruppe bezeichnen.

Wie viel er von ihren Plänen weiß, ist jedoch ungewiss. Ohnehin beschäftigen den großen Dichter 1956 andere Probleme. Seine Herzbeschwerden, die ihn seit der Kindheit plagen, haben sich verschlimmert. Brecht arbeitet nur noch wenig, muss sich immer wieder schonen. Oft hat er Schwächeanfälle, bei Proben dringt seine leise Stimme kaum noch zur Bühne durch. Die Ärzte rätseln, diagnostizieren mal eine schwere Virusinfektion, sehen mal lediglich „Zeichen starker Abspannung".

Den Sommer 1956 verbringt Brecht in seinem Haus am See, doch auch die Ruhe bringt keine Besserung.

Am Abend des 14. August 1956 verliert er in seiner Berliner Wohnung das Bewusstsein. Einige Stunden später, kurz vor Mitternacht, ist er tot. Bis heute bleibt unklar, ob es ein Herzinfarkt war, der den erst 58-Jährigen das Leben kostete, oder die Folgen einer lange übersehenen Herzmuskelentzündung.

Brechts Tod ist ein Staatsereignis. In Behörden werden die Mitarbeiter zusammengerufen und über sein Ableben informiert. Die SED kondoliert auf der Titelseite des „Neuen Deutschland". Sie gedächten des „Kampfgefährten" Brecht „als Dichter und Freund", schreiben die ZK-Funktionäre. Auch nach seinem Tod muss Brecht als Gallionsfigur des Regimes herhalten.

Harich und Janka, die auf eine Reformierung der DDR gesetzt haben, werden wenige Monate später verhaftet. In zwei Schauprozessen verurteilt das Oberste Gericht der DDR sie wegen „Bildung einer staatsfeindlichen Gruppe" zu zehn und fünf Jahren Haft. Harich dankt in seinem Schlusswort der Staatssicherheit für seine Festnahme. Er sei „wie ein durchgebranntes Pferd" gewesen, nur durch ihr Einschreiten habe die Stasi die DDR „vor größerem Schaden bewahrt".

Dutzende Kulturschaffende hören Harichs Selbstverleugnung, darunter Anna Seghers und Brechts Witwe Helene Weigel. Die SED hat sie zum Prozess einbestellt, um ihnen zu zeigen, wie das Regime aufmüpfige Denker abstraft.

Und so müssen die Künstler im Gerichtssaal mitverfolgen, wie das Versprechen von einem besseren Deutschland, von einem Reich des Geistes, endgültig untergeht. □

Johannes Schneider, 32, ist Textredakteur im Team von GEO*EPOCHE*.

Die geteilte Stadt

Berlin ist Anfang der 1960er Jahre das letzte Schlupfloch im Eisernen Vorhang. Jeden Monat fliehen hier Tausende aus der DDR in den Westen. SED-Chef Walter Ulbricht will sie stoppen – mit allen Mitteln VON INES LANGELÜDDECKE

Was tut ein Staat, dem die Menschen davonlaufen? Der Facharbeiter verliert, Wissenschaftler, Mediziner? Was tut ein Staat, der seine Grenze bereits abgeriegelt hat, mit Patrouillen, Stacheldraht und einer Sperrzone, damit keiner seiner Bürger entkommt? Und aus dem trotzdem jeden Tag Hunderte flüchten durch ein winziges Schlupfloch im Eisernen Vorhang, durch einen Fremdkörper auf dem eigenen Gebiet, ein Überbleibsel des Zweiten Weltkriegs: Westberlin.

Was tut so ein Staat? Vielleicht kommt er auf die wahnwitzige und zugleich fast zwingend logische Idee, eine Mauer zu bauen durch eine Millionenstadt.

Denn die deutsch-deutsche Grenze ist zwar seit 1952 nahezu undurchdringlich, in Berlin aber lässt sich die Trennlinie leicht überschreiten – innerhalb ihrer Stadt können sich die Menschen im Sommer 1961 immer noch relativ unbehelligt bewegen.

Etwa 56 000 „Grenzgänger" aus Ostberlin arbeiten und studieren in Westberlin. Andere gehen dort ins Theater oder Kino. Die Westberliner fahren Richtung Osten, um Freunde und Verwandte zu besuchen. Und alle wechseln zum Einkaufen die Seite: die einen in den Westen für Produkte, die es im real existierenden Sozialismus nicht gibt, die anderen in den Osten für günstige Dinge des täglichen Bedarfs.

Jeden Tag überqueren so rund 250 000 Menschen die Sektorengrenze, darunter immer auch einige, die ihrer Heimat für immer entkommen wollen. Denn wer aus dem Rest des Landes nach Ostberlin reist, muss zwar einen Grund und eine Besuchsadresse angeben. An der Sektorengrenze aber überprüfen DDR-Grenzpolizisten nur vereinzelt die Ausweise, um Flüchtlinge aufzuspüren. Umfassende Kontrollen sind bei der Menge von Verbindungen zwischen den Sektoren unmöglich.

So verlassen jeden Tag Menschen die DDR über Berlin. Sie tragen keine Koffer, Familienmitglieder reisen getrennt, um nicht aufzufallen. Sie sitzen in den U- und S-Bahnen Richtung Westen und versuchen, wie Tagesgäste zu wirken. Im Notaufnahmelager Marienfelde im Süden der Stadt erhalten sie einen bundesdeutschen Pass. Damit können sie per Flugzeug in die Bundesrepublik ausreisen oder in Westberlin bleiben.

Die meisten sind jung und gut ausgebildet, unzufrieden mit ihrem Lebensstandard, wütend über die SED-Diktatur.

Im Juni 1961 fliehen fast 20 000 Ostdeutsche, im Juli mehr als 30 000, im August knapp 48 000. Insgesamt verlassen zwischen Oktober 1949 und August 1961 fast drei Millionen Bewohner das Land, etwa ein Sechstel der Gesamtbevölkerung. Die DDR droht, ihre Zukunft zu verlieren.

Die DDR fürchtet alles, was aus dem Westen kommt, etwa den angeblich zum Krieg hetzenden Berliner Radiosender RIAS

SCHON SEIT LANGEM plant SED-Chef Walter Ulbricht daher, den sowjetischen Sektor abzuriegeln. Doch das geht nur mit Zustimmung des KPdSU-Vorsitzenden Nikita Chruschtschow. Und der hat zunächst andere Pläne: Er will die westlichen Besatzungsmächte mit Drohungen dazu bringen, sich aus ihren Sektoren zurückzuziehen. Anschließend soll Westberlin eine entmilitarisierte „Freie Stadt" werden – die danach ungeschützt dem sowjetischen Einfluss ausgesetzt wäre. Dann aber wäre der Bau einer Mauer kontraproduktiv.

Nach einem ersten Vorstoß 1958 fordert Chruschtschow zweieinhalb Jahre später auf einem Gipfeltreffen in Wien abermals den Abzug der westalliierten Truppen aus Berlin. Der neu gewählte US-Präsident John F. Kennedy aber bleibt hart: Die drei Westsektoren unterstehen weiterhin den Westmächten – und der Amerikaner ist bereit, dieses Recht auch militärisch durchzusetzen.

Doch Kennedy spricht nur von Westberlin. In die Angelegenheiten Ostberlins will er sich nicht einmischen. Damit erteilt ausgerechnet der Anführer der freien Welt, wahrscheinlich bewusst, den Freibrief zum Mauerbau – nach Kennedys Ansicht das kleinere Übel. Indem er Ostberlin als sowjetisches Einflussgebiet anerkennt, hofft er, einen möglichen Atomkrieg zu verhindern.

Während die Supermächte noch über den Status der geteilten Stadt verhandeln, hat Ulbricht im Januar 1961, wohl mit dem Wissen Moskaus, hochrangige SED-Funktionäre mit den Vorbereitungen zum Bau einer Mauer durch Berlin beauftragt, darunter Erich Honecker, ZK-Sekretär für Sicherheitsfragen, Innenminister Karl Maron, dem die Grenzpolizei und die Volkspolizei unterstehen, sowie Erich Mielke, Minister für Staatssicherheit.

Wahrscheinlich am 20. Juli 1961 gibt Chruschtschow ihnen endlich sein Einverständnis zum Mauerbau, denn nach dem Treffen mit Kennedy in Wien hat er seine Hoffnung auf eine „Freie Stadt Berlin" vorerst aufgegeben.

Nichts von den Vorbereitungen darf an die Öffentlichkeit dringen, will man eine Massenpanik oder gar einen Umsturzversuch verhindern. Und eine mögliche Eskalation des Kalten Krieges: Wie ernst die Supermächte es meinen, wenn sie mit ihren Atomwaffen drohen, weiß in diesen Tagen keiner.

Truppen der Nationalen Volksarmee werden nach und nach in die Nähe Berlins verlegt – angeblich, um ihre Gefechtsbereitschaft zu testen. Die Planer bestellen 473 Tonnen Stacheldraht, außerdem 32 Tonnen Maschendraht, Bindedraht und 48 000 Betonsäulen, um die Außengrenze Westberlins zu umschließen. All das wird an mehreren Orten in der Stadt und ihrer Umgebung gelagert, um keinen Verdacht zu erregen.

Am 13. August um Mitternacht beginnt die streng geheim gehaltene „Aktion Rose" unter der Leitung Erich Honeckers. Rund 10 000 bewaffnete Volks- und Grenzpolizisten sperren den Westsektor ab. Hilfe erhalten sie von 4500 Angehörigen der Kampfgruppen, eines paramilitärischen Zweigs der SED, der in Hundertschaften in den Volkseigenen Betrieben organisiert ist. Sie werden erst in der Nacht geweckt, manche halten den Alarm für eine Übung – bis ihnen ihre Kommandeure Waffen und scharfe Munition aushändigen.

Die Staatssicherheit ist ebenfalls in Alarmbereitschaft versetzt. Die SED-Führung fürchtet wohl einen Volksaufstand, wenn sich die Nachricht herumspricht. Auch ein Angriff der Westalliierten wird nicht ausgeschlossen, sowjetische Truppen halten sich in Gefechtsbereitschaft.

Die vertrauten Straßen sind plötzlich versperrt: Am 13. August 1961 riegeln 10 000 Polizisten die Grenze in Berlin ab

Die Sicherheitskräfte reißen das Straßenpflaster entlang der innerstädtischen Demarkationslinie auf, rollen Stacheldraht aus und stellen spanische Reiter auf. Polizisten besetzen die Bahnhöfe an den Sektorengrenzen. Der S- und U-Bahn-Verkehr wird unterbrochen.

Gegen sechs Uhr sind die meisten Wege vom Osten in den Westen Berlins blockiert. Auf einer Länge von rund 150 Kilometern ist die Grenze abgeriegelt, davon verlaufen etwa 46 Kilometer zwischen Häusern hindurch, an Straßen und Kanälen entlang durch die Innenstadt.

Als die Berliner an diesem Sonntagmorgen aufwachen, versperrt Stacheldraht die gewohnten Wege, trennt Verwandte und Freunde. Menschen stehen hilflos am Zaun und winken einander zu, manche reichen sich über den Draht ein letztes Mal die Hände.

Die Grenzpolizei registriert am 13. August rund 100 Durchbrüche, in den folgenden zwei Tagen verdoppelt sich die Zahl: Die Menschen durchschwimmen Kanäle, seilen sich mit Bettlaken aus Häusern ab, flüchten durch Abwassertunnel, überspringen Absperrungen oder walzen sie mit Lastwagen nieder. Doch schon am Dienstag blockieren Betonplatten etliche Straßen der Stadt.

Am 22. August springt die 58-jährige Ida Siekmann aus dem Fenster ihrer Wohnung im dritten Stock in der Ostberliner Bernauer Straße 48 auf den Bürgersteig, der zum Westen gehört. Sie stirbt im Krankenhaus an ihren Verletzungen – das erste Maueropfer.

Bald darauf lässt Erich Honecker alle direkt an der Grenze gelegenen Häuser räumen, Fenster und Türen zumauern.

Der Schießbefehl, dem DDR-Soldaten an der innerdeutschen Grenze seit 1952 folgen müssen, gilt jetzt auch in Berlin. Elf Tage nach dem Mauerbau versucht der 24-jährige Günter Litfin, durch den Humboldthafen nach Westen zu schwimmen, und wird von der Polizei erschossen.

Vergebens warten die Berliner auf eine entschlossene Reaktion der Westmächte. Noch am 13. August vergleicht Willy Brandt, Berlins Regierender Bürgermeister, die Barrieren mit der „Sperrwand eines Konzentrationslagers". Zehn Tage später führen die DDR-Machthaber die Visumpflicht für Ostberlin ein. Der Senat im Westteil aber lehnt die Einrichtung von Visastellen auf seinem Gebiet ab, sie käme einer Anerkennung der DDR gleich. Damit sind auch die Westberliner vom Osten abgeschnitten.

Unterdessen nehmen Stasi und Polizei Tausende DDR-Bürger wegen geringster Vergehen fest. Vom Januar 1962 an gilt die allgemeine Wehrpflicht – ein Schritt, den die DDR-Regierung nicht gewagt hatte, solange die Grenze offen war und sich potenzielle Rekruten in den Westen hätten absetzen können. Jetzt aber vermag sich kein Bewohner der DDR mehr dem totalitären Anspruch der Machthaber zu entziehen.

In den folgenden Jahren baut das SED-Regime die Mauer immer mehr aus. Es lässt Wachtürme errichten, weitere Sperren aus Stacheldraht oder Beton vor der eigentlichen Wand aufstellen, Tunnel und unterirdische Kanäle zumauern, grenznahe Häuser für eine zweite Hinterlandmauer abreißen.

Dort patrouillieren ständig Soldaten, wachen Hunde an langen Leinen. Nachts ist dieser Todesstreifen hell erleuchtet.

„Antifaschistischer Schutzwall" heißt die Mauer offiziell in der DDR. Bei dem Versuch, diese tödliche Barriere zu überwinden, werden bis 1989 mindestens 136 Menschen sterben. □

Ines Langelüddecke, 37, ist Historikerin in Hamburg.

1964 entkommen neben diesem Mann noch 56 weitere Menschen durch den »Tunnel 57« in den Westen. Es ist die größte Flucht seit Bestehen der Mauer

Der KRIEG *im* UNTERGRUND

Nur gut einen Monat nach dem Mauerbau treiben Westberliner Studenten erstmals einen Tunnel unter die Grenze, um Menschen aus dem Ostteil der Stadt zu retten. Bis 1973 entstehen rund 40 solcher Gänge. Doch wer Westberlin erreicht, ist noch lange nicht sicher. Denn die Stasi schreckt in ihrem Kampf gegen die Gegner der SED selbst vor Entführungen nicht zurück

VON CHRISTINA SCHNEIDER

Am Abend des 29. September 1961 überprüft Siegfried Bömer*, Hauptmann der Staatssicherheit, gemeinsam mit einem Leutnant die seit knapp sieben Wochen versperrte Grenze zwischen Ost- und Westberlin.

Er sucht nach Schwachstellen: Bömer soll künftig jene Grenzer ausbilden, deren Aufgabe es sein wird, das neue Hindernis zu bewachen.

Seit dem Bau der Mauer am 13. August sind Hunderte DDR-Bürger geflüchtet, denn noch bestehen Teile der Grenze nur aus Stacheldraht und spanischen Reitern. Und je stärker das Regime die Anlage befestigt, desto einfallsreicher werden die Flüchtlinge.

Zur gleichen Zeit, da sich Hauptmann Bömer mit den Verhältnissen an dem Bollwerk vertraut macht, graben beispielsweise zwei junge Westberliner einen Gang unter der Grenze hindurch. Ihr Stollen endet auf dem Friedhof Pankow. Durch das Loch entkommen 20 Ostberliner, es ist der erste sicher belegte erfolgreiche Fluchttunnel. Dutzende weitere werden noch entstehen.

So kämpfen Bevölkerung und SED-Staat in den nächsten Jahren um den „Antifaschistischen Schutzwall".

Die einen versuchen, ihn zu überwinden, oft unterirdisch, oft mit westlicher Hilfe.

Die anderen halten sie mit allen Mitteln auf. Oder holen sie sogar zurück.

Hauptmann Bömer sieht an diesem Abend zwei Männer auf der Westberliner Seite des Stacheldrahtzauns. Er hört die beiden reden.

„Ob wir mal fragen?", sagt der eine.

Bömer spricht die beiden an – und wird von der Antwort überrascht. Die zwei wollen von ihm wissen, welche Strafe sie in der DDR zu erwarten hätten: Sie seien beide aus Ostberlin geflohen und vermissten ihre Familien sehr.

Sie sollten sofort zurückkommen, ruft Bömer ihnen zu. Die Männer lehnen ab: Ihe persönliche Habe läge noch im Notauffanglager Berlin-Marienfelde.

Ob es dort auch desertierte Grenzpolizisten gebe, fragt sie der Stasi-Hauptmann. Und schließt gleich eine weitere Frage an: Ob sie einen dieser Deserteure irgendwie zurückbringen könnten nach Ostberlin?

In diesem Fall, verspricht Siegfried Bömer, würde sie in der DDR keine Strafe wegen Republikflucht erwarten.

Die beiden Männer beraten sich kurz. Dann verabreden sie sich mit Bömer für den nächsten Tag an derselben Stelle. Bömer glaubt eigentlich nicht, dass er sie wiedersehen wird.

Doch Heinz Peters und Wolfgang Stein* haben ihr Opfer schon ausgewählt.

Der 19-jährige Gelegenheitsarbeiter Stein, der Jüngere der beiden, ist gelernter LKW-Fahrer und in der DDR vorbestraft wegen Autodiebstahls. Acht Tage zuvor hat er in Treptow ein Loch in den Stacheldraht geschnitten und ist geflohen. Und hat zu spät begriffen, dass ihm der Rückweg zu Frau und Kind in Ostberlin versperrt ist.

Im Jahr des Mauerbaus hat die Stasi **100 000 SPITZEL**

Im Notauffanglager Marienfelde traf er den zehn Jahre älteren Heinz Peters, auch er ein Spontanflüchtling, der nun ebenfalls seine Familie vermisst.

Die meisten in Marienfelde erzählen einander die Abenteuer ihrer Flucht. Daher kennt wohl auch fast jeder die Geschichte von Gerd Sommerlatte, der im Lager nur „der Vopo" heißt.

Der 18-Jährige hat sich in der DDR für die Polizei anwerben lassen – doch vom Schießbefehl an der Grenze hatten ihm die Werber nichts gesagt.

Sommerlatte aber wollte nicht auf Flüchtlinge schießen: Bei seinem zweiten Einsatz als Grenzpolizist sprang er beim Brandenburger Tor über den Stacheldrahtzaun in den Westen.

Auf Fahnenflucht steht in der DDR eine hohe Zuchthausstrafe. Doch Sommerlatte fühlt sich sicher. Er soll in den nächsten Tagen nach Westdeutschland ausgeflogen werden – das Flugticket hat er schon in der Tasche.

Am 30. September steht er abends in einem Imbiss vor dem Lager Marienfelde. Kurz darauf gesellen sich Peters und Stein zu ihm. Er kennt die beiden, weiß, dass sie ihre Familien in den Westen nachholen wollen. Daher wundert er sich nicht über ihre ungewöhnliche Bitte: Ob er, als Kenner der Grenzanlagen, mit ihnen die Mauer abfahren könne, um ihnen Orte zu zeigen, die für eine Flucht geeignet wären? Stein hat am Mittag ein Auto gemietet.

Sommerlatte willigt ein. Er hat auch nichts dagegen, vorher noch mit den beiden auf eine Kneipentour zu gehen. Zu viert – ein weiterer Flüchtling stößt zufällig dazu – fahren sie durch die Stadt und kehren schließlich in „Ellis Bierbar" in Kreuzberg ein. Sommerlatte hat längst die Orientierung verloren. Er weiß nicht, dass sie nur wenige Hundert Meter vom Grenzübergang Heinrich-Heine-Straße in der Nähe des Kottbusser Tors entfernt sind.

Immer wieder bestellen Stein und Peters Bier für die beiden anderen. Stein trinkt ausschließlich Kaffee.

Gegen 22.30 Uhr drängt er zum Aufbruch. Er setzt sich ans Steuer des Mietwagens, Peters steigt mit Sommerlatte hinten ein. Der vierte Mann ist so betrunken, dass er sich neben dem Auto erbricht. Als er einsteigen will, stößt Peters ihn vor die Brust.

„Zu besoffen!", sagt er zu Sommerlatte und schlägt die Tür zu.

Stein fährt los, die Prinzenstraße entlang. Plötzlich spürt Sommerlatte etwas Hartes im Rücken. Eine Pistole? „Mach jetzt keine Zicken", sagt Peters mit ruhiger Stimme und legt ihm fest den Arm um die Schulter. „Es ist vorbei."

Sommerlatte sieht Westberliner Polizisten sowie einen Zollbeamten mitten auf der Straße, der ihnen Haltezeichen mit einer Taschenlampe gibt. Statt zu bremsen, tritt Stein aufs Gas, fährt nur knapp an dem Beamten vorbei, ein Polizist kann gerade noch zur Seite springen. Die DDR-Grenzer dagegen

* Name von der Redaktion geändert.
Als Quellen aller in diesem Text nacherzählten Begebenheiten dienten Akten des MfS und westdeutsche Gerichtsakten sowie Interviews, die die Autorin mit Zeitzeugen geführt hat.

Die Fluchthelfer arbeiten unter strenger Geheimhaltung. Den Aushub füllen sie in einen leeren Keller. Nichts darf nach draußen dringen, keine Erde, kein Geräusch, kein Gerücht

In der Hocke arbeitet sich dieser Mann im »Tunnel 57« voran. Die Erde schaufelt er in einen Holztrog auf Rädern. Der volle Karren wird per Motorwinde herausgezogen, geleert und dann zurückgerollt

Am 3. Oktober 1964 nehmen die Helfer »Tunnel 57« in Betrieb. Die Fluchtwilligen haben sie durch verschlüsselte Botschaften benachrichtigt. Im Gang steht das Grundwasser, die Flüchtlinge müssen auf Knien hindurch

Der Tunnel verläuft in zwölf Meter Tiefe unter der Mauer. Den Höhenunterschied haben die Helfer im Westen durch einen Aufzugsschacht überbrückt. Eine Motorwinde zieht die Flüchtlinge darin auf einer Schaukel hoch

rühren sich nicht. Und der Schlagbaum ist geöffnet: Stein hatte sich kurz zuvor aus der Kneipe geschlichen und Hauptmann Bömer informiert.

Etwa 100 Meter hinter dem weißen Grenzstreifen hält der Wagen vor einer Vopo-Baracke. Die Autotür wird aufgerissen, zwei Männer zerren Sommerlatte heraus.

Niemand spricht mit ihm. Aber in der Baracke hört er einen Polizisten ins Telefon sagen: „Wir haben den Vogel!"

Jetzt erst begreift er: Der Flug nach Westdeutschland am folgenden Tag wird ohne ihn starten.

Das Ministerium für Staatssicherheit feiert Sommerlattes Entführung als großen Erfolg. Längst hat sich die Stasi von der Demütigung des 17. Juni 1953 erholt, als sie vom Volksaufstand gegen die SED überrascht wurde.

Unter Erich Mielkes Leitung ist das MfS zum mächtigsten Ministerium der DDR geworden, seine Staatsanwälte können frei ermitteln. Mielkes Apparat erhält gigantische Mittel. Denn die Stasi hat nur einen Auftrag: Sie soll Gegner der SED so früh wie möglich aufspüren. Und vernichten.

Unaufhörlich arbeitet das MfS daran, sein Überwachungsnetz dichter zu knüpfen. Seit dem Aufstand von 1953 hat sich die Zahl der hauptamtlichen Stasi-Mitarbeiter auf rund 20 000 beinahe verdoppelt. Sie arbeiten in der Berliner Zentrale, einem riesigen Gebäudekomplex an der Normannenstraße, in dem auch eine eigene Poliklinik, Geschäfte für die Mitarbeiter und Waffenkammern untergebracht sind. Sowie in den 15 Bezirksverwaltungen und mehr als 200 Kreisdienststellen, die das gesamte Land überziehen.

In der Berliner Zentrale sind diverse Hauptabteilungen eingerichtet. So verantwortet die HA II die Spionageabwehr: Ihre Mitarbeiter sollen etwa ausländische Geheimagenten in der DDR aufspüren. Die HA III infiltriert zur „Sicherung der Volkswirtschaft" die Betriebe, die HA XX ist unter anderem für die Kontrolle der Kirchen zuständig, um „politische Untergrundtätigkeit" aufzudecken und zu bekämpfen.

Nur absolut linientreue SED-Genossen können hauptamtliche Stasi-Mitarbeiter werden und dann systematisch Informationen über DDR-Bürger beschaffen. Alle öffentlichen Einrichtungen, darunter Polizei, Justizbehörden, Krankenhäuser, Banken, Schulen, Sportvereine und auch Betriebe, müssen ihnen Einblick gewähren.

Vor allem aber führen sie eine riesige Reserve von Inoffiziellen Mitarbeitern. Das sind Spitzel, die der Stasi regelmäßig über Kollegen, Freunde, Familie berichten.

Rund 100 000 Informanten arbeiten 1961 für die Stasi. Die Führungsoffiziere wählen einen potenziellen IM sorgfältig aus – etwa weil er Kontakt zu einem bestimmten Verdächtigen hat oder in einem Betrieb arbeitet, in dem das MfS die Stimmung der Belegschaft aushorchen will.

Die Stasi-Offiziere sind darauf geschult, ihren Kandidaten mit der richtigen Strategie zu werben: Sie locken die Gierigen mit Geld oder beruflichen Vergünstigungen. Sie schmeicheln den Geltungssüchtigen. Und sie setzen jene, die sich sträuben, unter Druck – etwa mit der Drohung, beruflich nicht mehr weiterzukommen (siehe Seite 101). Doch auch politische Überzeugungen können ein Grund sein, IM zu werden.

Doch der Einsatz der Stasi endet nicht an der innerdeutschen Grenze. Auch im Westen führt die Geheimpolizei der SED den Kampf gegen den „Klassenfeind". Denn jeder Widerstand, jede Unruhe in der DDR, so glaubt die SED-Führung, werde vom Westen gesteuert.

Neben den Agenten des DDR-Auslandsgeheimdienstes, der „Hauptverwaltung Aufklärung", die klassische Spionagearbeit leistet und unter anderem westdeutsche Militärverwaltungen, Politikerbüros, Forschungseinrichtungen und Unternehmen mit Agenten infiltriert, arbeiten zahlreiche weitere Menschen im Westen für das MfS.

Und manchmal versucht die Stasi sogar, in Westberlin oder der Bundesrepublik lebende Gegner der SED in die DDR zu entführen. So zerren vom MfS angeheuerte Kriminelle im Sommer 1952 den DDR-kritischen Juristen Walter Linse im Westberliner Stadtteil Lichterfelde am hellen Tag brutal in ein Auto. Er wird gut ein Jahr später von einem sowjetischen Militärgericht zum Tode verurteilt und in Moskau per Genickschuss hingerichtet.

Und als Gerd Sommerlatte im Herbst 1961 gekidnappt wird, reden die Berliner noch immer über den einst aus der DDR geflohenen Oppositionellen Heinz Brandt. Den hat eine Stasi-Mitarbeiterin im Juni 1961 in eine Wohnung in Westberlin gelockt, wo ihn weitere Agenten betäubten und anschließend in die DDR verschleppten.

Weltweit protestieren Menschen gegen die Gewaltaktion. (Die SED wird sich 1964 dem internationalen Druck beugen und Brandt freilassen.)

Etwa 400 Menschen werden zwischen 1945 und 1961 aus Westberlin und der Bundesrepublik verschleppt oder entführt und teils in Schauprozessen, teils unter Ausschluss der Öffentlichkeit verurteilt. Soldaten kommen für Jahre ins Gefängnis. Geflohene hauptamtliche Mitarbeiter des MfS werden zu langjährigen Zuchthausstrafen verurteilt – und manchmal sogar zum Tode.

Jeder Mitwisser ist ein **RISIKO,** *jeder Tunnel ein* **WAGNIS**

„Aktive Maßnahmen" nennt die Stasi diese gewalttätigen Aktionen. Dafür sucht sie stets nach Schergen: Nur wenige besitzen die Kaltblütigkeit, einen Menschen zu entführen.

Wolfgang Stein hat sie bewiesen. Und während sein Komplize Heinz Peters in Gesprächen mit Stasi-Offizieren zu verstehen gibt, von nun an ein ruhiges Leben in der DDR führen zu wollen, zeigt sich Stein an einer weiteren Zusammenarbeit mit dem MfS interessiert. Ein „Lebensziel" sei es ihm geradezu, behauptet er.

Möglich, dass ihn die Vorstellung eines Agentenlebens reizt. Vor allem aber sieht er wohl die Vorteile: Bei Einsätzen in Westberlin könnte er weiterhin seine Familie im Osten sehen und bräuchte trotzdem nicht auf das bunte Leben jenseits der Mauer zu verzichten.

Doch taugt er zum IM? Zwei Führungsoffiziere sollen seine Eignung prüfen: Oberleutnant Harald Neumann* und Hauptmann Gerhard Prinz*. In mehreren Gesprächen erfahren sie sein wichtigstes Motiv: den Wunsch, „auf verhältnismäßig schnellem Wege in Besitz eines Pkw zu gelangen".

Dann lassen sie ihn eine Woche lang sehr genau beobachten. Sie wollen ausschließen, dass er womöglich als westlicher Spion in die DDR zurückgekommen ist. Gleichzeitig soll er in der Ostberliner Halbwelt erste Aufgaben für das MfS erledigen, sich etwa das Vertrauen von Währungsspekulanten und Prostituierten erwerben.

In einem zusammenfassenden Bericht stellen Steins Offiziere ihm anschließend ein gutes Zeugnis aus: „Charakterisierend für seine Person ist, dass er zur Erreichung seiner persönlichen Vorteile vollkommen skrupel- und gewissenlos auftritt und dies auch ohne Umschweife zugibt."

Wolfgang Stein hat die Prüfung bestanden und erhält einen Decknamen, den er sich wie die meisten Spitzel wohl selber wählt. Die Stasi legt eine Akte mit dem Titel „Vorgang IM Lord" an. Steins Frau wird fortan monatlich 300 Ost-Mark von der Stasi erhalten.

Kurz darauf schickt ihn das MfS nach Westberlin, wo er „die Staatsorgane der Deutschen Demokratischen Republik bei der Rückführung von desertierten Angehörigen der bewaffneten Kräfte" zu unterstützen hat. Der Entführer soll also wieder Kidnappings vorbereiten. Eine konkrete Zielperson aber gibt es noch nicht.

Damit er im Westen weiter unter seinem richtigen Namen als DDR-Flüchtling auftreten kann, inszeniert die Stasi auch seinen erneuten Grenzübertritt als Flucht. Keinen Monat nach Sommerlattes Entführung schneidet IM Lord am 28. Oktober 1961 um 19 Uhr noch einmal den Stacheldraht zwischen den Sektoren durch.

Sein Führungsoffizier Neumann notiert: „Er zeigte sich erfreut, dass endlich sein Einsatz gekommen war."

Doch Stein wird schnell verhaftet. Die Westberliner Behörden verdächtigen ihn: Seit Sommerlatte an jenem Abend vor „Ellis Bierbar“ in Steins Auto gestiegen ist, hat niemand den Entführten mehr gesehen. Die Aussage des an der Entführung unbeteiligten vierten Mannes sowie weiterer Augenzeugen, die den Grenzdurchbruch beobachtet haben, führen zu einer Anklage.

Stein sagt vor Gericht aus, Sommerlatte habe den Wagen unmittelbar vor dem Grenzübertritt verlassen. Er und Peters hätten in die DDR zu ihren Familien zurückkehren wollen. Inzwischen aber habe er es sich anders überlegt und wolle doch in Westdeutschland leben.

Die Entführung kann ihm nicht nachgewiesen werden. Das Verfahren wird eingestellt.

Nach fünf Wochen kommt er frei.

In der DDR wird Gerd Sommerlatte am 20. Februar 1962 wegen Spionage und Fahnenflucht zu zehn Jahren Zuchthaus verurteilt. „Das Verhalten des Angeklagten ist von außerordentlich hoher Gesellschaftsgefährlichkeit“, heißt es in seinem Gerichtsurteil: „Gemein, hinterhältig, feige und verlogen verriet er sein Vaterland und unterstützte die Feinde des deutschen Volkes bei ihren verbrecherischen, kriegstreiberischen Machenschaften.“

In diesen Tagen Ende Februar 1962 verhaftet das MfS eine Gruppe weiterer Flüchtlinge: Boris und Eduard Franzke haben von der Westseite aus gemeinsam mit einem weiteren Helfer einen Tunnel unter der Mauer gegraben, um ihre Mutter, Eduards Frau, seine Kinder und mehrere Freunde aus Ostberlin herauszuholen. Doch noch bevor sie sich im Haus auf der Ostberliner Seite treffen konnten, schlug die Stasi zu und verhaftete alle Fluchtwilligen. Boris und Eduard Franzke sowie deren Helfer aus dem Westen zogen sich gerade noch rechtzeitig durch den noch nicht ganz fertigen Tunnel zurück.

Seit dem Mauerbau haben Westberliner Fluchthelfer bereits acht Tunnel gebaut, um Verwandte oder Freunde aus der DDR zu holen. Mehr als 60 Menschen sind so schon geflohen.

Aber diese Art der Fluchthilfe ist extrem gefährlich. Da ist zum einen die Angst, während des Grabens der mindestens zweieinhalb Meter tief liegenden und 20 Meter langen Gänge verschüttet zu werden (allerdings können die Tunnelbauer dieses Risiko beträchtlich verringern, indem sie möglichst in lehmigem Boden graben; dort müssen Gänge nicht einmal abgestützt werden).

Doch noch viel mehr als Einbrüche fürchten Helfer und Flüchtlinge die Stasi. Denn das DDR-Regime verfolgt den Tunnelbau unter der Mauer als schwerwiegendes Verbrechen.

Das MfS versucht daher nicht nur Fliehende aufzuhalten – sondern darüber hinaus die Tunnelbauer im Westen aufzuspüren, im Osten zu verhaften und vor ein DDR-Gericht zu stellen.

Auch die Brüder Franzke vermuten, dass ein Stasi-IM in Westberlin ihr Tunnelprojekt verraten hat.

Die Fluchthelfer **FÜRCHTEN** *Tunneleinbrüche – und die* **STASI**

Ihr Stollen ist nicht der erste, der entdeckt worden ist. DDR-Grenzer beobachten unablässig die Westseite der Demarkationslinie: Betreten oder verlassen plötzlich mehr Menschen als üblich ein bestimmtes Haus? Werden Werkzeuge angeliefert, sind gar größere Mengen Erdaushubs zu sehen?

Vor allem aber hat ein solches Fluchtprojekt viele Mitwisser. Denn die Tunnelbauer sind unter anderem auf Kuriere angewiesen, um nicht aufzufallen: Rund zwei Wochen lang verlassen sie möglichst nicht das Haus, in dessen Keller der Eingang zum Fluchtstollen liegt. Die Kuriere haben auch die Aufgabe, vor Beginn eines neuen Projektes in Ostberlin zu recherchieren. Sie informieren die Tunnelgräber etwa über den günstigsten Weg der Fluchtwilligen zu den ausgewählten Gebäuden nahe der Mauer.

Nach den Verhaftungen werden Boris und Eduard Franzke vorsichtig. Nur engste Familienmitglieder kennen fortan die Adresse der Wohnungen, in denen sie leben – und auch das immer nur vorübergehend, ohne dort gemeldet zu sein. Sie planen bereits ihren nächsten Tunnel und sind abgetaucht, um sich vor der Stasi zu schützen.

Deren Spitzel Wolfgang Stein baut sich nach seiner Entlassung aus der U-Haft im Februar 1962 eine Tarnung auf. Er nimmt sich ein Zimmer, findet Arbeit als Vertreter für Elektrogeräte. Und er genießt seine Freiheit: IM Lord beginnt gleich mit mehreren Frauen Affären.

Wie zwischen hauptamtlichen und informellen Stasi-Mitarbeitern üblich, trifft Stein seine Führungsoffiziere regelmäßig. Dafür hat er einen rosafarbenen Ausweis erhalten. Wenn er den an der Mauer vorzeigt, lassen ihn die Grenzer ohne weitere Fragen passieren.

Am 17. März 1962 bekommt IM Lord einen schriftlichen Auftrag: Er soll „in verhältnismäßig kurzer Zeit Kontakt zu den Gebrüdern Franzke herstellen, mit denselben Zechgelage veranstalten, Vertrauensverhältnis herstellen, um zu einem noch festzulegenden Zeitpunkt die Überführung in den demokr. Sektor durchzuführen“.

Noch im März erhält Boris Franzke einen Anruf seiner Schwägerin: Ein ihr unbekannter Mann, der sich „Fredy“ nenne, habe sich bei ihr nach ihm erkundigt und wolle ihn sprechen.

Franzke solle, so die Bitte des Fremden, am selben Tag gegen 22 Uhr in die Kneipe „Zur alten Biene“ am Gesundbrunnen kommen.

Woher kennt der Unbekannte die Adresse von Franzkes Schwägerin? Woher weiß er, dass die „Biene“ zu Franzkes Stammlokalen gehört?

Aus Neugier trifft sich der Fluchthelfer trotz seines Unbehagens mit „Fredy“. Auf Franzkes Fragen antwortet der Fremde, er habe die Adresse der Schwägerin und den Namen der Kneipe im November 1961 im Flüchtlingslager Marienfelde erfahren. Dort habe er auch von Franzkes Tunnelprojekt gehört.

Jetzt weiß Franzke, dass der Mann lügt: Im November 1961 hat er an einen Tunnelbau noch gar nicht gedacht.

Und die „Biene“ hat er damals auch noch nicht besucht.

Helfer bugsieren am Ausgang des »Tunnels 57« den provisorischen Aufzug über sicheren Boden. Ein Flüchtling nach dem anderen wird nach oben gehievt: 23 Männer, 31 Frauen und drei Kinder erreichen bis zum 5. Oktober 1964 den Westen

Ein Mann umarmt seine Schwester. Um sie in den Westen zu holen, hat er ein halbes Jahr lang immer wieder unter Tage geschuftet. Nun ist sie in Sicherheit. Alles läuft nach Plan – bis Grenzpolizisten im Osten den Tunnel entdecken

Der Eingang zu »Tunnel 57« ist in einem Toilettenhäuschen (1) im Hinterhof der Strelitzer Straße 55 verborgen. Die Flucht führt auf 145 Metern unter der Mauer (2) hindurch. Der Ausgang liegt im Keller (3) der Bernauer Straße 97 in Westberlin

Die Geschichte, die „Fredy" ihm erzählt, gleicht jener Legende, mit der schon Gerd Sommerlatte überlistet wurde: Er wolle seine Familie in den Westen holen und suche nach geeigneten Fluchtstellen entlang der Grenze. Ob Franzke ihm dabei helfen könne?

Der Tunnelbauer gibt ausweichende Antworten.

Am Abend des 4. April klingelt es in der Akazienstraße 21, einer der geheimen Wohnungen Franzkes – einer Adresse, die kein Fremder kennt. Vor der Tür steht „Fredy": Er wolle jetzt auf eigene Faust einen Tunnel graben und sei auf der Suche nach einem günstigen Ort, behauptet er diesmal.

Er bedrängt den Fluchthelfer, in sein Auto zu steigen und mit ihm die Grenze abzufahren. Am besten sofort.

Spätestens jetzt ist Franzke davon überzeugt, es mit einem Stasi-Mitarbeiter zu tun zu haben. Die Adresse in der Akazienstraße, den Namen seiner Stammkneipe, die Anschrift seiner Schwägerin: Franzke ahnt, dass „Fredy" all diese Informationen vom MfS erhalten hat. Er verabredet sich mit „Fredy" für einen der folgenden Abende in seiner Wohnung – und kontaktiert den westdeutschen Staatsschutz.

„Gehen Sie auf seine Vorschläge ein", schlägt der Beamte vor. „Wenn er kommt, rufen Sie uns sofort an, dann sind wir da."

Wolfgang Stein wiederum berichtet seinem Führungsoffizier von der Verabredung. In einem „Plan der operativen Maßnahmen zur Schleusung des beschuldigten Franzke, Boris" vom 5. April 1962 halten die Stasi-Mitarbeiter das weitere Vorgehen für „IM Lord" fest. Mit Stein studieren sie die Straßenkarte.

Der IM erhält einen detaillierten Auftrag zur Entführung: Er soll Franzke zwischen 18.30 und 20.00 Uhr „zu einer Besichtigungsfahrt an die Staatsgrenze einladen". Am vereinbarten Ort soll er anhalten. „In diesem Moment erfolgt seitens des Ministeriums für Staatssicherheit die Festnahme des Franzke. Hierzu erhalten Sie den Auftrag, in dem Moment, in welchem der Franzke die Gefahr für seine Person erkennt, sich unverzüglich auf ihn zu werfen, wobei Sie ihn an seiner Bewegungsfreiheit hindern müssen."

Als Stein am verabredeten Abend die Wohnung betritt, ruft Eduard Franzke von einer nahe dem Haus gelegenen Telefonzelle aus den Staatsschutz an. Wenig später öffnet sein Bruder zwei Beamten die Tür. Einer zeigt ihm ein Foto von jenem Mann, der gerade bei ihm auf dem Sofa sitzt.

„Ist er das?", fragt der Polizist.

Franzke bejaht.

„Das", sagt der Beamte, „ist eines der größten Schweine, die hier rumlaufen."

Stein wehrt sich nicht, als die Polizisten ihn mit seinem richtigen Namen ansprechen. Er steht auf und lässt sich Handschellen anlegen. Der Stasi-IM kommt in Untersuchungshaft. Doch lässt sich nicht beweisen, dass er Kontakte zum MfS unterhält und Franzkes Entführung geplant hat. Erneut kommt Wolfgang Stein frei.

Trotzdem ist der Spitzel dem MfS für einen weiteren Einsatz in Westberlin zu belastet. Stein wird nach Düsseldorf versetzt, wo er Informationen über einen fahnenflüchtigen NVA-Offizier sammeln soll. Diese Aufgabe erfüllt er aber „nur teilweise", wie sein Führungsoffizier notiert. Er beordert Stein daraufhin zurück nach Berlin.

Im Juni 1963 teilt er IM Lord mit, dass seine Zeit im Westen vorbei sei. Stein lehnt die Übersiedlung in die DDR zunächst ab, stimmt dann zu, hält die Führungsoffiziere hin, will wenigstens seinen Mercedes mitnehmen.

Die Stasi-Leute verlieren die Geduld: Am 28. September, 10.00 Uhr, solle er sich im „demokratischen Berlin" einfinden. Stein aber hofft auf einen zweiten großen Coup. Brächte er einen Deserteur in seinem eigenen Wagen über die Grenze, so glaubt er noch immer, könnte er wenigstens das Auto behalten.

Am Abend des 14. September betritt Stein jenen Imbiss gegenüber dem Notauffanglager Marienfelde, in dem er knapp zwei Jahre zuvor Gerd Sommerlatte angesprochen hat. Zufällig trifft er dort einen alten Bekannten, den er schon 1961 im Lager kennengelernt hat: den DDR-Flüchtling Karl Meister*. In Steins Mercedes fahren sie von Kneipe zu Kneipe.

„Hast du nicht Lust, ein Ding mitzumachen?", fragt Stein schließlich.

Meister sieht ihn erstaunt an. „Ist es etwas mit der Grenze?", fragt er.

„Vielleicht!", antwortet Stein.

Meister vermutet, es handele sich um Fluchthilfe. Ob es um eine Tunnelaktion gehe, fragt er.

„Nein, ich mache das mit meinem Wagen", antwortet Stein. Er interessiere sich besonders für Personen, die fahnenflüchtig geworden seien.

Jetzt versteht Meister: Stein will keinem DDR-Flüchtling helfen, sondern einen Deserteur über die Grenze zurückbringen. Er erinnert sich sofort an

Gerd Sommerlatte, über dessen Verbleib man im Lager gerätselt hatte. War nicht Stein verdächtigt worden, Sommerlatte entführt zu haben?

Karl Meister beschließt, Stein eine Falle zu stellen. 500 D-Mark verlangt er für seine Mithilfe. Stein verspricht ihm das Geld sowie einen Passierschein zum problemlosen Dauerpendeln über die Grenze. Arglos breitet der Stasi-IM seinen Plan vor dem vermeintlichen Komplizen aus: Das Opfer – das es noch auszuwählen gilt – solle zu einer Schnapstour eingeladen werden.

Unter dem Vorwand, noch Mädchen zu besuchen, würden sie in ein Waldstück fahren. Beim Aussteigen solle Meister das Opfer besinnungslos schlagen und es im Kofferraum des Mercedes verstecken. Dort liege auch ein Sack bereit, um ihn dem Ohnmächtigen über den Kopf zu stülpen.

Er kenne einen geflohenen Grenzpolizisten, lügt Meister. Noch in der gleichen Nacht fahren sie zu dem Wäldchen nahe der Grenze, wo Stein den Überfall plant. Um den Ablauf zu proben, legt er sich sogar in den Kofferraum seines Wagens. Am folgenden Mittag will er sich mit Meister treffen.

Stattdessen warten morgens früh um 9.00 Uhr Polizisten auf ihn; er wird festgenommen und vor Gericht gestellt. Dieses Mal reichen die Beweise gegen ihn aus. Angesichts der Zeugenaussage Meisters wird auch Gerd Sommerlattes Entführung noch einmal vor Gericht verhandelt – zu offensichtlich sind die Parallelen. Stein gesteht.

Im Dezember 1964 wird er wegen der Entführung Gerd Sommerlattes zu sechs Jahren Zuchthaus verurteilt.

Dass IM Lord aufgeflogen ist, erfährt das MfS offenbar aus der Zeitung. Hauptmann Harald Neumann muss dazu eine Stellungnahme an seinen Vorgesetzten verfassen.

Stein sei „schwer zu führen“ gewesen, schreibt der hauptamtliche Stasi-Mitarbeiter. Die Akte „IM-Vorgang Lord“ wird geschlossen und kommt ins Archiv.

Sie umfasst am Ende 464 Blatt.

Zu diesem Zeitpunkt sitzt Gerd Sommerlatte noch in einem Zuchthaus in Brandenburg. Seine Bewacher foltern ihn mit Dunkelhaft, manchmal drei Wochen lang. 1965 wird er von der Bundesrepublik freigekauft.

Die Hochphase der Entführungen ist da bereits vorbei. Denn die offene Gewalt der Stasi gegenüber Regimegegnern jenseits der Mauer – wie etwa die Entführung und Ermordung des Juristen Walter Linse – hat dem Ansehen der DDR enorm geschadet.

Der geheime Kampf ist aber nicht beendet. Weiterhin lässt die Stasi politische Gegner überwachen. Und ab Mitte der 1960er Jahre bekämpft das MfS sie auf subtilere Weise als zuvor. Besonders missliebige Feinde werden nun Opfer der „Zersetzung“: Die Stasi versucht, ihre Gegner unter anderem mit Gerüchten im Arbeitsumfeld, Freundes- oder Verwandtenkreis zu diskreditieren, zermürbt sie mit nächtlichen Telefonanrufen und anderen psychologischen Mitteln, oft bis zum seelischen Zusammenbruch.

Auch die Zeit der Fluchttunnel ist 1965 bereits fast zu Ende. Die immer besser ausgebauten Grenzanlagen machen eine unterirdische Flucht nun nahezu unmöglich, die Konstruktionen werden immer aufwendiger und damit teurer. Das dazu nötige Geld aber haben die Tunnelbauer, meist Studenten, nicht.

Auch stößt die Stasi durch jeden entdeckten Fluchtstollen auf besonders „tunnelgefährdete Gebiete“, die dann verstärkt kontrolliert werden, etwa durch Abhörsonden im Boden. Zudem distanzieren sich Westberliner Behörden und Politiker zunehmend von den Tunneln, denn gerade verhandeln sie mit der DDR über ein Passierscheinabkommen, da stören die halblegalen Aktionen nur die Diplomatie.

Wohl mindestens 254 Menschen sind seit 1961 unter der Mauer hindurch in die Freiheit gekrochen.

*

Boris Franzke wird nach seinem Zusammentreffen mit IM Lord noch ein weiteres Mal verraten. Am 14. November 1962 ist der längste Tunnel fertig, den er und sein Bruder zusammen mit drei weiteren Helfern bis dahin gegraben haben. Kurz bevor sie auf der Ostseite herausklettern wollen, hören sie einen knappen Befehl: „Zünden!“ Sofort tauchen sie ab, kriechen hastig zurück.

Doch es kommt zu keiner Explosion: Franzke entgeht einem Sprengstoffattentat des MfS auf seinen Tunnel.

Dass der Anschlag misslang, liegt daran, dass jemand das Zündkabel durchgeschnitten hat, wie die Stasi später herausfindet. Fieberhaft fahndet das MfS nach dem Saboteur – und Lebensretter Franzkes – aus den eigenen Reihen. Doch der Stasi-Mitarbeiter, dem der Tunnelbauer sein Leben verdankt, wird nie gefunden.

Noch heute sucht Boris Franzke nach diesem Mann, den er einen „wahren Helden“ nennt.

Wolfgang Stein kommt im Mai 1969 frei. Er beginnt ein neues Leben in Lübeck und spricht nicht mehr über seine Zeit als IM Lord.

Gerd Sommerlatte macht nach dem Mauerfall in seinen Stasi-Akten Siegfried Bömer ausfindig – jenen MfS-Hauptmann, der Stein und Peters im September 1961 an der Grenze aufgefordert hatte, einen Deserteur zu entführen.

1998 wird Bömer wegen Anstiftung zur Freiheitsberaubung zu sechs Monaten auf Bewährung verurteilt.

Doch eine Geste bedeutet Sommerlatte mehr als das Urteil: Der einstige Stasi-Hauptmann entschuldigt sich – aber nicht öffentlich, vor dem Richter, wo es für ihn von Vorteil gewesen wäre.

Erst draußen, vor dem Gerichtssaal, gibt er Gerd Sommerlatte die Hand. □

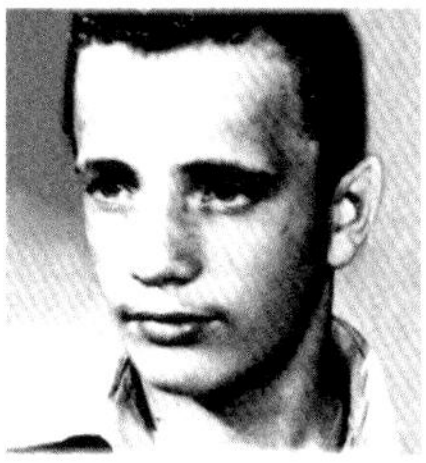

Stasi-Opfer: Gerd Sommerlatte (o.) wird 1961 in die DDR verschleppt, Boris Franzke (u.) kann sich wehren

---

Für diesen Artikel hat **Christina Schneider**, 38, zahlreiche Originaldokumente durchgearbeitet. Zudem konnte sie sich auf aktuellste Forschungen der Historikerin Susanne Muhle, 33, stützen. Die Mitarbeiterin der Gedenkstätte Berliner Mauer gewährte ihr nicht nur Einblick in ihre noch unveröffentlichte Doktorarbeit über die Stasi-Entführungen – sie vermittelte auch den persönlichen Kontakt zu Gerd Sommerlatte und Boris Franzke.

Gespräche mit dem Klassenfeind

Bundeskanzler Willy Brandt geht nach seiner Wahl 1969 auf den Ostblock zu, verhandelt mit Moskau – und auch die SED-Führung nimmt die Avancen an: Sie hofft auf die völkerrechtliche Anerkennung der DDR VON TIN FISCHER

Michael Kohl und Egon Bahr sehen keinen Ausweg. Seit zweieinhalb Monaten treffen sich die beiden Diplomaten aus Ost und West schon und führen Gespräche über gegenseitige Anerkennung, Grenzverkehr sowie Zusammenarbeit in Wirtschaft, Wissenschaft und Kultur.

Doch nun, Anfang September 1972, droht die vorsichtige Annäherung zu scheitern – zu gegensätzlich sind ihre Positionen.

Denn Kohl, DDR-Staatssekretär für westdeutsche Fragen, beharrt darauf, dass die Bundesrepublik die DDR völkerrechtlich anerkennt. Ein Schritt, den Egon Bahr, der SPD-Bundesminister für besondere Aufgaben, unmöglich gehen kann: Er würde gegen das Grundgesetz verstoßen, dessen Präambel die Wiedervereinigung fordert.

Offizielle Gespräche mit dem sozialistischen Teil Deutschlands sind für die meisten Politiker in der Bundesrepublik noch immer undenkbar. Selbst nur Kontakt mit den SED-Machthabern aufzunehmen galt lange als Kapitulation vor dem Weltkommunismus. Konrad Adenauer, der erste Bundeskanzler, und seine Nachfolger bestritten, dass die „Ostzone" überhaupt ein Staat sei.

Ein Beamter im Auswärtigen Amt formulierte 1955 eine Doktrin, nach der allein Bonn Deutschland im Ausland vertreten dürfe. Sollte ein Land diplomatische Beziehungen zur DDR aufnehmen, werde die BRD dies als unfreundlichen Akt werten und entsprechend reagieren, etwa mit dem Abzug des Botschafters. Tatsächlich wendet die Bundesregierung die Doktrin auch zweimal an; gegen Jugoslawien und Kuba.

Doch die Weltpolitik ändert sich: UdSSR und USA beginnen im Sommer 1963 eine vorsichtige Entspannungspolitik. Und in Berlin übernimmt SPD-Bürgermeister Willy Brandt die neue amerikanische Taktik des direkten Gesprächs: Noch im selben Jahr vereinbart er ein Abkommen, das Westberlinern ermöglicht, den Osten der Stadt zu besuchen.

Gemeinsam mit Egon Bahr formuliert Brandt eine Strategie, die sie „Wandel durch Annäherung" nennen. Die Politik der Stärke habe versagt, es sei aussichtslos, das SED-Regime zu stürzen. Stattdessen gelte es, die DDR wirtschaftlich zu unterstützen – in der Hoffnung, dass ihre Regierung dafür die Ein- und Ausreisepolitik lockert.

Denn die Grenze zum Westen ist seit dem Mauerbau 1961 dicht; auf Flüchtlinge wird geschossen. Einzig Rentner dürfen Verwandte in der Bundesrepublik besuchen. Zwischen Ost- und Westberlin gibt es keine Telefonleitung. Briefe und Pakete brauchen lange, bis sie auf der anderen Seite ankommen.

1969 wird Willy Brandt Kanzler und will seine Pläne für eine neue Deutschlandpolitik nun umsetzen. Dafür muss er zunächst die politische Realität im Osten Europas offiziell akzeptieren: In Verträgen mit Moskau und Warschau verzichten BRD, Sowjetunion und Polen auf Gewalt, die Bundesrepublik erkennt die polnische Westgrenze an.

DDR-Staatssekretär Michael Kohl (l.) und der Westdeutsche Egon Bahr handeln einen Vertrag aus, der zur Aufnahme beider Staaten in die Uno führt

Die Annäherung an die DDR beginnt Brandt mit Transit- und Verkehrsabkommen, die den Grenzverkehr regeln und Reiseerleichterungen für beide Seiten garantieren. Anschließend beauftragt er Bahr, mit der DDR einen Grundlagenvertrag auszuhandeln, der die „besondere Qualität" der deutsch-deutschen Beziehung hervorhebt, den Kontakt zwischen den Deutschen erleichtert und die Bindung Westberlins an die Bundesrepublik respektiert.

Die SED-Führung will umgekehrt vor allem, dass die DDR als Staat anerkannt wird.

ALS IM SEPTEMBER 1972 die Gespräche zwischen Michael Kohl und Egon Bahr stocken, schaltet sich Erich Honecker persönlich ein: Der SED-Chef will unbedingt die Einigung. Denn noch immer erkennt außerhalb des Ostblocks fast niemand diesen Staat an – und die USA sowie Westeuropa werden dies auch nicht tun, solange Bonn die Existenz des Nachbarn leugnet. Jenseits des Eisernen Vorhangs unterhalten nur Chile sowie einige afrikanische und asiatische Staaten diplomatische Beziehungen zum sozialistischen Teil Deutschlands.

Sollten die Gespräche scheitern, bliebe die DDR ein völkerrechtliches Provisorium von Moskaus Gnaden, ohne Botschaften im westlichen Ausland, ohne Vertretung in den Vereinten Nationen, ohne stabile Handelsbeziehungen außerhalb des Ostblocks.

Honecker zeigt sich daher in fast allen Fragen kompromissbereit, etwa beim kleinen Grenzverkehr und bei neuen Grenzübergängen. Auch beim schwierigen Thema Wiedervereinigung finden die beiden Seiten eine Lösung.

Egon Bahr kommt dem SED-Chef entgegen: In einem Schreiben, das dem Vertrag beigelegt wird, notiert er, die Bundesregierung halte am Ziel der deutschen Einheit fest. So kann Bahr später versichern, nicht gegen das Wiedervereinigungsgebot gehandelt zu haben, während Honecker darauf verweist, dass das gefürchtete Wort nicht Teil des Vertrages ist.

Im November einigen sich die beiden Unterhändler auf die Grundzüge des Abkommens – nach rund 60 Sitzungen und Hunderten von Verhandlungsstunden. Formal wird das Dokument am 21. Dezember unterzeichnet.

Der „Vertrag über die Grundlagen der Beziehungen zwischen der Bundesrepublik Deutschland und der Deutschen Demokratischen Republik“ markiert einen Wendepunkt: Erstmals erkennt Bonn an, dass die DDR ein souveräner Staat ist. Und das SED-Regime öffnet sein Land im Gegenzug vorsichtig dem Westen.

Die beiden Staaten vereinbaren „gutnachbarliche Beziehungen“, respektieren die Unabhängigkeit des anderen. Weil das aber keine völkerrechtliche Anerkennung bedeutet und die Bundesrepublik Einwohner der DDR weiterhin als deutsche Staatsbürger betrachtet, öffnen in Ostberlin und Bonn statt Botschaften nur „Ständige Vertretungen“.

Brandt und Bahr haben ihr Hauptziel erreicht: Nun können sich Deutsche auf beiden Seiten der Mauer leichter besuchen. Die Zahl der Zollstationen verdoppelt sich. Westdeutsche können fortan ohne größere Schwierigkeiten in die DDR reisen. Westjournalisten dürfen, wenn auch nie ganz ungehindert, aus dem östlichen Teil Deutschlands berichten. DDR-Bürger sehen nun Korrespondentenberichte aus ihrem Land, die der Propaganda widersprechen.

Und der SED-Staat erlaubt jetzt auch Jüngeren, zumindest zu Hochzeiten oder Beerdigungen ihre Verwandten im Westen zu besuchen – jedenfalls auf dem Papier. (Bis 1980 werden nur rund 42 000 Menschen im Jahr diese Erlaubnis tatsächlich erhalten.)

Auch Honecker feiert einen Triumph, denn auf die Einigung mit Bonn folgt die erhoffte internationale Anerkennung: Schon bald eröffnen die USA, England und Frankreich Botschaften in Ostberlin. Und bei der „Konferenz über Sicherheit und Zusammenarbeit in Europa“ 1973 in Helsinki sitzt Honecker gleichberechtigt neben dem neuen Bundeskanzler Helmut Schmidt.

Auch wenn dieses Plakat den angeblichen Sieg der kommunistischen Lehre feiert: Um 1970 ist die DDR international isoliert

Doch in der „Schlussakte von Helsinki“ muss sich Honecker unter anderem zur Gedanken-, Religions- und Reisefreiheit bekennen.

Oppositionsgruppen und Ausreisewillige werden sich fortan auf diese Unterschrift berufen.

Der Grundlagenvertrag löst daher eine Entwicklung aus, die die SED-Diktatur langfristig untergraben wird. Denn mit der Öffnung nach Westen kommen die Träume von Wohlstand und von einem besseren Leben.

Nichts aber fürchtet das Regime mehr als diese „Aggression auf Filzlatschen“ (so ein DDR-Minister über den sozialliberalen „Wandel durch Annäherung“). Daher baut Erich Honecker das Ministerium für Staatssicherheit massiv aus: Waren 1967 noch 33 000 hauptamtliche Mitarbeiter bei der Stasi angestellt, sind es 15 Jahre später bereits 81 500. Die Zahl der Inoffiziellen Mitarbeiter, also der Spitzel, wächst bis 1975 um 80 000.

Das Politbüro will außerdem verhindern, dass die DDR-Bürger den Vertrag als erstes Zeichen einer fernen Wiedervereinigung verstehen. „Die BRD ist imperialistisches Ausland“, stellt Honecker 1972 klar.

Gleichzeitig fördert die DDR-Führung nun massiv den Bau von Wohnungen und die Produktion von Konsumgütern, um mit den westlichen Verlockungen mitzuhalten – eine Entscheidung, die das Land freilich langfristig an den wirtschaftlichen Abgrund bringen wird.

Doch je länger die neue Freiheit gilt und je mehr Besucher aus dem Westen in die DDR kommen – bis 1973 sind es schon rund vier Millionen –, desto panischer reagiert das Regime. Westdeutsche Korrespondenten werden wieder ausgewiesen. Die Volkspolizei hindert DDR-Bürger daran, die Ständige Vertretung der Bundesrepublik zu betreten.

Und nach wie vor gilt an der Grenze der Schießbefehl.

Erich Honecker behält die Kontrolle über die Öffnung nach Westen. Dennoch kann er jene Entwicklung nicht mehr rückgängig machen, die mit dem Grundlagenvertrag begonnen hat: dass seine Bürger zunehmend die beiden Teile Deutschlands miteinander vergleichen.

Und dass eine kleine Gruppe unter ihnen anfängt, gleiche Rechte einzufordern von einem Staat, der international so behandelt werden will wie alle anderen. □

Tin Fischer, 30, ist Autor in Berlin.

GEO WISSEN
Den Menschen verstehen
NR. 52
Mütter
Wie sie uns *ein Leben lang* prägen
Konflikte
Frauen und ihre Mütter
Betreuung
Wie viel Mama braucht ein Kind?
Gesellschaft
Wie sich die Rollen ändern
Mutterliebe
Nicht mehr als ein Mythos?
GEO WISSEN
DVD
Geliebte Feindinnen?
Mütter und Töchter
Auch mit DVD erhältlich

LAND DER SPITZEL

Die fremden Autos vor dem Haus, die Wanze in der Steckdose, der erste Verdacht gegen eine Kollegin. Das Misstrauen. Die Angst. Die Verhaftung, der Schlafentzug, die Verhöre. Opfer und Täter erinnern sich an einen Überwachungsstaat, der zu allem bereit war, um sich vor den eigenen Bürgern zu schützen

Die Stasi – was war sie wirklich in meinem Leben? Sie hat mein Leben begleitet, solange ich denken kann. Damals hatte sie kein eigenes Gesicht. Ich kannte sie nur aus den ängstlichen, vorsorglich flüsternden Gesichtern meiner Eltern, als sie erörterten, ob sie in den Westen gehen sollten. Damals war ich acht Jahre alt.

Bärbel Bohley, 1945–2010, Bürgerrechtlerin

Im Februar 1980 lernte der „Inoffizielle Mitarbeiter" Donald mich kennen. „Donald" war zu dieser Zeit schon ein erfahrener Geheimdienstmann mit mehrjähriger Praxis. Ich merkte ihm nichts an. Für mich war er Knud, Sohn eines hochbegabten Professors, Kind einer interessanten Familie. Schon nach kurzer Zeit zog Knud-Donald in meine Wohnung, und wir machten alles nur noch gemeinsam.

Vera Lengsfeld (ehem. Wollenberger), Jg. 1952, in Oppositionsgruppen aktiv

Sie machten Druck, und ich hatte die Vorstellung, dass ich keinen schädigen würde. Mein Motiv war, das System zu verbessern.

Knud Wollenberger, 1952–2012, bespitzelte jahrelang seine Ehefrau Vera

Die IM müssen eine solche berufliche oder gesellschaftliche Position aufweisen und über solche spezifischen Persönlichkeitsmerkmale verfügen, die für die zu bearbeitenden Personen von Interesse sind; in der Lage sein, sich unauffällig ins Blickfeld der zu bearbeitenden Personen zu bringen, zu ihnen Kontakt herzustellen und ihr Vertrauen zu erwerben; den zu bearbeitenden Personen möglichst geistig ebenbürtig oder überlegen sein; mit den Grundregeln der Konspiration zur Bekämpfung des Feindes vertraut sein, die qualifizierte Arbeit mit operativen Legenden beherrschen und auf Überprüfungsmaßnahmen des Feindes richtig reagieren.

Richtlinie Nr. 1/76 des Ministeriums für Staatssicherheit (MfS)

In unserem Wohnhaus wohnte ein altes Ehepaar mit seinem knapp 60-jährigen Fräulein Tochter. Fräulein Richter galt als bemitleidenswert, geistig zurückgeblieben und harmlos. Niemand ahnte, dass sie Offizier der Staatssicherheit war. Ihre Berichte sind klar, präzise, ausführlich. Sie beschrieb meine Wohnungseinrichtung, meine Gewohnheiten, meinen Umgang mit den Hausbewohnern. Sie muss stundenlang auf der Lauer gelegen haben.

Vera Lengsfeld

Erst nach dieser Ausbildung begriff ich meinen besonderen Auftrag, bei der Stasi zu arbeiten. Man nahm schließlich nicht jeden. Dort konnte sich niemand bewerben, dort wurde man geworben. Ich war stolz darauf, zu den Auserwählten zu gehören.

ein Major des MfS

Ich hatte in meine Wohnung eine kleine Gruppe aus dem Ärztekreis, aus der ökologischen Gruppe, aus dem Frauenkreis und aus einer Friedensgruppe der Evangelischen Studentengemeinde eingeladen. Die Vertreter waren sorgfältig ausgewählt worden. Wir wollten ohne „Beschattung" unsere Situation und die nächsten Wege bedenken. Dazu geladen hatten wir zwei Vertreter des Evangelischen Konsistoriums, die uns beraten sollten. Dass ausgerechnet diese beiden als Inoffizielle Mitarbeiter arbeiteten – auf diesen Gedanken wären wir nie gekommen.

Helmut Hartmann, Jg. 1932, lange Superintendent der Evangelischen Kirche

Mir war es geglückt. Ich warb einen Pfarrer zum Inoffiziellen Mitarbeiter. Welch ein Gewinn für unsere gesamte Abteilung! Im Zusammenhang mit dem großen Einfluss der Kirche auf die Entwicklung in unserer Stadt war es dringend nötig geworden, entsprechende „Quellen" zu schaffen. Ein schwieriges Vorhaben, denn aus politisch-ideologischer Überzeugung ließ sich niemand anwerben. Plötzlich bot sich die sexuelle Abnormität eines Pfarrers an. Er fühlte sich von minderjähriger, jungfräulicher Haut angezogen. Die Unterstufenlehrerin, der sich das Mädchen vertrauensvoll näherte, war eine Inoffizielle Mitarbeiterin. Er war eine „Spitzenquelle".

ein Major des MfS

Im September 1983 tauchten dann diese jungen Männer zum ersten Mal im Friedenskreis auf. Wir sahen auf den ersten Blick, dass sie von der Staatssicherheit kamen. Sie waren alle auf die gleiche Weise

„salopp“ gekleidet im sportlichen, volkseigenen Exquisit-Chic.

Vera Lengsfeld

Überall war das MfS dabei, denn die Möglichkeit einer feindlichen Handlung gegen Partei und Staat konnte hinter allem stecken. Wir wollten alles wissen, also mussten wir überall dabei sein.

ein Major des MfS

13.10 Uhr betrat „Wühler“ die Bahnhofshalle des Bahnhofs Friedrichstraße und stellte sich vor die Wechselstube hin. Er ging noch ein paar Schritte in die Mitte der Bahnhofshalle und stellte seinen Koffer und seine Tasche ab. Aus der Aktentasche nahm er ein Taschentuch, entfaltete es ganz und begann seine Brille zu putzen. Während er seine Brille putzte, schaute er sich die Menschen in der Bahnhofshalle an. 13.18 Uhr setzte „Wühler“ seine Brille auf, steckte das Taschentuch ein und hob sein Gepäck auf. Dann verließ er die Bahnhofshalle und ging zur GÜSt Bahnhof Friedrichstr. 13.20 Uhr verließ „Wühler“ über die GÜSt Friedrichstr. Bahnhof die Hauptstadt der DDR, Berlin, in Richtung Berlin (West).

Stasi-Bericht über den westdeutschen Journalisten Karl Wilhelm Fricke, Jg. 1929

Durch einen Mitarbeiter wurde festgestellt, dass Rathenow, Lutz, Deckname „Assistent“, seine äußere Erscheinung verändert hat. Er trägt jetzt eine Kurzhaarfrisur. Die Haarform ist glatt, mit angedeutetem Mittelscheitel. Des Weiteren hat er seinen Vollbart gestutzt. Diese Feststellung wurde durch unseren Mitarbeiter am 22. Juli 1987 getroffen.

Aktennotiz des MfS über den Schriftsteller Lutz Rathenow, Jg. 1952

Ruth Misselwitz begrüßte die Neulinge und schlug vor, dass wir mit einer Vorstellungsrunde beginnen würden. Eine solche Möglichkeit war in ihrer „Einführungsveranstaltung“ offensichtlich nicht besprochen worden, denn die meisten stellten sich mit dem Namen vor, den der erste genannt hatte: „Ich bin der Lutz.“ Wir tauften sie deshalb schon am ersten Abend „Luzies“.

Vera Lengsfeld

Ich bin damals aus dem Verlag rausgeflogen und in die Stasi-Arbeit voll eingetaucht. Natürlich war mein Rausschmiss aus dem Verlag fingiert.

Monika Haeger, Jg. 1945, spionierte Bärbel Bohley und Katja Havemann aus

So wurde Monika „Mädchen für alles“, zwei Tage in der Woche für 200 Mark im Monat. Nun hatte sie viel freie Zeit für unser Dissidententum, für das öffentliche und für das heimliche. Monika suchte und fand Familienanschluss. Wer hätte sie auch weggestoßen, die Eifrige mit ihrem schweren Schicksal! Niemand hat es gewusst: Monika war immer im Dienst.

Katja Havemann, Jg. 1947, engagierte sich in der Bürgerrechtsbewegung

Ich war vorher entwurzelt. Und die Stasi hat mir die Wurzeln gegeben. Ich konnte Tag und Nacht anrufen, dann hatte der Detlef Zeit für mich. Immer bin ich von außen, von oben geführt und gelenkt worden.

Monika Haeger

Es war ein Risiko, Freunden – oder Menschen, die man dafür hielt – zu vertrauen. Ich erwischte mich dabei, dass ich mich bei Menschen, die zu mir kamen, fragte, ob sie mitarbeiten wollten, Rat suchten, verzweifelt waren oder ob sie etwas vortäuschten, um mich auszukundschaften. Hinter jeder Aussage vermutete ich Lüge und Taktik.

Rainer Eppelmann, Jg. 1943, Pfarrer und Oppositioneller

Ich wurde in bar bezahlt. Immer zum 15. des Monats habe ich brav meine 700 Mark bekommen, später 900 Mark, und ich habe das quittiert und mit meinem Decknamen unterschreiben müssen.

Monika Haeger

N*atürlich haben sie auch versucht, mich zu kriegen. Das waren dann solche Formulierungen wie: „Meinen Sie nicht, es wäre besser, auf der Seite der Sieger zu stehen als auf der Seite der Verlierer? Und Sie werden immer verlieren, Herr Anderson.“*

Sascha Anderson, Jg. 1953, Schriftsteller, arbeitete als Inoffizieller Mitarbeiter (IM) für das MfS

Wir waren unfrei selbst in unserem beiläufigen Benehmen gegenüber Dritten. Wir blockierten selbst automatisch unsere Empfindungen, wir schränkten unsere Kontaktfreudigkeit ein, sobald uns ein Blick zu neugierig vorkam, eine Frage zu forschend, ein Interesse an unserer Person nicht ausreichend begründet. Wir führten weithin ein Austerndasein.

Günter Kunert, Jg. 1929, Schriftsteller, wurde jahrelang observiert

Wenn ein Spitzel einer ist, von dem die Stasi Informationen abgezogen hat, dann bin ich ein Spitzel. Wenn die Stasi alle Mittel genutzt hat, alle Zusammentreffen, alle Verhöre, die wir hatten, alle Telefongespräche, die sie abgehört hat, wenn sie das alles zu Berichten gemacht hat über andere Menschen, dann bin ich ein Spitzel gewesen. Ich habe alles gesagt, was ich wusste. Ich war in dieser Szene aktiv, und über diese Aktivitäten habe ich gesprochen.

Sascha Anderson

Ich habe gelernt, wie eine Wohnung konspirativ durchsucht wird. Was muss da nicht alles beachtet werden. Wochenlang ermittelten wir über die Nutzer der Wohnung oder des Hauses. Wir erstellten Listen, wer sich wo zu welcher Zeit befand, welche Gewohnheiten die Leute hatten. Der Mann arbeitete entweder in einem Betrieb oder zu Hause, die Frau kam in der Pause willkürlich in die Wohnung, um eingekaufte Lebensmittel abzustellen. Die Stundenpläne der Kinder, der Tagesablaufplan eines Kindergartens und die Telefone der Einrichtungen, sie mussten überwacht werden. Die Mitbewohner im Mietshaus oder die Nachbarn mussten gebunden und beobachtet werden, alles musste so echt wie möglich aussehen. Mit Karten, die Aufforderungen beinhalteten, brachten wir den Wohnungsnachbar aus dem Haus zu einer Angelegenheit in die Stadt, ins Rathaus oder zur Volkspolizei. Nichts durfte passieren, keiner durfte Verdacht schöpfen.

ein Major des MfS

Dass unser Telefon abgehört wurde, wussten wir. Wir hatten mal angerufen, bei einem Kollegen, und gesagt: „Morgen 8.30“, und wir haben gemerkt, ab sechs Uhr, da steht die Stasi vor der Tür, mehrere Autos. Von da an wussten wir, sie hören uns ab.

Hans-Peter Freimark, Jg. 1945, Pfarrer und Bürgerrechtler

Gegen 18.20 trifft Ulrich Plenzdorf mit einer Ute ein, die er als Nachwuchsautorin vorstellt. P. hat ein lautes Organ, und alle sprechen erst einmal durcheinander. Er sagt, dass er eigentlich von Berlin aus anrufen und sich anmelden wollte, hat aber keine Verbindung bekommen. L. meint, da werden wohl die Genossen auf der Leitung sitzen. Es werden Witze über das Abhören von Telefonleitungen gemacht. P. ist überzeugt, dass „die" das sowieso nicht alles auswerten, sondern speichern.

Abhörprotokoll aus der Wohnung des Schriftstellers Erich Loest (1926–2013)

Eine Steckdose neben meinem Schreibtisch war locker, und ich bat ein Gemeindemitglied, den ich als Bastler kannte, sie zu reparieren. Er stellte fest, dass die Dose in der Rückwand ein Loch hatte. Tatsächlich führte eine Leitung hinter die Dose in die Wand, und dort fanden wir einen kleinen Gegenstand, der mit Gips befestigt war. Ich hatte die erste Wanze in der Hand. Im Fuß einer Tischlampe fanden wir die zweite Wanze. Die dritte war am raffiniertesten untergebracht, im Radio.

Rainer Eppelmann

Die Autos sollten zeigen, wir sind da. Die kräftigen Typen, die uns in dichtem Abstand folgten, sollten uns und anderen zeigen, wir sind da. Ihr dürft euch in keinem Moment frei von uns fühlen. Das war wie ein Psychoterror, der einen in den Verfolgungswahn treibt.

Wolfgang Templin, Jg. 1948, Philosoph, erst IM des MfS, später Regimekritiker

Es gab keinen Quadratzentimeter in unserer Wohnung, den die Stasi nicht abgehört hatte. Darüber hinaus konnte sie belauschen, was in den Gemeinderäumen gesprochen wurde. Das bedeutete, dass die Stasi jedes seelsorgerische Gespräch – das auch in der DDR gesetzlich geschützt war – und jede Sekunde unseres Ehekonflikts bespitzelt hatte. Dass wir uns zum Vergnügen dieser Lauscher gestritten hatten, war eine schmerzliche Tatsache.

Rainer Eppelmann

In irgendeiner Nacht ertrage ich das mit zwei „Mitarbeitern" besetzte helle Auto vor meiner Haustür einfach nicht mehr. Ich renne die Treppe runter, aus der Tür, auf den Bürgersteig, reiße den Wagenschlag auf und rufe ins Dunkle: „Hier ist Halteverbot!" und knalle ihn wieder zu. Und als ich mit rasendem Puls wieder oben hinter der Gardine stehe, fahren sie tatsächlich davon, in ihrem weißen Lada.

Bärbel Dalichow, Jg. 1953, Filmwissenschaftlerin und Oppositionelle

Bewährte anzuwendende Formen der Zersetzung sind: systematische Diskreditierung des öffentlichen Rufes, des Ansehens und des Prestiges auf der Grundlage miteinander verbundener, wahrer, überprüfbarer und diskreditierender sowie unwahrer, glaubhafter, nicht widerlegbarer und damit ebenfalls diskreditierender Angaben; systemische Organisierung beruflicher und gesellschaftlicher Misserfolge zur Untergrabung des Selbstvertrauens einzelner Personen; zielstrebige Untergrabung von Überzeugungen im Zusammenhang mit bestimmten Idealen, Vorbildern usw. und die Erzeugung von Zweifeln an der persönlichen Perspektive; Erzeugen von Misstrauen und gegenseitigen Verdächtigungen innerhalb von Gruppen; Erzeugen bzw. Ausnutzen und Verstärken von Rivalitäten innerhalb von Organisationen durch zielgerichtete Ausnutzung persönlicher Schwächen einzelner Mitglieder.

Richtlinie Nr. 1/76 des MfS

Ihr „Zersetzungsplan" begann erst voll zu wirken, nachdem es der Staatssicherheit gelungen war, den Keil des Misstrauens in den Kern des Friedenskreises zu treiben. Als jeder jeden zu verdächtigen begann, war das der Anfang vom Ende. Der Staatssicherheit gelang es, die Freundschaft zwischen einigen von uns zu zerbrechen, uns zum Teil gegeneinanderzuhetzen.

Vera Lengsfeld

Ich habe mich gefreut, dass die Gruppe zersplittert war, dass wir die Feinde gespalten hatten. Damals war die Devise, mit allen Mitteln die Gruppen zu zerschlagen. Es sollte Verdacht gegen Einzelne gestreut werden und durch endlose Diskussionen die Arbeit gelähmt werden. Und in jede Gruppe, die sich abgespalten hatte, konnte die Stasi ihre Leute einbauen. Immer mehr.

Monika Haeger

Bei mir hörte das Telefon Tag und Nacht nicht mehr auf. Es meldeten sich Leute, die meine Telefonnummer aus Annoncen hatten, wo ich attraktive Kaufe- und Verkaufe-Offerten machte. Die kamen aber auch direkt angereist, standen vor der Tür. Die hatten sogar Karten in der Hand, die ich ihnen geschrieben hatte. Es gab Hunderte von Postkarten mit Schreibmaschine mit meiner gefälschten Unterschrift.

Wolfgang Templin

Mein Mann bekam eine Postkarte, ich glaube aus Österreich, die sehr schmutzig vom Inhalt her war, wo mein Mann beschimpft wurde, und die war so geschrieben, dass jeder, der die Karte in die Hand nahm, bis zum Postboten, sie auch lesen konnte. Das war auch eine Methode der Zersetzung, mit schmutzigen Briefen und Schriften jemanden schlechtzumachen.

Gisela Freimark, Jg. 1947, wie ihr Mann von der Stasi überwacht

Jedenfalls kam 'ne offene Karte, da konnte man schon auf der Adresse lesen: „Du homosexueller Kinderschänder." Es ging dann weiter, ich muss das so im Jargon sagen: „Sie werden dir in Leipzig den Schwanz abschneiden." So deutlich war das darauf. Und das war offen, dass es jeder lesen konnte. Es war ein Rufmord.

Hans-Peter Freimark

Mit dem Ziel, die Eheverhältnisse von Familie S. weitestgehend zu zerrütten und das Ansehen der Pastorin in der Gemeinde zu minimieren, wurde ein Bild des gehörnten Ehemannes mit einem entsprechenden Text in der Gemeinde in Umlauf gebracht. 1981 oder 1982 wurde der Pastorin S. ein Vibrator, versehen mit einem Begleittext, in dem auf das bekannte Unvermögen ihres Mannes verwiesen wurde, seine Frau zu befriedigen, zugeschickt. Der Zeitpunkt war so gewählt, dass er in seinem engsten Freundeskreis den Absender vermuten musste. Ziel dieser Maßnahme war es, Misstrauen und Zwistigkeiten zu säen.

Aktenvermerk des MfS

Kurz vor Weihnachten 1985 tauchten anonyme Briefe mit Schmuddelversen in der Gemeinde auf. In ihnen wurde wahrheitswidrig unterstellt, dass Evi ein intimes Verhältnis mit unserem damaligen Kir-

chenmusiker habe. Ein neuer Höhepunkt der Versuche der Stasi, uns zu zersetzen.

Rainer Eppelmann

Mit der Zielstellung, den Ruf von Eppelmann in der Gemeinde zu ruinieren, den Hass von Eppelmann und dem 2. Pfarrer der Gemeinde zu schüren und die Eheverhältnisse weiter zu verschlechtern, wurden Spottverse auf das Verhältnis von Eva Eppelmann und dem kirchlichen Mitarbeiter R. in mehreren Folgen über einen längeren Zeitraum in der Gemeinde in Umlauf gebracht. Zum Teil war der Charakter der Spottverse pervers und anzüglich.

Aktenvermerk des MfS

E*in Anlass für mein Misstrauen waren wöchentliche Besuche einer Frau Anfang 30. Sie hatte, wie sie erklärte, große Probleme mit sich und ihrem Leben. Aber irgendwann kam mir die Frage in den Kopf: Soll die Frau in Pfarrers Bett? Die junge Frau war tatsächlich ein IM. Die Stasi wusste durch ihre Abhöranlagen, dass es in meiner Ehe kriselte. Das hätte sich gelohnt, wenn es geklappt hätte.*

Rainer Eppelmann

*In Abstimmung mit der Abteilung IV wird ein weiblicher IM in das Blickfeld des *** geschoben. Durch entsprechende Aktivitäten des IM soll *** veranlasst werden, außereheliche Kontakte aufzunehmen. Das „Verhältnis" soll genutzt werden, kompromittierendes Material gegen *** zu schaffen, um die Ehe weiter zu zerrütten.*

Aktenvermerk des MfS

Als sie uns das Autorad gelöst haben, da war uns klar, dass sie also auch zu dem bereit wären. Ja, das hätte eine Katastrophe sein können, in mehrerer Hinsicht. Ich wäre vielleicht verletzt worden oder nicht mehr am Leben. Noch schlimmer war ja, wir fuhren Kinder und Jugendliche mit dem Auto, und wir fuhren Erwachsene mit dem Auto. Was wäre, wenn da jemand verletzt oder getötet worden wäre? Man kann das sich gar nicht vorstellen, was das bedeutet hätte. Ich wäre schuldig, es hätte mir niemand geglaubt, dass das Rad gelöst war.

Hans-Peter Freimark

Mit dem Ziel, die Mobilität von Pfarrer Eppelmann einzuschränken, wurde Zucker in den Tank von Eppelmanns Trabant gekippt und erfolglos der Versuch unternommen, zwei Reifen zu zerstechen. Ziel der geplanten Maßnahme war es, einen Unfall herbeizuführen, Verletzungen bzw. physische Vernichtung von Eppelmann wurden einkalkuliert. Hierzu wurden mehrere Varianten geprüft (Radmuttern lockern, in der Kurve Scheibe zerstören, vor der Kurve Spiegel aufstellen).

Aktenvermerk des MfS

Man konnte es irgendwie nicht fassen, zum Beispiel, als diese Mordankündigung auf unsere Kinder kam, wie sollten wir beweisen, dass dahinter die Stasi steckte? Das war gegen Abend ein Telefonanruf, ich ging ans Telefon, da war eine Stimme und die sagte: „In nächster Zeit werden eure beiden Mädchen nicht mehr leben."

Gisela Freimark

Und dann kriegte ich immer nur Anordnungen, ich musste nächsten Tag in mein Institut, der Direktor, der auch IM war, empfing mich. Er hat nur gesagt, dass ich jetzt hier keine Arbeit mehr habe, dass ich meine Bibliothek nicht mehr betreten darf und das Institut. Ich sei jetzt umbesetzt, in ein anderes Institut, da hätte ich mich morgen früh zu melden. Da hatte ich dann eine Vorgesetzte, die auch IM war, und im Nebenzimmer ein IM, schön umgeben, eingekuschelt von IMs, und dann hab ich dort meine Arbeit im dritten Glied gemacht.

Katrin Eigenfeld, Jg. 1946,
Bibliothekarin und Oppositionelle

Meine Bühnenansagen sind demonstrativ mitgeschrieben worden; es gab sortierte Zuhörer, vor allem in den vorderen Reihen, die während des Konzerts finstere Mienen zur Schau trugen und demonstrativ keine Hand rührten; es gab verabredete Feindseligkeit aus dem Publikum, die einem Bühnenkünstler die Arbeit unmöglich macht, die ihn kaputtmacht. Ich weiß jetzt, welche Unzahl von Möglichkeiten es gibt, Menschen zu entmutigen und zu deprimieren.

Manfred Krug, Jg. 1937, Schauspieler,
von der Stasi observiert

Die Gefühle der Ohnmacht und Wut, die mich immer wieder bei einem unmittelbaren Zugriff durch die Staatssicherheit übermannten, bekam ich das erste Mal am 17. April 1982. An diesem Tag sollte Robert Havemann in Grünheide beerdigt werden. Am Morgen wurde ich zu Hause abgeholt und für einen Tag festgenommen, um nicht an der Trauerfeier teilnehmen zu können. Man befürchtete zu Recht, dass seine Beerdigung gleichzeitig eine Demonstration Andersdenkender gegen die Staatsmacht werden würde. Ich war empört und wütend über diese Menschenverachtung, die sogar vor einem Toten nicht haltmachte.

Bärbel Bohley

„Also ich bin die Nächste." War mir völlig klar, und sie haben daraus keinen Hehl gemacht. Sie haben das bei diesen Zuführungen und Vernehmungen offen gesagt: „Wenn Sie sich nicht ab sofort an die Gesetze halten, sind Sie die Nächste." Dazu kommt, dass ich in meinem Institut im Universitätsbereich im Vorfeld oft zur Kaderabteilung bestellt wurde, und da saß die Stasi dann, und da wurden ganz massive, bedrohliche Gespräche mit mir geführt, wenn sie zum Beispiel wieder wussten, dass wir irgendwas planen, eine Unterschriftenaktion oder eine Demonstration.

Katrin Eigenfeld

Ich habe die drohende Verhaftung geahnt und mich vorbereitet. Belastendes Material weggebracht, Briefe geschrieben und versucht, meine Angst in den Griff zu bekommen. Die Bücher, die ich über Verfolgung, Haft und Isolation gelesen hatte, waren eine gute Schule.

Bärbel Bohley

Ich habe gewusst, es wird passieren, und hatte Vorkehrungen getroffen. Ich hatte ja einen 16-jährigen Sohn zu Hause und hatte dafür gesorgt, dass die Miete abgebucht werden konnte. Man baut sich kleine Vorsorgemaßnahmen. Aber eben im vollen Bewusstsein, die werden mich verhaften.

Katrin Eigenfeld

Ein lautes Geräusch, ich schrecke aus dem Schlaf. Als es noch einmal laut an die Wohnungstür klopft, springe ich hoch: Das sind sie! Draußen ist es stockdunkel, beim dritten Mal donnert es an die Tür. Mein Kopf, während ich hinausstolpere, gleicht einer Sirene. Ich öffne und habe eine Klappkarte vorm Gesicht: „Ziehen Sie sich an, Sie sind verhaftet!“ Ich bitte die Stasi-Beamtin, mich für einen Moment mit meiner Tochter allein zu lassen. Die Bitte wird abgelehnt. Wecke Nadja, so zärtlich es mir möglich ist. Lange braucht sie, um überhaupt zu begreifen, worum es geht, dann schmiegt sie sich wortlos an mich und weint. Ich mit. Diese Stunde ist eine der trostlosesten meines Lebens.

Freya Klier, Jg. 1950, Regisseurin, engagiert in der DDR-Friedensbewegung

Kaum habe ich das Haus verlassen, werde ich von hinten überfallen. Zwei Männer packen mich wortlos an den Armen und ziehen mich in einen heranrollenden Wartburg. Ich wehre mich nicht, schreie nicht. Die wenigen Passanten weichen aus, wollen nichts sehen. Der Fahrer gibt Gas. Ich sitze eingepfercht zwischen den zwei Kidnappern hinten. Schweigen. Herzrasen.

Bärbel Dalichow

Zwei Männer traten auf mich zu: „Zeigen Sie mal Ihren Ausweis.“ Bevor ich mich versah, hatte man mir schon den Ausweis entrissen. Einer war schon hinter mich getreten, riss meine Hände nach hinten. Handschellen schnappten zu. „Sie sind vorläufig festgenommen. Bei Widerstand schießen wir scharf.“ Ich wurde in einen alten EMW gezerrt und musste mich hinten zwischen zwei Leute zwängen. Einer von denen drückte meine gefesselten Hände nach hinten hoch, presste meinen Kopf zwischen die Knie, der zweite zog eine Wolldecke über mich.

Hans-Eberhard Zahn, Jg. 1928, Westberliner, wegen angeblicher Spionage verhaftet

Dann hält der Wagen in einer typischen Kleinbürgereinfamilienhausstraße an. Ich sehe ein paar Häuser entfernt einen alten Mann in Hauslatschen aus der Tür spähen. Und wirklich, er winkt sie heran. Ich lache bitter. Was für Menschen stellen der Stasi ihre Wohnung zur Verfügung, damit dort andere Menschen gequält werden, denke ich. In der Wohnung ein Verhörzimmer. Ein Tisch, Stühle, ein Tonband.

Bärbel Dalichow

Zum ersten Mal hatte ich Todesangst, als ich in dem fensterlosen Kastenwagen saß und in die Untersuchungshaftanstalt Magdalenenstraße transportiert wurde. Manchmal stand der Kastenwagen längere Zeit irgendwo. Ich war allein in dem dunklen Wagen und konnte nichts weiter hören als das Rauschen in meinen Ohren. Plötzlich hatte ich den Gedanken, dass jetzt der Wagen in einen See rollen oder von einem anderen Fahrzeug gerammt werden würde. Das schien mir die einzige Möglichkeit zu sein, das Problem zu lösen.

Bärbel Bohley

Mein Kopf steckte im Sack und zwischen den Knien. Ich konnte nichts sehen und musste warten. Derjenige, der rechts neben mir saß, stieg aus und ließ die Autotür offen. Dann geschah wieder nichts. Auf einmal riss mir der links von mir den Sack vom Kopf und etwa sechs bis acht kräftige Männerstimmen grölten: „Raus! Los! Kommse! Schneller!“, und ich wurde wie beim Viehtrieb einen Gang hinuntergetrieben. „Gesicht zur Wand“, „näher“, „Ja, so ist richtig! Hände auf den Rücken und die Beine auseinander. Weiter. So, das ist hier die Grundhaltung, die haben Sie hier immer einzunehmen.“ Ich stand an der Wand, allein in diesem Raum, und diese Grundhaltung hatte mich eingenommen.

Klaus Schulz-Ladegast, Jg. 1941, wegen angeblicher Spionage inhaftiert

Vor meinen Augen öffneten sich mehrere Tore. Ich drehte mich nicht um, weil ich nicht sehen wollte, wie sie sich schlossen und mich von der Welt trennten. Wenn die wollen, lassen sie dich für immer verschwinden, dachte ich. Dennoch hätte ich fast losgelacht, als mir ein Wachtmeister in breitem Sächsisch zu verstehen gab: „Sie haben Glück, Sie sind hier in einer Haftanstalt mit Weltniveau!“

Ingrid Vitzhum, Jg. 1947, nach zwei vergeblichen Fluchtversuchen verhaftet

Danach wurde ich zu einer Kammer geführt, in der ich mich bis auf die Haut ausziehen musste. Ich musste mich bücken und in die Grätsche gehen. Ein grinsender Posten schaute nach, dass ich in keiner Körperfalte noch etwas Persönliches versteckt hielt. Nach dieser Demütigung bekam ich Anstaltskleidung ausgehändigt, die ausschließlich Männerkleidung war.

Sigrid Paul, Jg. 1934, durch den Mauerbau von ihrem in einem Westberliner Krankenhaus liegenden Baby getrennt. Nach Fluchtversuchen inhaftiert

Nachdem ich Decken und Matratze über die Schulter geworfen hatte, umgab mich Modergeruch. Über eine steinerne Treppe ging es hinunter. 30 oder mehr Stufen. Mit jeder Stufe wurde der Geruch penetranter. Durch ein Gittertor wurde ich in den Keller geschoben. Feuchtkalte Stille umfing mich. Eine gespenstische Welt. Unterwelt.

Walter Janka, 1914–1994, als angebliches Mitglied einer staatsfeindlichen Gruppe verhaftet

In der linken Ecke stand ein Kübel für die Notdurft. Ein Blatt Toilettenpapier gab es am Tag und nichts weiter zum Waschen als morgens die Waschschüssel. Rasiert wurden wir alle drei bis vier Wochen mit der Haarschneidemaschine, geduscht wurde alle 20 Tage. Dann gab es auch mal frische Unterwäsche. Trotzdem begann ich zu stinken; denn den Unterkörper konnte ich weder morgens in den drei Minuten noch nach dem Stuhlgang waschen.

Horst Fichter, Jg. 1928, wegen Kritik am SED-Regime inhaftiert

Die Zelle war fünf Schritt lang, vier Schritt breit. Zwei Holzpritschen, ein Kübel. Sonst nichts. Kein Wasserkrug, kein Handtuch, keine Schüssel, kein Becher. Kein Fenster, kein Heizkörper, kein Luftschacht. In den Zellen war der Boden mit Ziegelsteinen ausgelegt. In der Decke entdeckte ich eine Rohrmündung. Von Zeit zu Zeit wurde durch dieses Rohr Luft hereingedrückt.

Walter Janka

Das Liegen auf der Pritsche war tagsüber verboten, und während des Nachtschlafes musste man sich so betten, dass das Gesicht zur Tür zeigte und die Hände auf der Decke lagen. In den ersten 14 Tagen war ich, wie fast alle politischen Häftlinge, einem permanenten Schlafentzug ausgesetzt. Das bedeutete, dass auch in der Nacht das Licht durchgehend an war. Circa alle zehn Minuten schaute ein Posten zur Kontrolle durch den Spion. Dieser Schlafentzug führte unweigerlich zu Konzentrationsschwäche, und auf die hatten es die Vernehmer abgesehen. Am Ende war ich so ausgelaugt, dass ich alles unterschrieb, was mir vorgelegt wurde.

Sigrid Paul

Sonst gab es nichts zu sehen oder gar zu lesen – wenn man einmal von der „Zellenordnung“ absieht, die ich schon bald auswendig hersagen konnte. Im Laufe der Wochen und Monate zählte ich nicht nur ihre Buchstaben, sondern fertigte im Kopf auch Tabellen der auf die Einzelbuchstaben entfallenden Häufigkeiten an.

Hans-Eberhard Zahn

Da mir das Lesen nicht gestattet wurde, war es für viele Wochen und Monate ein grausiger Alltag: Ich war isoliert, allein mit meinen Ängsten und Gedanken. Und wusste nicht einmal, wo ich gefangen gehalten wurde. Die Bewacher und Vernehmer gaben darüber nie Auskunft. In der Isolation der Untersuchungshaft wurde meine Sehnsucht nach zwischenmenschlichem Kontakt beinahe unerträglich.

Sigrid Paul

Die Einsamkeit war sehr groß, aber allein war ich nie. Das klingt paradox? Aber manchmal, ganz selten, in unregelmäßigen Abständen, da sieht man etwas: Ganz leise geht außen die Klappe nach oben, und es erscheint ein Auge, eine Pupille. Und ebenso leise schließt sie sich wieder. Und da sitzt man dann weiter, ohne jeden menschlichen Kontakt, aber immer in heimlicher Gesellschaft.

Hans-Eberhard Zahn

Die dicken Teppiche und Läufer vor den Zellen waren deshalb ausgelegt, damit man die Stasi-Posten, die alle ein bis zwei Minuten durch das Guckloch in der Zellentür schauen mussten, nicht hören sollte.

Horst Fichter

Psychisch hat mich die totale Isolierung im Untersuchungsgefängnis so stark belastet, dass ich selbst meine Vernehmungen als willkommene Ablenkung empfunden habe. Umgekehrt glaubte der Untersuchungsführer mich dadurch unter Druck setzen zu können, dass er mich wochen- und monatelang nicht zur Vernehmung vorführen ließ – in der Spekulation darauf, so meiner Bereitschaft zur Aussage nachhelfen zu können.

Karl Wilhelm Fricke,
1955 von der Stasi entführt

Da du nicht weißt, wann sie dich zum Verhör holen, bist du ständig in Erwartung. Heute holen sie dich nicht, aber das wissen nur sie. Du musst davon ausgehen, dass sie dich holen. Plötzlich kann die Tür aufgeschlossen werden, plötzlich kann jemand in der Tür stehen und irgendetwas sagen oder tun. Auf dieses „plötzlich“ kommt es ihnen an. Natürlich wissen sie, dass du auf dem Sprung bist und keine Ruhe findest. Erst am Abend wirst du wissen, dass tagsüber keiner kam und die Zelle aufgeschlossen hat. Du wirst den ganzen Tag warten, alle Flurgeräusche registrieren, hin und wieder aufspringen, wenn Nachbarzellen geöffnet oder verschlossen werden.

Jürgen Fuchs, 1950–1999, Schriftsteller,
wegen unliebsamer Texte inhaftiert

Die Zellentür war kaum ins Schloss gefallen, da öffnete der Posten vom Vorabend. Bevor er das Wort „raus“ zischte, gab er mir eine strenge Belehrung: „Wenn die Zellentür geöffnet wird, haben Sie mit dem Gesicht zur hinteren Wand zu treten. Erst wenn Sie angesprochen werden, drehen Sie sich um. Verstanden?“ Da ich nicht antwortete und nicht reagierte, schrie er: „Wird's bald! Gesicht zur Wand!“ Ich trat mit dem Gesicht zur Wand und wartete. Dann kommandierte der Posten: „Raus!“ Als ich zur Tür kam, stieß er mich zurück und sagte: „Noch einmal!“ Und dann wiederholte er das Spiel weitere zwei Male. Schließlich, zufrieden mit seinem Erfolg, dirigierte er mich nach oben in das mir schon bekannte Zimmer im ersten Stock.

Walter Janka

In den Gängen waren an den Ecken Ampelanlagen installiert. Sowie Rot angezeigt war, musste ich in einer Mauernische mit dem Kopf zur Wand Aufstellung nehmen; denn da war ein anderer Mitgefangener mit seiner Stasi-Begleitung unterwegs. Keiner durfte den anderen sehen, erst bei Grün wurde ich weitergeführt.

Horst Fichter

Ein kleiner Raum, zwei Tische, am querstehenden sitzt ein Uniformierter in der Mitte. Hinter dem Vernehmer das Fenster, sein Gesicht ist im Schatten. Zu beiden Seiten des schrägen Tisches stehen noch jeweils zwei große, kräftige Männer, deren Hände mit großen Schlüsselbunden sich auf und ab bewegen. Ich muss mich auf einen Hocker in der Ecke setzen. Der Mann fixiert mich. Sein Gesicht im Schatten, meines im Licht, seine Augen nicht zu erkennen. „Was denken Sie denn, warum wir Sie hergebeten haben?“ Das habe ich mich in den letzten zwei Stunden gefragt, wenn auch in anderen Worten.

Klaus Schulz-Ladegast

Ich nahm meinen ganzen Mut zusammen: „Ich möchte erst meinen Anwalt sprechen!“ Mit einem breiten Grinsen schaute er mich an: „Sie haben wohl zu viele westliche Krimis gesehen!“

Ingrid Vitzhum

Und es kam jemand und fragte ununterbrochen – es ging um Schwerter zu Pflugscharen damals und diese Aufnäher –, wo die her sind, und ich sagte ihm: „Das sage ich Ihnen nicht.“ Und beim zehnten Mal, immer wieder, ich sagte: „Wenn ich beim ersten Mal gesagt habe, ich sag Ihnen das nicht, dann sag ich es auch nach zehn Malen nicht.“ Und dann hab ich mitgeschrieben, was ich geantwortet habe, die Fragen, die da kamen. Sie ließen mich stundenlang mitschreiben und nahmen mir dann alles weg. Dann war es weg. Es ging immer hin und her. Und immer, wenn einer von denen brüllte, so richtig brüllte, ich soll „endlich sagen!“ – ich konnte ruhig bleiben damals –, ging die Tür auf, wurde der ausgewechselt, kam der nächste rein. So ging das ununterbrochen, fast zehn Stunden, und ich habe abgelehnt, heute würde ich das nicht mehr schaffen, habe abgelehnt, in dieser Zeit einmal zur Toilette zu gehen, zu essen, zu trinken.

Hans-Peter Freimark

Andersdenkende gab es überall. Oft fehlten mir und anderen Mitarbeitern die Argumente, aber das Gesetz war auf unserer Seite: Diese Menschen mussten bekämpft werden. Mit aller Macht, selbstverständlich, und unter Führung der Partei mit allen Genossen, die in der vordersten Front gegen die Feinde des Staates standen. Natürlich hatten wir neben der ermüdenden Kleinarbeit Illusionen, wir wollten Spione fangen, neonazistische Schmierfinken ergreifen, die ganze Stadtviertel mit Farbe besudelten, und sie alle vor Gericht stellen. Das, was der Macht der Partei und ihrer Klasse entgegenwirkte, erfassten wir. Da-

für gab es einen Plan. Nach diesem Plan nahmen wir die Feinde im Land fest.

ein Major des MfS

Tag-und-Nacht-Vernehmungen am 2. April von 7 bis 13 Uhr und von 23 Uhr bis 6.30 Uhr am 3. April, am selben Tag von 23 Uhr bis zum 4. April um 5.30 Uhr sowie am selben Tag von 11.15 Uhr bis zum 5. April um 6.15 Uhr, eine Dauervernehmung, die nur durch die Einnahme von Essen und durch Verrichtung der Notdurft unterbrochen wurde, am selben Tag von 11 Uhr bis zum 6. April um 5.08 Uhr, die gut 17 Stunden später wieder aufgenommen wurde, also am 6. April um 22.30 Uhr, und am 7. April um 6 Uhr beendet wurde, gefolgt von einer weiteren Nachtvernehmung am selben Tag um 23 Uhr bis zum 8. April um 3.45 Uhr. Der Zweck dieser auch für den Vernehmungsoffizier strapaziösen Prozedur bestand in der Absicht, mich in einen Zustand totaler Übermüdung zu versetzen, in dem ich Aussagen machen würde, die ich sonst allemal vermieden hätte.

Karl Wilhelm Fricke

Ich war längst in Apathie verfallen, hielt mich nur mühsam auf dem Holzschemel aufrecht, das Verhör selbst war zu einer sinnlosen Brüllerei des Vernehmers verkommen: „Schlafense nicht ein, schlafense nicht ein…“ Damit glaubte er mich immer wieder aufrütteln zu können.

Karl Wilhelm Fricke

Der Arzt nannte sich Psychiater. Sofort fiel mir ein, wie man vor Jahren schon einmal versucht hatte, mich für unzurechnungsfähig zu erklären. Der Arzt sagte, die Staatssicherheit und der Bezirksstaatsanwalt seien der Meinung, bei mir könne psychisch nicht alles in Ordnung sein. Hier in der Krankenabteilung sollte ich untersucht werden. Der Arzt wollte mich davon überzeugen, dass Ausreiseanträge zu stellen keine „normale Sache“ sei.

Waltraud Krüger, Jg. 1942, wegen mehrerer Ausreiseanträge im Visier des MfS

So wird er bis an das Ende meiner Tage vor mir stehen: breitbeinig, die hohe schlanke Gestalt vor meinem Stuhl, in der graubraunen Uniform des Staatssicherheitsoffiziers gekleidet, die auf fatale Weise an die Militärtracht des Hitlerstaates erinnerte. Spiegelblank die hohen schwarzen Offiziersstiefel, darüber die Reithosen; an der Uniformjacke die silbernen Kragenspiegel, verziert mit weinroter Paspelatur, der Erkennungsfarbe des Staatssicherheitsdienstes. War sein Gesicht von vorgetäuschter oder wirklich empfundener Wut verzerrt, dann gellten seine Drohungen durch den Raum: „Jetzt hast du ausgespielt – für immer! Verräter am Sozialismus. Bürgerliche Feinde der Arbeiterklasse, wie du einer bist, gehören ausgemerzt, ja. Subjekte wie du haben im Arbeiter-und-Bauern-Staat kein Lebensrecht!“

Dieter Borkowski, 1928–2000, Journalist, mehrfach in Haft

Da brüllte der Stasi-Typ mich an. „Sie Verbrecher. Sie Schwein. Sie Mörder.“ Ich erwiderte: „Ich weiß jetzt, dass nicht ich, sondern Sie, Ihr System, Verbrechen begehen. Nicht ich, sondern Sie sind ein Verbrecher.“ Nach diesen Worten warf er den Aschenbecher nach mir. Dann sprang er auf und haute mir seine Faust unterhalb meines linken Ohres ins Gesicht.

Horst Fichter

W*ir sind nicht davor gefeit, dass wir mal einen Schuft unter uns haben. Wenn ich das schon jetzt wüsste, würde er ab morgen nicht mehr leben. Kurzen Prozess. Weil ich Humanist bin. Deshalb habe ich solche Auffassungen. Das ganze Geschwafel, von wegen nicht hinrichten und nicht Todesurteil – alles Käse, Genossen. Hinrichten, wenn notwendig auch ohne Gerichtsurteil.*

Erich Mielke, von 1957 bis 1989 Minister für Staatssicherheit, in einer Besprechung 1987

In dem schmalen Gang musste ich warten. Mit dem Gesicht zur Wand neben einer kleinen Tür stehen bleiben. Sie war von besonderer Konstruktion. Mit einer Betonschwelle von 50 Zentimetern Höhe. In Bautzen erfuhr ich, was es mit diesen Zellen für eine Bewandtnis hatte. „Das sind Banos“, lautete die Antwort. Zellen, in die Wasser eingelassen wird. Das steht keiner lange durch. Außer Wasser gibt es nichts.

Walter Janka

Eine Zellentür wurde aufgeschlossen. Dahinter lag so etwas wie eine finstere Höhle. Man stieß mich hinein. Ein grelles Licht über der Tür wurde eingeschaltet. Ich befand mich in einem fensterlosen Betonsarg, ein Meter breit, zwei Meter hoch, drei Meter lang. Es gab einen Kübel, aber sonst keine Sitzgelegenheit, denn die Holzpritsche war hochgeklappt und mit einem Vorhängeschloss gegen die Benutzung während des Tages abgesichert.

Hans-Eberhard Zahn

Die fensterlosen Zellen wurden Tag und Nacht von einer vertikal über der Zellentür in die Vorderwand eingelassenen Leuchte ausgestrahlt. Die Vernehmungsoffiziere nannten dieses Gefängnis zynisch das „Hotel zur Ewigen Lampe“.

Karl Wilhelm Fricke

Danach verbrachte ich wieder zwei Wochen in Einzelhaft, was mich schon zu Beginn dieser Maßnahme fast die Beherrschung kostete. Der ständige Schlafentzug hatte inzwischen zu akustischen Halluzinationen bei mir geführt. Mitten in der Nacht hörte ich die Stimme meines jüngeren Sohnes, der mich bat, aufzustehen und mitzukommen. Obwohl ich wusste, dass er nicht in der Zelle sein konnte, öffnete ich doch die Augen, um mich zu vergewissern.

Brigitte Bielke, Jg. 1946, nach einem Ausreiseantrag verhaftet

Einmal musste ich eine „Dunkelzelle“ von Blut und Kot reinigen. Zwei dieser Zellen befanden sich im Keller des neuen Zellentraktes. An den Wänden mit Gummiprofilen ausgekleidet, verfügten sie weder über eine Pritsche noch über einen Kübel. Es gab kein Fenster, keinen Hocker und kein helles Licht. Ich konnte mir jedenfalls vorstellen, welch schreckliche Erlebnisse Häftlinge durch diese Form des verschärften Arrests erleiden mussten.

Sigrid Paul

Der Hof war lang gestreckt, sehr schmal und durch einen garagenähnlichen Zementbau begrenzt, der viele Zellentüren hatte. An beiden Ecken befanden sich Gitterplattformen für Wachposten, die durch einen Steg miteinander verbunden waren. Der Freiluftkäfig, den man mir aufschloss, war acht mal vier Meter groß, umgrenzt von doppelt mannshohen Mauern, oben mit Maschendraht verschlossen, der an der

Seite, wo die Mauer an die Begrenzung der Gefängnisanlage stieß, mit Stacheldraht verstärkt war. Ich war weniger erschrocken als erstaunt über die perverse Fantasie, die in dieser Anlage zementiert war.

Vera Lengsfeld

Ich aß und trank nichts, also musste ich künstlich ernährt werden. Ich war von Natur nicht so, dass ich leicht kapituliert hätte. Hier aber war ich nicht mehr ich selbst. Die Einzelhaft und die Medikamente brachten mich an einem Abend dazu, an Selbstmord zu denken. Ich nahm aus meinem Bett das Laken, stieg auf das Fensterbrett und versuchte über einen kleinen offenen Spalt, das Laken am Gitter zu befestigen. Plötzlich ging die Tür auf. Mit einem Ruck zog mich ein Wachposten vom Fensterbrett. Ich fiel auf die Knie. Mit einem Fußtritt wurde ich ins Bett gestoßen. Ich ließ die Gewalt über mich ergehen.

Waltraud Krüger

Ich litt ständig unter großer Sehnsucht nach meinem Sohn. Tag und Nacht versuchte ich ihn mir vorzustellen. Wie mag er jetzt aussehen? Wie groß ist er jetzt? Kann er schon sprechen? Wie klingt seine Stimme? Was weiß er über seine Eltern?

Sigrid Paul

Die sechs Wochen Einzelhaft waren ein Kampf um die eigene Würde. Nicht zeigen, wie schwer das Herz ist, aber sich selbst beweisen, dass man noch einen Willen hat.

Bärbel Bohley

Dem Arzt und meinem Vernehmer dauerte mein Hungerstreik zu lange. Der Arzt sagte: „Wir wollen mal sehen, ob Sie nicht doch trinken werden! So, jetzt bekommen Sie einmal auf andere Art und Weise Flüssigkeit in den Körper!“ Er stach in beide Oberschenkel eine Nadel. Mit den ersten Tropfen der Lösung durchzuckte mich ein furchtbarer Schmerz. Ich glaubte, mir würden die Beine abgerissen. Der Arzt saß in der Ecke und beobachtete mich. Mir liefen die Tränen übers Gesicht. Es war furchtbar. Ich bat den Arzt, er möge diese Infusion abbrechen. Er griente: „Wenn Sie etwas trinken und unterschreiben, dass Sie in der DDR bleiben wollen, breche ich die Infusion ab.“ Trotz der unerträglichen Schmerzen lehnte ich die Unterschrift ab.

Waltraud Krüger

Berlin, den 7.1.1977. Im Verlaufe der seit dem 30.12.1976 geführten Vernehmung legte der Beschuldigte Fuchs demonstrativ ein desinteressiertes, geistige Abwesenheit vortäuschendes Verhalten an den Tag, das darin zum Ausdruck kommt, dass er teilweise nicht mehr auf die seitens des Unterzeichners gestellten Fragen eingeht und mittels seines Fingers Buchstaben und Wortverbindungen imaginär im freien Raum oder auf die Tischplatte malt. Auf Aufforderungen, dieses Tun zu unterlassen, reagierte Fuchs nicht, sondern verstärkte diese Handlungen.

Aktenvermerk des MfS

„Herr Untersuchungsrichter, ich möchte Einblick in die Strafprozessordnung nehmen, bitte klären Sie mich über meine Rechte als Untersuchungshäftling auf. Und natürlich bestehe ich darauf, einen Rechtsanwalt sprechen zu können!“ In dem Gesicht von Richter Krauter bewegte sich nichts. Er blickte angestrengt in seine Akten und äußerte mit knarrender Stimme: „Ich bin nicht befugt, Ihre Wünsche und Vorschläge entgegenzunehmen! Zuständig ist allein Ihr Vernehmer vom Staatssicherheitsministerium, dem Sie voll vertrauen dürfen. Er und seine Vorgesetzten sind in der Phase ausschließlich Ihre Gesprächspartner.“

Dieter Borkowski

Der Vernehmer legte mir einen Bogen Papier vor. Dort stand: „Ich, Waltraud Krüger, bin bereit, in der Deutschen Demokratischen Republik zu bleiben. Ich nehme zur Kenntnis, dass die staatlichen Organe bemüht sind, mir bei meinen Schwierigkeiten zu helfen.“ Obwohl ich mehr als müde und abgespannt war, konnte ich doch noch so weit denken, dass ich nicht unterschreiben durfte. Diesen Triumph wollte ich der Staatssicherheit nicht gönnen.

Waltraud Krüger

Immer wieder wurden mir die Lügen vorgehalten. Tag für Tag, Nacht für Nacht. Nach drei Monaten physischer und psychischer Folterungen, total mit den Nerven am Ende, unterschrieb ich alles, was mir die Vernehmer vorhielten.

Horst Fichter

Ich bekam vor meinem Prozess weder die Anklageschrift vorgelegt noch meinen Anwalt zu Gesicht. Erstmalig traf ich ihn fünf Minuten vor der Verhandlung. Da gab er mir zu verstehen, dass wir keine Chance auf eine ordentliche Verteidigung hätten. Im Saal waren nur wenige meiner Angehörigen zu sehen und eine Menge Stasi-Leute. Insgesamt wurde vier Tage verhandelt. Am Ende wurde ein Urteil von vier Jahren Zuchthaus verkündet.

Sigrid Paul

Im Dezember 1980 war die Gerichtsverhandlung. Meine Eltern waren da und mein Lehrmeister von VEB Polygraph. Einen Anwalt hatte ich nicht. Die Notizen, die ich mir gemacht hatte, wurden mir abgenommen. Als ich sagte, dass es nach wie vor mein Ziel sei, aus der DDR auszureisen, weinte meine Mutter. Mein Lehrmeister hatte die Rolle des gesellschaftlichen Anklägers. Er sagte, ich hätte den Staat verraten, und für dieses abscheuliche Verbrechen gebe es nur eines: die Höchststrafe. Solche Sätze, die brennen sich einem ins Gehirn ein, die vergisst man nie.

Stefan Sauer, Jg. 1961, bei einem Fluchtversuch verhaftet

Abends, es muss so gegen 20 Uhr gewesen sein, öffnete sich plötzlich die Zellentür, und ein Offizier stand im Raum und befahl mir mitzukommen. Er ging mit mir bis zur Pforte. Dort bekam ich meine Sachen ausgehändigt, die man mir bei der Verhaftung abgenommen hatte, und stand plötzlich auf der Straße. Ich konnte es nicht fassen. War ich nun frei? War das die Entlassung nach 19-monatiger Haft? Oder war es vielleicht nur ein Traum? Irgendwann machte ich mich auf den Heimweg – an einem herrlichen Sonnenabend, wie ich ihn lange, lange nicht mehr erlebt hatte.

Sigrid Paul

Ob es mir noch einmal gelingen wird, mich am Telefon mit meinem Namen zu melden? Auch heute noch habe ich im Hinterkopf den Gedanken, dass jemand mithört.

Bärbel Bohley □

Dr. Christine Beil hat für diese Collage Dutzende Lebenserinnerungen, Interviews und Fachbücher studiert. Bearbeitung: Michael Schaper.

WAS VON DEN TRÄUMEN BLIEB

1971 wird Erich Honecker Chef der SED. Ein Spießer und Kleingeist, gehemmt in der Öffentlichkeit und gnadenlos eitel. Ein sozialistischer Fürst, der die Hasenjagd liebt und wie ein kleiner Sonnenkönig Geschenke ans Volk verteilt. Er lässt verstärkt Konsumgüter produzieren, der Lebensstandard steigt. Gleichzeitig aber nimmt die Verknöcherung der Diktatur zu, die das Regime taub macht gegen die Umbrüche anderswo. Alltagsszenen aus einem verschwundenen Land

VON GESA GOTTSCHALK

Funktionäre am 25. Republikgeburtstag: Paraden wie diese gehören zu den zunehmend erstarrten und sinnentleerten Ritualen der DDR

Plattenbauten in Rostock: Von 1971 bis 1989 lässt Honecker knapp zwei Millionen neue Wohnungen hochziehen

Bis 1971 wird der Alexanderplatz in Ostberlin umgebaut: Die DDR setzt auf prestigeträchtige Großprojekte

Altstadtviertel bleiben solange unsaniert, bis sie abgerissen werden müssen: Zittau, 1978

Er hat viele Jahre auf diesen Moment gewartet, der schmächtige Parteisoldat, der FDJ-Vorsitzender war, dann inoffizieller Sicherheitschef und Organisator des Mauerbaus, schließlich einer der einflussreichsten Männer im Staat hinter seinem politischen Ziehvater Walter Ulbricht. Brav hat Erich Honecker jahrzehntelang in dessen Schatten gewirkt – und dann den fast 78-jährigen Ulbricht weggeputscht.

Über Monate hat Honecker den zunehmend eigensinnigen Alten in Moskau denunziert, im Mai 1971 schließlich musste Ulbricht zurücktreten. Nun, am 15. Juni 1971, hat Honecker als neuer Erster Sekretär des ZK der SED vor mehr als 2000 Delegierten des VIII. Parteitags seinen ersten entscheidenden Auftritt als mächtigster Mann im Staat.

Genosse Erich beginnt seine Ära mit einem Kurswechsel: Die SED werde alles tun „für das Glück des Volkes", verspricht er. Und das bedeute vor allem: die Produktion konsequenter als bisher an den Bedürfnissen der Menschen auszurichten – also etwa stärker in den Wohnungsbau zu investieren. Zugleich will er großzügige Sozialleistungen vergeben: Mietsubventionen, höheres Kinder- und Krankengeld.

Tatsächlich nimmt der Lebensstandard schon bald zu; bescheiden, aber spürbar. Und so werden sich viele DDR-Bürger an die 1970er Jahre als eine Dekade des Aufbruchs erinnern.

Doch zugleich erstarrt das Land immer mehr.

Sommer 1971, Schwedt

Am westlichen Ende der Erdölleitung „Freundschaft" aus Tatarstan steht an der Oder das Petrolchemische Kombinat. Dämpfe und Rauch aus den Schloten verschleiern den Himmel. Hier wird Benzin produziert, Gas, Diesel, Kunstfasern. Doch das genügt jetzt nicht mehr: Die DDR-Betriebe sollen ja künftig mehr Konsumgüter herstellen.

Daher entsteht mitten in der riesigen Anlage ein neues Werk: für Möbel aus Polyurethan, einem Kunststoff auf Erdölbasis. Die Fabrik wie auch die ersten Vorlagen stammen aus der Bundesrepublik. Die westlichen Tische allerdings sind zu groß für die genormten Wohnungen in den Plattenbauten, und so entwerfen die Schwedter Designer ein eigenes „Vario-pur-Möbel": 90 Zentimeter Durchmesser, eine Mittelsäule – und wesentlich teurer als andere Tische.

Da sich viele DDR-Bürger die Möbel nicht leisten können, müssen staatliche Gaststätten und Schulen sie kaufen.

1971/72, Dresden

NVA-Major Horst Zimmermann ist 1959 Offizier geworden, mindestens zehn Jahre hatte er zu dienen. Inzwischen aber sollen Offiziere so lange in der Armee bleiben, wie es Partei und Regierung fordern. Doch der Dozent fühlt sich an der Militärakademie „Friedrich Engels" nicht mehr wohl, hat Probleme mit Vorgesetzten, er bittet um seine Entlassung.

Der Mittdreißiger, ein promovierter Diplom-Ingenieur, wird daraufhin als hoch qualifiziert, aber ideologisch schwach eingestuft. Die SED ermittelt gegen ihn. Kollegen geben an, dass Zimmermann sich angeblich abfällig über Vorgesetzte, die Partei und über das „Neue Deutschland" geäußert habe.

Auf einer Parteiversammlung wird er wegen partei- und staatsschädigenden Verhaltens streng gerügt und in die Truppe versetzt, zur Umerziehung.

Zimmermann ist künftig stellvertretender Leiter der Eisenbahntransportkommandantur in Schwerin.

12. Februar 1972, Rövershagen bei Rostock

Der 18-jährige Eckhard Ullrich leistet seit dem 1. November 1971 seinen 18-monatigen Wehrdienst in Mecklenburg ab. An eine Freundin schreibt er: „Ich hasse und verfluche alles, was eine solche Armee als sozialistisch tituliert. Ach, Du kannst Dir gar nicht vorstellen, was für bodenlose Schweinereien hier mehr oder minder geduldet werden. Und wehe, man sagt etwas. Man wird dann ganz systematisch fertiggemacht. Ich verspüre es am eigenen Leibe, denn in einem habe ich mich nicht geändert, ich kann den Mund nicht halten. Ich muss nach Dienstschluss für die Vorgesetzten Geschirr spülen, sonntags Wache stehen, wegen jeder Kleinigkeit mache ich 30 bis 50 Liegestütze oder gehe so lange im Entengang über den Flur, bis die Beine anfangen zu zittern und ich auf die Knie falle. Was glaubst Du, wie oft ich schon den Fahneneid abschreiben musste. Mal muss ich es zehnmal, mal 20 Mal, auch schon einmal 50 Mal abschreiben. Und die Gesellschaft, die solches duldet und bemäntelt, die es zulässt, dass hier die Persönlichkeit zerstört wird, soll mir gestohlen bleiben. Ich will nur noch weg!"

Der angehende Journalist vertraut sich aber nicht nur einer Freundin an, sondern auch Kollegen in der Heimatredaktion. Das kostet ihn seine Zukunft.

Er verliert seinen bereits zugesagten Studienplatz für Journalistik.

Schwerin, Winter 1972

Mit seiner Versetzung in den Norden entkommt NVA-Major Horst Zimmermann dem „Tal der Ahnungslosen", jener Gegend im östlichen Sachsen, die kaum Westfernsehen empfangen kann.

Doch die Zentralantenne von Zimmermanns NVA-Wohnblock ist nur auf DDR-Fernsehen ausgerichtet: Armeeangehörigen ist es ebenso wie Polizisten und Feuerwehrleuten verboten, ARD und ZDF zu schauen. Deshalb kann der Major aber auch nicht einfach eine zweite Außenantenne anbringen. Daher bastelt er aus dem Gestell einer Stehlampe eine provisorische Antenne.

Jeden Abend warten die Eheleute, bis ihre vierjährige Tochter Anke schläft. Dann erst bauen sie die Antenne auf.

Manchmal allerdings steht das Kind plötzlich wieder im Wohnzimmer, kann nicht einschlafen oder hat Durst. Die beiden Erwachsenen entwickeln großes Geschick darin, Anke in solchen Momenten abzulenken: Auf keinen Fall darf sie Antenne oder Westprogramm sehen, sie könnte das Geheimnis ausplaudern.

Dabei basteln auch andere Armeeangehörige ähnliche Konstruktionen wie Zimmermann: Einzelteile sind in der DDR erhältlich – und auch die Anleitungen für den Eigenbau.

Erich Honecker, der früher manchmal zum Kampf gegen Beatmusik und andere „dekadente" Moden aus dem Westen aufgerufen hat, zeigt als Parteichef Nachsicht. Zum Westfernsehen, das unter Ulbricht manchmal noch ins Gefängnis führte, sagt er lapidar: „Das kann jeder bei uns ein- und ausschalten."

1971 verkaufen „Centrum"-Warenhäuser erstmals Levi's-Jeans – die Hosen waren lange Zeit bei den Gralshütern des Regimes als Beinkleider des Klassenfeinds verpönt. Innerhalb von vier Tagen kaufen allein Ostberliner 12 000 Stück. Doch die DDR hat nicht genug Devisen, um US-Markenjeans zu importieren. Honecker lässt im Westen daher Maschinen kaufen, mit denen sich modische „Nietenhosen" aus Cottino, einem Baumwoll-Mischgewebe, herstellen lassen. Seine Wirtschaftsberater hätten die knappen Devisen lieber für anderes eingesetzt – etwa zur Schuldentilgung. Der SED-Chef aber bleibt stur: Der alternde Funktionär hat sein Herz für die Jugend entdeckt.

Auf einer „Tanzmusikkonferenz" werden im April 1972 sogar lange Zeit unterdrückte westliche Rhythmen rehabilitiert: „Wir verzichten nicht auf Jazz und Beat, nur weil die imperialistische Massenkultur sie zur Manipulierung der ästhetischen Urteilsfähigkeit im Interesse der Profitmaximierung missbraucht", verkündet der stellvertretende Kulturminister.

Allerdings: Rock 'n' Roll bleibt den Funktionären suspekt.

Ostberlin, Sommer 1973

Der Zoll hat die Sendung wahrscheinlich auf versteckte D-Mark, westliche Zeitschriften oder Schallplatten kontrolliert. Jetzt steht es auf dem Wohnzimmertisch von Familie Hackbarth: ein großes Paket von der Oma aus Westberlin.

Darin für den 14-jährigen Volker ein rotes Hemd mit gelben Stickereien und ein Leinenanzug, die Hose mit Schlag.

Er zieht die neuen Sachen sofort an und läuft los, zum U-Bahnhof Frankfurter Allee. Die Staatsführung hat gerade zu den „Weltfestspielen der Jugend und Studenten" eingeladen, die Stimmung in Ostberlin ist ungewöhnlich offen und international. Überall sind FDJler unterwegs, aus der ganzen DDR sind sie angereist – missliebige und oppositionelle Jugendliche dagegen hat die SED in den Wochen zuvor in Erziehungsheime gesperrt oder unter Hausarrest gestellt.

Stasi-Mitarbeiter mischen sich unter die Besucher: Die Weltfestspiele sind Erich Honeckers Versuch einer „kontrollierten Öffnung" der DDR.

Auf dem Bahnsteig fällt Volkers rotes Hemd zwischen all den blauen der FDJ auf. Seine Haut ist braun von der Arbeit im Tiefbaukombinat. Plötzlich schart sich eine ganze Gruppe um ihn und winkt aufgeregt mit ihren Halstüchern. Nur langsam begreift der Bedrängte: Sie wollen sein Autogramm.

Denn neben Hunderttausenden FDJlern sind auch 25 000 Besucher aus Frankreich, Angola, Kuba in die Stadt eingefallen. Ungestört darf die DDR-Jugend mit ihnen reden, musizieren, nachts in den Parks sogar knutschen. So nah werden sie Ausländern aus dem Westen und aus Übersee so schnell nicht wieder kommen. Deshalb begeistert Volkers Anblick die Blauhemden so.

Sie halten den braun gebrannten Ostberliner für einen Spanier.

1. August 1973

Zwei Jahre nach seiner Entmachtung stirbt Walter Ulbricht. Vereinsamt, überwacht von Ärzten, die dem Politbüro Bericht erstatten mussten über seinen Gesundheitszustand. Als Ehrenvorsitzender der SED, ein extra für ihn geschaffenes Amt. In dem Wissen, dass er selbst diese Position verlieren würde, falls er sich weiterhin politisch äußerte.

JEANS FÜR DIE JUGEND, KRIPPEN FÜR DIE MÜTTER

Trotzdem droht er seinem Ziehsohn ein letztes Mal die Show zu stehlen: Mitten in die Weltfestspiele der Jugend platzt die Nachricht von seinem Tod.

Erich Honecker aber will sich nicht die Stimmung verderben lassen. Für die Eröffnung der Spiele hatte er bereits das Ostberliner Walter-Ulbricht-Stadion in „Stadion der Weltjugend" umbenennen lassen, und konsequent untersagt er jetzt, Fahnen auf Halbmast zu setzen oder mit Trauerflor zu schmücken.

Erst einige Tage nach dem Ende der Spiele wird Ulbricht mit gebührenden Ehren beigesetzt. Passanten beobachten, dass der Leichenwagen schneller als angemessen nach Berlin-Friedrichsfelde fährt – wohl um den am Straßenrand Stehenden keine Zeit für allzu ausgiebige Trauerbezeugungen zu geben.

7. November 1973, Dresden

Horst Müller, 23, Hobby-Fußballer, hat Glück gehabt. Für acht Mark hat er eine Karte bekommen für das Fußball-Europapokal-Achtelfinale: Dynamo Dresden gegen Bayern München. Das Hinspiel haben die Münchner gewonnen, Dresden braucht einen Sieg, um weiterzukommen. Doch viel mehr als an dem sportlichen Erfolg ist die DDR-Führung daran interessiert, sich den angereisten Athleten, Fans und Journalisten als stabiles, zufriedenes Land zu präsentieren. Keine leichte Aufgabe: Die Sportgemeinschaft Dynamo gilt als Stasi-Klub, sie gehört zur Sportorganisation der Schutz- und Sicherheitsorgane der DDR.

Damit keine „feindlich-negativen" oder „prowestlichen" Personen mit den falschen Sprechchören in der Stehkurve auffallen, startet der Stasi-Minister Mielke die „Aktion Vorstoß". Dresden wird in acht Sicherungsbereiche eingeteilt, in denen 3110 Mitarbeiter des MfS ihren Dienst antreten. Spitzel setzen sich am Spieltag in 36 ausgesuchte Gaststätten, Wasserwerfer fahren auf, Stadion und Innenstadt werden abgeriegelt.

Nur 8000 der 36 000 Karten gelangen in der DDR in den freien Verkauf, die meisten werden über Betriebe, die SED und die Massenorganisationen verteilt, an politisch zuverlässige Genossen.

Horst Müller hat sich früh auf den Weg gemacht und sichert sich so einen guten Platz im Stadion. Er ist wie die anderen Dynamo-Fans bester Laune: Wann sonst erleben sie schon die Männer um Franz Beckenbauer live?

Das Spiel beginnt, früh bringt Uli Hoeneß die Bayern in Führung. Doch

Die Karosserie ist aus Kunststoff, die Technik veraltet – dafür lässt sich der Trabant leicht reparieren

Familie beim Kartenspiel: Blaues Neonlicht gilt um 1980 vielen DDR-Bürgern als schick und modern

Die vormilitärische »Gesellschaft für Sport und Technik« lockt Jugendliche mit Zugang zu Segelbooten und Motorrädern

Auch die Ferien sind oft vom Betrieb organisiert: Urlauber auf Rügen beim gemeinsamen Mittagessen

Die nicht religiöse Jugendweihe soll Konfirmation und Firmung ersetzen; Hoyerswerda, 1978

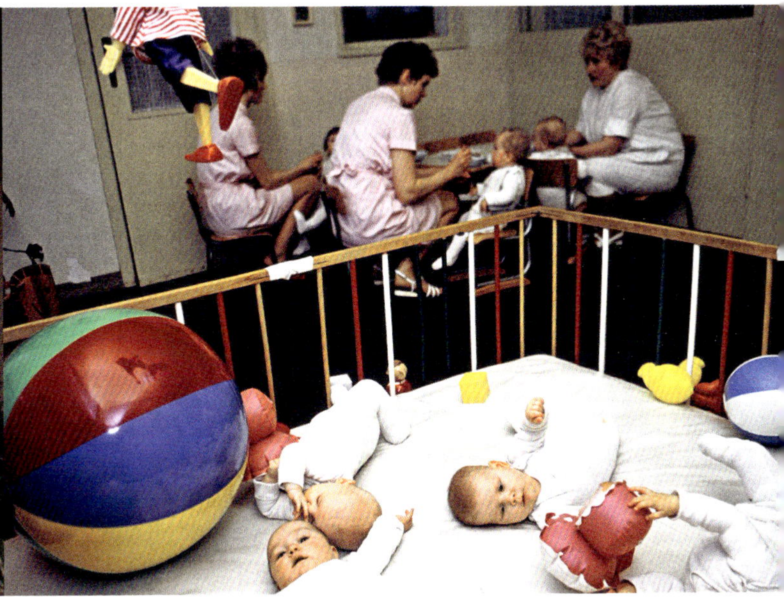

Krippe in Berlin, 1971: Mehrere Monate dürfen Mütter beim ersten Kind bezahlt zu Hause bleiben

nicht alle Zuschauer blicken gebannt aufs Feld: Zahllose Stasi-Spitzel observieren die Zuschauer auf den Rängen.

Das Spiel endet unentschieden, Dynamo scheidet aus dem Pokal aus. Viel mehr aber trifft Horst Müller, was kurz nach dem Abpfiff geschieht: Zum ersten Mal in scinem Leben erlebt er, wie die Staatsmacht auf DDR-Bürger losgeht. Vor dem Stadion, erinnert sich Müller später, wirft der ebenfalls angereiste DFB-Bundestrainer Helmut Schön, ein gebürtiger Dresdener, den Fans etwas zu. Sofort treibt die Polizei eine Gruppe Fans mit Knüppeln auseinander. Horst Müller sieht das Päckchen aufplatzen.

Der Inhalt: Anstecker des FC Bayern München.

24. August 1974, Nienhagen

Carmen Rohrbach und ihr Freund Jürgen schieben ein Schlauchboot in die Ostsee. Die beiden sind sportlich und tragen Neoprenanzüge. Sie wollen in dieser Nacht aus der DDR fliehen, nach Dänemark. Der Weg übers Meer scheint ihnen am sichersten. Dort, so hoffen sie, gibt es weder Minen, noch würden Grenzer sie erschießen.

Unter Honecker wird die Grenze technisch immer perfekter, er lässt sie unter anderem verstärkt mit Selbstschussanlagen ausrüsten. Doch weniger als die Hälfte der Flüchtlinge erreichen überhaupt das Sperrgebiet, alle anderen werden bereits vorher aufgegriffen.

Immer wieder versuchen es deshalb Verzweifelte, Mutige oder Erfindungsreiche mit Flugzeugen, Tauchbooten, selbst gebauten Heißluftballons. Carmen Rohrbach will paddeln.

Vergebens hat die 26-jährige Biologin zuvor versucht, legal das Ausland zu sehen. Sie hatte sich unter anderem um eine Forschungsreise nach Kuba beworben, doch wurde ihr die Erlaubnis verweigert, weil sie „Westverwandtschaft“ habe.

Und dauerhaft gehen kann sie auch nicht. Denn wer bei den Behörden seine Ausreise beantragt, stellt in den Augen des Regimes ein RWÜ, ein „Rechtswidriges Übersiedlungsersuchen“.

Zwei Tage und Nächte lang dauert die Flucht von Carmen Rohrbach und ihrem Freund. Zunächst kämpfen sie sich mit

Unter Honecker werden die Röcke kürzer, die Haare länger, die sozialistischen Moralvorstellungen ein wenig lockerer

Jedes Jahr bestimmt das Politbüro Wochen im Voraus die verbindlichen Parolen für den »Kampftag der Arbeiterklasse«

Hochzeitspaar in Erfurt: Obwohl der Staat Ehen fördert, nimmt die Zahl der unverheirateten Eltern zu

Rund eine halbe Million Rotarmisten sind in der DDR stationiert – private Kontakte zu den Deutschen aber gibt es kaum

Mädchen mit der Flagge Vietnams: Jungpioniere geloben »Freundschaft mit den Kindern aller Länder«

Sportfest in Leipzig: Die DDR jagt mit allen Mitteln internationale Medaillen, mit intensivem Training, aber mit auch Doping

Marx, Engels und Lenin über einer Parade: Die Verehrung von Karl Marx geht so weit, dass die SED eine ganze Stadt nach ihm benannt hat

ihrem Schlauchboot voran. Dann taucht plötzlich ein Schiff der Grenzpolizei auf, sucht das Wasser mit Scheinwerfern ab. Die beiden Flüchtlinge zerstören das Gefährt und schwimmen weiter – mehr als 20 Stunden.

Das westdeutsche Handelsschiff „Lübeck“ fährt vorbei, ohne sie zu bemerken. Als Carmen und Jürgen sich, bereits in internationalen Gewässern, auf eine Boje gerettet haben, erspäht sie die Besatzung eines polnischen Schiffs – und verrät sie an die DDR-Sicherheitsbehörden.

Die Flüchtlinge kommen in Haft und werden nach zwei Jahren vorzeitig in den Westen entlassen.

Wie Handelsware verkauft die DDR über die Jahre Tausende inhaftierte Regimegegner an die Bundesrepublik, gegen Devisen oder Naturalien im Wert von mehreren Milliarden D-Mark – Menschen, die sich nach den Gesetzen der BRD gar nicht schuldig gemacht haben.

Auch Carmen Rohrbach und ihr Freund gehören dazu. Trotz ihrer gescheiterten Flucht hatten sie im Sommer 1974 wohl Glück: Auf einem Friedhof der dänischen Insel Møn liegen die Gräber der aus dem Meer gefischten Körper von DDR-Flüchtlingen.

1974 wird Honeckers Enkel Roberto geboren. Er wohnt mit seinen Eltern in der Leipziger Straße und hat gelegentlich Einfluss auf die Sitzungen des Politbüros. Wenn sich etwa Honeckers Tochter beim Sonntagskaffee darüber beschwert, dass sie nirgendwo Kinderschuhe für Roberto findet, dann verlangt der Parteichef am Dienstag im Politbüro eine Steigerung der Kinderschuh-Produktion.

Doch nicht nur die eigene Familie findet sein Gehör. Auch Eingaben von Werktätigen an den „Werten Genossen Honecker“ führen manchmal zum Erfolg. Wie Friedrich der Große einst Bittschriften seiner Untertanen empfing, so erhält auch Honecker während seiner Amtszeit zwei Millionen Briefe. Manchmal kümmert er sich persönlich um ein neues Fabrikdach oder um Bettlaken für eine kinderreiche Familie.

Wie ein sozialistischer Sonnenkönig regiert er die DDR. Erich Honecker fühlt sich für alles zuständig, erlaubt den Druck verbotener Bücher, mischt sich in den Umbau des Radebeuler Karl-May-Museums ein, lässt prominente Westdeutsche einreisen.

Er verteilt Gnade und Strafen nach Gutdünken, bewilligt Ausreisen persönlich, fällt auch Stasi-Chef Erich Mielke in den Arm – schreibt aber etwa auf die schriftliche Bitte eines Schauspielers, in der Bundesrepublik drehen zu dürfen, nur knapp: „Kommt nicht infrage.“

Sommer 1975, Ostberlin

Frank Müller* ist 15 Jahre alt und sieht abgerissen aus. Geflickte Jeans, Parka, lange Haare. Wenn er durch Grünau läuft, starren die Leute. Und das soll so sein. Seine Eltern sind in der SED, er darf kein Westfernsehen sehen. Frank rebelliert, er hört Blues, trifft sich mit Leuten, die ihm von Woodstock erzählen und vom Prager Frühling. Die sich auf einer „Bürgerschreckmission“ sehen. Sie wollen nicht den Staat herausfordern – sondern die Langeweile, das Spießertum, das Staatsverständnis von Jugendkultur, die FDJ, die verordnete „Singebewegung“ mit den Sozialisten vom „Oktoberklub“.

An diesem Sommertag will Frank ein Konzert der Leipziger „Klaus Renft Combo“ hören, die lange verboten war.

Die Gruppe betritt die Bühne. Sie hat vom jüngsten Tauwetter profitiert, durfte zwei Alben herausbringen, Songs für einen Defa-Film schreiben. Und trägt jetzt „Glitzersachen“. Frank ist entsetzt.

Da geht einer der Musiker ans Mikro: „Freunde, die Konzert- und Gastspieldirektion will uns immer Vorschriften machen, wie wir uns zu kleiden haben. Aber wir lassen uns nicht mehr vorschreiben, wie wir die Sachen zu tragen haben.“ Die Musiker reißen sich die Glitzerkleidung herunter und beginnen unter Jubel zu spielen.

Kurz darauf wird „Renft“ verboten.

Berlin, 10. Dezember 1976

Anne Gollin, 19, ist „Schwarzwohnerin“ – eine Hausbesetzerin: Ohne eine Zuweisung der Behörden wohnt sie in einer alten Mietskaserne am Prenzlauer Berg, keine 500 Meter von der Mauer entfernt.

Mehrere Tausend Wohnungen sind in den baufälligen, oft gesperrten Ostberliner Häusern besetzt, auch in anderen Städten der DDR brechen Menschen in leer stehende Räume ein – vielfach vom Staat stillschweigend geduldet. Mitunter müssen sie zwar eine Strafe zahlen, oft bekommen sie aber anschließend einen legalen Mietvertrag. Nur wenige besetzte Wohnungen werden geräumt.

Auf einen Zuweisungsschein des Wohnungsamts müssen junge Paare dagegen mehrere Jahre lang warten. Und Alleinstehende haben erst recht keine Chancen auf das Papier. Aus Wohnungsnot begehen Menschen Suizid, zerbrechen Ehen – oder werden umgekehrt nur geschlossen, um endlich bei den Eltern ausziehen zu können.

Anne ist gelernte Buchhändlerin, will selber schreiben. An diesem Abend hat sie vor, in ihren 20. Geburtstag hineinzufeiern, hat Freunde und Bekannte eingeladen – 100 Gäste erwartet sie. Statt Geschenken sollen sie Kohlen mitbringen, der Berliner Winter ist eisig. Und zusätzliche Kohlenkarten bekommen nur vorbildliche Arbeiter.

Die Riesenparty scheitert an der Stasi, die anreisenden Gäste werden festgenommen. Wahrscheinlich wird Anne schon seit einiger Zeit beobachtet, weil sie Spitzeldienste abgelehnt hat. Und nun vermuten die Geheimpolizisten angesichts der vielen Geburtstagsgäste eine staatsfeindliche Zusammenrottung.

Anne Gollin soll wieder bei ihren Eltern wohnen. Weil sie sich weigert, erhält sie Berlin-Verbot: Sie darf die Stadt nicht mehr betreten – so wie zahllose DDR-Bürger, die in den Augen des SED-Regimes ihr Recht verwirkt haben, in der Kapitale zu leben.

Stattdessen muss sie in einer Fabrik bei Dessau Spulen wickeln.

April 1976, ein Waldlager

Am schlimmsten ist die Hindernisstrecke. Sabine Hädicke klettert auf einen Baum, zieht sich in mehr als zwei Meter Höhe über ein Seil, balanciert über ein Rohr, kriecht und springt. Sieben Tage die Woche, fünf Wochen lang: Die Chemiestudentin im zweiten Studienjahr

* Name von der Redaktion geändert

muss mit anderen Kommilitoninnen ins obligatorische Lager der Zivilverteidigung. Die angehende Lehrerin trägt nun Uniform, Stiefel, Koppel und Käppi. Neun Stunden jeden Tag übt sie Exerzieren, muss 50 Sekunden in einem Zelt voller Tränengas aushalten, lernt Marschieren in Schutzanzug und Gasmaske.

Nie zuvor war das Leben in der DDR so militarisiert wie jetzt unter Erich Honecker. Die Wehr-Propaganda beginnt bereits in der Schule, Pioniere halten Manöver ab, im Sportunterricht üben Oberstufenschüler Weitwurf mit Handgranatenattrappen. Abiturienten, die den Dienst an der Waffe verweigern, riskieren ihren Studienplatz.

Sabine Hädicke wird regelmäßig bewertet, wer am Ende nicht 80 von 100 Punkten erreicht, muss das Lager wiederholen oder kann sein Studium nicht abschließen.

Eine schwangere Kommilitonin verliert kurz darauf ihr Kind, vermutlich wegen des täglichen Trainings auf der Hindernisstrecke.

18. Mai 1976, Ostberlin

Zum 9. Parteitag der SED sind die U- und S-Bahnen mit kleinen Metallfähnchen geschmückt, Straßen werden für die schwarzen Limousinen der Staatsführung gesperrt. Wie immer gibt es zu diesem besonderen Anlass in den Läden etwas mehr zu kaufen, wer Glück hat, ersteht eine Kilo Apfelsinen.

Die Delegierten versammeln sich erstmals im neu eröffneten Palast der Republik. Auf dem Gelände des preußischen Stadtschlosses ist innerhalb von zwei Jahren das teuerste Bauwerk der DDR-Geschichte entstanden. Auf Zehntausenden Quadratmetern präsentiert sich hier der SED-Staat so, wie sich Erich Honecker das ganze Land erträumt. Es gibt ein Theater, eine Bowlingbahn, eine Diskothek, eine große Bühne, auf der auch westdeutsche Schlagersänger auftreten.

Die Toiletten sind sauber, die Kellner freundlich, das Bier ist günstig. Und noch etwas zeigt im Kleinen den Traum von der DDR im Großen: „Erichs Lampenladen“ ist hell ausgeleuchtet – damit die Überwachungskameras alles erfassen können.

Erich Honecker nimmt den Alltag seiner Bürger kaum wahr. Seine Umgebung schottet ihn von der Realität in der DDR ab. Wenn er eine Stadt besucht, verbessert sich das Warenangebot dort für 48 Stunden schlagartig. Wohl nur einmal betritt er in seiner Zeit als Parteichef eine Kaufhalle, die Regale wurden vorher aufgefüllt. Und Honecker glaubt, dies sei der Normalzustand.

Der Diktator ist fast erschütternd naiv. Als er von einem Mann erfährt, der einen Ausreiseantrag gestellt hat, weil er seit 15 Jahren auf ein Auto wartet, fragt er einen seiner Vertrauten, ob denn so etwas wirklich vorkomme.

Der beteuert, niemand warte länger als vier Jahre. Und schließlich gebe es auch im Westen Lieferzeiten.

An den Wochenenden fährt Honecker oft in die Schorfheide zur Jagd, ansonsten verbringt er seine Freizeit in der Kader-Siedlung in Wandlitz am Rande Berlins. Hier lebt die SED-Führung in einer als „Wildforschungsgebiet“ getarnten Sperrzone.

Honecker wohnt in Haus Nr. 11: 250 Quadratmeter Wohnfläche, Herd und Kühlschrank aus dem Westen. Umsorgt von Bademeistern, Chauffeuren, Köchen und Butlern.

HONECKER LEBT ABGESCHOTTET IN EINEM PARALLEL-UNIVERSUM

Drei Jagdhäuser lässt er unterhalten, mit Schwimmbädern und Schießständen. Späteres Glanzstück seines Fuhrparks ist ein zum Jagdwagen umgebauter grüner Range Rover, mit Stereoanlage, Teppich und Lammfellsitzen, eine mit Leder gepolsterte Auflage für das Gewehr lässt sich elektrisch heben und senken, Honecker muss zum Jagen nicht einmal das Auto verlassen.

Der mächtigste Mann im Staat, der so durchschnittlich ist in vielem und so mittelmäßig, der es bei Propaganda-Terminen liebt, den einfachen Arbeiter darzustellen – er lebt in einem Paralleluniversum.

19. Juli 1976, Montreal

Ganz oben steht Kornelia Ender auf dem olympischen Treppchen. Die 17-jährige Schwimmerin hat geschafft, was bei diesen Spielen keiner Athletin gelingt: Sie wird mit vier Goldmedaillen und einmal Silber heim in die DDR reisen. Wird zum vierten Mal Sportlerin des Jahres – und kurze Zeit später von den Funktionären fallen gelassen, weil sie sich weigert, Anabolika zu schlucken.

Der unglaubliche Erfolg der DDR-Schwimmerinnen hat System (sie gewinnen in Montreal elf von 13 Goldmedaillen). Und einen Preis. 1974 hat das Zentralkomitee das Staatsplanthema 14.25 beschlossen: Die DDR-Athleten sollen fortan mit allen Mitteln an die Weltspitze gebracht werden, auch mit pharmazeutischen wie dem Steroid Oral-Turinabol des VEB Jenapharm. Schon Kinder werden gedopt.

Wohl 10 000 Sportler erhalten im SED-Staat Anabolika und Wachstumshormone – meist ohne ihr Wissen. Die Mädchen im DDR-Sport, oft noch vor oder in der Pubertät, trifft das Doping am härtesten: Ihnen wachsen Bärte, die Menstruation bleibt aus, manche entwickeln später Tumore oder Leberschäden, andere werden unfruchtbar, erleiden Fehlgeburten oder bringen behinderte Kinder zur Welt.

Als ein Journalist in Montreal nach den tiefen Stimmen der DDR-Athletinnen fragt, antwortet ihr Trainer: „Die sind ja nicht zum Singen hier.“

Berlin, 26. Juli 1977

Der Kaffeepreis auf dem Weltmarkt ist dramatisch gestiegen, das Politbüro beschließt eine neue Mischung für die Tassen des Arbeiter-und-Bauern-Staats: Vom 1. August 1977 an sollen Behörden, Betriebskantinen, Armee und die meisten Gaststätten keinen reinen Bohnenkaffee mehr ausschenken, sondern ein Gebräu, das neben Röstkaffee unter anderem aus Getreide, Zichorien

Fabrikarbeiterinnen: Fast alle Frauen sind berufstätig, doch in Führungspositionen steigt kaum eine auf

Ein Schweißer arbeitet an einer mehr als 30 Jahre alten Dampflokomotive: Es fehlt das Geld für Investitionen

Weil es an Material und Ersatzteilen mangelt, wird vieles improvisiert: Schmiede in Güstrow, 1979

Pause auf dem Land: In der DDR dringen Frauen auch in männliche Domänen vor und arbeiten etwa als Traktorist

In Weidekörben liefern diese Berliner Kohlenträger ihre
Waren aus – die wenigsten Altbauten sind saniert

und getrockneten Zuckerrübenschnitzeln besteht.

„Erichs Krönung" tauft das Volk die Mischung. Sie ruiniert die Kaffeemaschinen in den Großküchen und führt zu dem offensten Unmut seit Jahren: Derart viele Eingaben gehen bei Abgeordneten und staatlichen Stellen ein, dass sich das Regime gezwungen sieht, mit allen Mitteln Kaffee herbeizuschaffen.

Die Regeirung wird unter anderem in Äthiopien fündig – und tauscht dort Waffen gegen Bohnen.

22. Februar 1978, Gotha

Der Diplom-Ökonom Mircea Jereschinski hält im VEB Traktorenwerk den Kontakt zum nahebei stationierten Regiment der Sowjetstreitkräfte. Gemeinsam mit dem Betriebsdirektor ist er zu Gast beim Bankett zur Feier des 60. Jahrestags der Gründung der Roten Armee.

Sie haben dem Regiment Garderoben, Raumteiler und Spiegel aus der Konsumgüterproduktion des VEB zum Geschenk gemacht. Jereschinski hat sich zudem um Einladungen für vier weißhaarige, hochdekorierte Männer, „Helden der Sowjetunion", gekümmert – und damit die Ausreise der Veteranen des Großen Vaterländischen Kriegs aus der UdSSR überhaupt erst möglich gemacht.

Am nächsten Tag, dem offiziellen Gründungstag der Armee, steht Jereschinski auf der Tribüne zur Ehrenparade. Er ist gerührt, als die Veteranen vor der Regimentsfahne niederknien und sie küssen. Dankbar für die Befreiung 1945. Aber er empfindet die Sowjetsoldaten trotzdem als Besatzungsarmee – was er nie öffentlich zugeben dürfte.

Zum Abschied überreicht er den alten Herren ein Erinnerungsalbum und ein Sortiment mit thüringischen Wurstspezialitäten aus dem örtlichen Fleischkombinat. Einer der Helden mit erbärmlich niedriger Sowjetrente schaut sich vorsichtig um; für ihn ist die DDR offenbar ein Konsumparadies.

Dann sagt er leise: „Was haben wir aus unserem Sieg gemacht?"

1978, Ostberlin

Auf einem Schulausflug debattieren Maxim Leo, acht, und seine Freunde am Brandenburger Tor, wie man die

Die Hochseefischer der DDR fahren bis in den Pazifik – ihr Fang gelangt aber offenbar nur selten in diese Erfurter Fischhandlung

Kunden in einer Apotheke: Mit der wachsenden Ausreisebewegung verlassen auch viele Ärzte das Land

Private Apfelverkäuferin: Rentner profitieren als Einzige kaum von Honeckers Sozialpolitik – mancher verdient sich so etwas dazu

Südfrüchte sind selten, erst recht außerhalb Ostberlins, wo die SED vor allem zu Parteitagen dafür sorgt, dass es Apfelsinen gibt

Nach einem kurzen kulturellen Tauwetter um 1971 werden schon bald wieder Bands verboten und Künstler ausgewiesen

Im »Intershop« gibt es Luxusartikel und sonst kaum erhältliche Waren – allerdings nur gegen Westgeld

Mauer am besten überwinden könnte. Mit einem Segelflugzeug? Einem Kranwagen?

Am nächsten Tag soll Maxim in Heimatkunde beantworten, weshalb die Staatsgrenze geschützt werden muss. „Weil sonst alle abhauen und weil drüben Faschisten sind", schreibt er.

Dafür bekommt er nur eine Drei. Die richtige Antwort lautet: „Damit der Frieden gesichert bleibt."

Nachmittags trifft Maxim sich manchmal mit ein paar Freunden zu seinem Lieblingsspiel, und das geht so: Drei Kinder stellen sich vor das Klettergerüst, sie sind die Grenzer. Der Vierte muss versuchen, an ihnen vorbeizukommen, sich durch das Gerüst zwängen und schreien: „Westen!"

Erst dann hat er gewonnen.

Winter 1978, Grünheide

Die siebenjährige Claudia Rutsch ist in der ersten Klasse. Kein Baby mehr. Und das will sie beweisen: Sie werde, verkündet sie ihrer Mutter, die Großmutter am Abend allein vom Bus abholen. Claudia zieht sich die Ohrenmütze über und geht los in das Dunkel, vorbei an dem Lada, der wie immer vor dem Haus in der Waldsiedlung parkt.

Ihre Mutter ist mit dem Dissidenten Robert Havemann und dessen Frau befreundet; sie hat ihren Mann verlassen und ist mit der Tochter in die Nähe der Havemanns nicht weit von Ostberlin gezogen. Jetzt sind immer diese grauen Männer da, wie Claudia bemerkt, laufen hinterher, wenn sie mit ihrer Mutter spazieren geht, verstecken sich manchmal hinter Bäumen.

Claudia findet das beruhigend: Die Männer geben ja acht auf sie.

Doch jetzt ist deren Auto in der Dunkelheit nicht mehr zu sehen, sie ist ganz allein. Sie weiß nicht, dass ihre Mutter 30 Meter hinter ihr geht, um heimlich auf sie aufzupassen. Und auch nicht, dass sich der Lada in Bewegung gesetzt hat: Die Stasi-Männer vermuten wohl regimefeindliche Aktivitäten.

So ziehen sie also durch die Mark Brandenburg, vorneweg Claudia, die nun singt, um sich Mut zu machen – und zwar das längste Lied, das sie aus der Schule kennt. Eines, das ihr die Mutter zu Hause verboten hat: „Soldaten sind vorbeimarschiert, im gleichen Schritt und Tritt, wir Pioniere kennen sie und laufen fröhlich mit."

Dahinter ihre friedensbewegte Mutter, die dem Kind so oft Wolf Biermanns pazifistische Zeilen „Soldat, Soldat in grauer Norm" vorgespielt hat.

Und dahinter, auf dem Sandboden rumpelnd und hüpfend, der Stasi-Lada: Auf keinen Fall will man die observierte Person aus den Augen verlieren.

Kurz darauf trifft Claudia ihre Großmutter an der Bushaltestelle, stolz auf den eigenen Mut. Sie ahnt nicht, das sie die Bewacher ihrer Mutter gerade außer Gefecht gesetzt hat: Die Stasi steckt in einem Schlagloch fest.

Winter 1979, Ostberlin

Maxim Leos Mutter Annette, 27, promoviert an der Humboldt-Universität über die Geschichte der spanischen Gewerkschaftsbewegung. Eines Tages bestellt sie in der Bibliothek des Instituts für Marxismus-Leninismus ein Buch, erhält es aber nicht – denn dafür brauche sie eine Sondergenehmigung, sagt die Bibliothekarin: Es stehe in der Abteilung für verbotene Werke.

Annettes Professorin besorgt die Genehmigung. An einem Nachmittag steht die Doktorandin zum ersten Mal in dem „Giftraum". Doch statt der Bücher reaktionärer westlicher Schriftsteller, die sie erwartet hat, findet sie Werke der verfemten kommunistischen Theoretiker: Leo Trotzki etwa und Nikolai Bucharin.

Mit der Genehmigung darf sie hier nun jedes Buch bestellen – und beginnt bald, statt der spanischen Gewerkschaftsbewegung die Geschichte eines Mannes zu recherchieren, der in den DDR-Geschichtsbüchern als „rechter Verräter" gilt: ihr eigener Großvater.

Dagobert Lubinski, von den Nationalsozialisten inhaftiert und 1943 im Vernichtungslager Auschwitz ermordet, ist Ende der 1920er Jahre wegen „parteifeindlicher Fraktionsarbeit" aus der KPD ausgeschlossen worden, arbeitete dann als Mitglied einer kommunistischen Splittergruppe bei einer Zeitung mit dem Titel „Gegen den Strom". Die ist nach Ansicht der SED-Ideologiehüter so toxisch, dass Annette Leo sie nicht einmal im Giftraum zu sehen bekommt.

Sie braucht weitere Monate und Sondergenehmigungen, um an die Jahresbände von „Gegen den Strom" und Zeitschriften der KPD zu gelangen.

Und dann lernt Anne Leo von ihrem Großvater, dass es das in der Partei der Arbeiterklasse auch einmal gegeben hat: Opposition und Diskussion.

4. Juli 1980, Ostberlin

Ausländischer Besuch im Haus des Zentralkomitees am Werderschen Markt: Der Verleger Robert Maxwell ist aus London angereist. Mehrere Stunden lang befragt er den Staatsratsvorsitzenden zu Innen- und Außenpolitik.

„Erich Honecker", titelt am nächsten Tag das „Neue Deutschland", „antwortet auf aktuelle politische Fragen". Da fallen so erstaunliche Sätze wie „Die DDR befindet sich unter den zehn stärksten Industrienationen der Erde" und „Immerhin reisen jetzt schon jährlich 1,5 Millionen Bürger ins westliche Ausland".

Das Interview ist Teil von Honeckers Autobiografie „Aus meinem Leben". Das Buch erscheint in mehreren Sprachen in der Reihe „Leaders of the World".

Nach fast zehn Jahren an der Spitze der Partei und des Staates arbeitet Erich Honecker bereits an seinem Nachruhm. Mit Erfolg: Im Westen hat er eine erstaunlich gute Presse.

Bald wird der Sozialist auf Staatsbesuch zu gekrönten Häuptern reisen, wird den Bundeskanzler im Jagdschloss Hubertusstock empfangen, wird sich sonnen in der neuen Anerkennung. Und dabei ein Bild der DDR pflegen, das wenig gemein hat mit der Wirklichkeit: „Nie zuvor in der deutschen Geschichte hat es einen Staat gegeben, in dem das Volk so frei atmen kann", schreibt er in seiner Autobiografie. „Besonders augenscheinlich erwies sich das in den 70er Jahren, dem bisher erfolgreichsten Abschnitt in der Geschichte der DDR." □

Literaturempfehlungen: *Stefan Wolle, „Die heile Welt der Diktatur", Ch. Links: Alltagswirklichkeit 1971–1989.*
Maxim Leo, „Haltet euer Herz bereit", Blessing: Kindheitserinnerung und ostdeutsche Familiengeschichte.

Gesa Gottschalk, 33, gehört zum Redaktionsteam von GEO*EPOCHE*.
Mitarbeit: Mechthild Herzog und Lisa Philippen.

Ein Hustenbonbon zum Abschied: Es ist die letzte Geste des dreitägigen deutsch-deutschen Treffens – und eine selten spontane. Streng hat Erich Honecker den Besuch des Bundeskanzlers inszenieren lassen, selbst vereinzelte »Helmut«-Rufe waren bestellt

Scharade für den Westen

Begeistert haben die Erfurter 1970 Willy Brandt empfangen. Das soll der DDR-Regierung nicht noch einmal passieren: Bei Helmut Schmidts Besuch in Güstrow im Dezember 1981 will die SED alles richtig machen – und so spaziert der Bundeskanzler durch eine Kulisse, in der fast nichts echt ist

VON HARALD MARTENSTEIN

Beteiligt sind ungefähr 21 000 Polizisten, dazu 14 000 Mitarbeiter der Staatssicherhcit. Es ist eine große und komplizierte Operation. Wenn man so will: eine starke Leistung.

Die Bevölkerung einer ganzen Stadt wird für einen Tag weitgehend ausgeschaltet, nahezu komplett neutralisiert und zum Teil ausgetauscht. Die DDR-Führung zeigt, was sie kann.

Im Grunde stammt die Idee von Bertolt Brecht. Nach dem blutig niedergeschlagenen Volksaufstand vom 17. Juni 1953 hat er, in seiner Empörung, folgenden sarkastischen Satz niedergeschrieben: „Wäre es da nicht doch einfacher, die Regierung löste das Volk auf und wählte ein anderes?“

Ein paar Jahre später, 1981, scheint die DDR-Regierung diesem Rat dann tatsächlich zu folgen. Nicht im ganzen Land, aber immerhin in einer Stadt. In Güstrow.

Anlass ist die Visite des Bundeskanzlers. Schon seit Längerem hat Helmut Schmidt über einen Staatsbesuch in der DDR nachgedacht. Die Lage zwischen Ost und West ist angespannt, die Sowjetunion hat ihre Truppen mit SS-20-Raketen ausgerüstet, die nukleare Sprengköpfe tragen. Der Westen, auch Schmidts sozialliberale Regierung, hat darauf mit dem Nato-Doppelbeschluss reagiert: einem Verhandlungsangebot an Moskau bei gleichzeitiger Modernisierung der eigenen Waffen.

Ein Treffen mit Erich Honecker, dem Staatsratsvorsitzenden, würde ein Signal der Entspannung senden. Auch für Schmidt selbst könnte so ein Besuch vorteilhaft sein: Seine SPD-Parteifreunde werfen ihm vor, dass er sich für Deutschlandpolitik und für die DDR nicht sonderlich interessiere, anders als sein Vorgänger Willy Brandt.

Mehrere Anläufe scheitern. Mal kommt die sowjetische Invasion in Afghanistan dazwischen, dann wird in Danzig gestreikt, und in Polen gründet sich die freie Gewerkschaft „Solidarność“. Das sind, nach Ansicht beider Sei-

Am 13. Dezember sperren Tausende Polizisten Güstrow weiträumig ab. In der Stadt halten die Uniformierten das Volk von den Staatschefs fern

Männer vor dem Haus der Dame: Nur ausgewählte Personen dürfen sich an diesem Tag in Güstrow frei bewegen, die meisten von ihnen Stasi-Mitarbeiter

ten, ungünstige Voraussetzungen für eine erfreuliche Gesprächsatmosphäre.

Nicht zu vergessen: Die Sowjetunion darf keine Einwände gegen einen deutsch-deutschen Gipfel haben. In Moskau aber neigt man zu Misstrauen, auch gegenüber so treuen Freunden wie der DDR. Im Spätherbst 1981 endlich scheint alles halbwegs zu passen.

Schmidt trifft sich am 11. und 12. Dezember in der Schorfheide nordöstlich von Berlin mit Honecker: in dessen Gästehaus am Döllnsee und im Jagdschloss Hubertusstock.

Zweimal schon sind sich die beiden Männer kurz begegnet, in Helsinki und Belgrad. Doch der Besuch des Kanzlers in der DDR ist eine Aufwertung jenes Staates, dessen Führungspersonal sich so sehr danach sehnt, international endlich als gleichberechtigt wahrgenommen zu werden – und nicht als Anhängsel des großen Bruders in Moskau.

Erich Honecker hat eine hohe Meinung von Helmut Schmidt. Er empfindet es wohl als Ehre, mit diesem hochgebildeten Staatsmann auf Augenhöhe reden zu dürfen.

Schmidt dagegen hält nicht viel vom Politiker Honecker – für den Kanzler ein mittelmäßiger Mann mit beschränkter Urteilskraft. Als rhetorisch unbegabt und intellektuell überfordert beschreibt ein Biograf den SED-Chef.

Doch im persönlichen Gespräch ist dieser oft hölzerne Honecker anders als bei offiziellen Auftritten, lockerer, nicht ohne Witz und Charme. Er verfügt in fast allen Fragen der innerdeutschen Politik über ein beeindruckendes Detailwissen, wie Schmidt bald schon merkt.

Dennoch bleiben Honeckers Äußerungen oft phrasenhaft, weichen selten von der ideologisch vorgegebenen Grundlinie ab. „Verlangen Sie von diesem Mann nicht mehr, als er seiner ganzen Biografie nach leisten kann", wird Schmidt nach dem Gespräch einem Mitarbeiter sagen.

Erich Honecker stammt aus der Nähe von Neunkirchen, ein Saarländer, Jahrgang 1912. Schon sein Vater sitzt für die Kommunistische Partei im Gemeinderat. Der Sozialismus ist Erichs Religion. Was richtig und was falsch sei, schreibt ein Biograf, habe Honecker in seiner Jugend auswendig gelernt, und dabei sei es geblieben.

„Ich kann mich an keinen Augenblick in meinem Leben erinnern", notiert Honecker einmal, „in dem ich an unserer Sache gezweifelt hätte."

Seine Dachdeckerlehre bricht er ab, um mit 18 Jahren KPD-Funktionär zu werden. Unter den Nationalsozialisten sitzt er zehn Jahre lang im Gefängnis. Honecker ist ganz und gar ein Geschöpf des Parteiapparats, und er verfügt über einen präzisen Instinkt dafür, bei internen Fraktionskämpfen stets auf der siegreichen Seite zu stehen und sich wichtige Positionen zu sichern.

Als die Partei Walter Ulbricht nach dem Aufstand von 1953 fast absetzt, hält der FDJ-Chef Honecker eisern zu ihm, möglicherweise aus Loyalität zu seinem politischen Ziehvater; vielleicht ahnt er aber auch, dass Moskau in dieser unsicheren Lage keinen Wechsel an der Spitze des SED-Staates zulassen würde.

Honecker leitet die FDJ, bis er das für eine Jugendorganisation absurde Alter von 43 Jahren erreicht hat, dann wird er von dem dankbaren Ulbricht zum ZK-Sekretär für Sicherheitsfragen gemacht, zuständig für Armee, Polizei und Stasi. Beim Bau der Mauer ist Honecker der Cheforganisator.

Doch durch seinen zunehmend unabhängigen Kurs droht Ulbricht die Unterstützung Moskaus zu verlieren. Wiederholt preist er öffentlich die DDR als Modell einer sozialistischen Industriemacht. Zugleich treibt er, unter dem argwöhnischen Blick des großen Bruders, die wirtschaftliche Zusammenarbeit mit der Bundesrepublik voran. Honecker intrigiert nun bei Leonid Breschnew gegen seinen Mentor und versetzt ihm den politischen Todesstoß.

Erich Honecker mag keine offenen Konflikte. Denn risikolosen Widerspruch und ungefährliche Debatten hat er in der stalinistisch geprägten Partei seiner Jugendjahre nie kennengelernt.

Ein Apparatschik. Ein Hundertprozentiger. Gleichzeitig aber sei dieser Funktionär ein „Gefühlsmensch", behauptet Klaus Bölling, der Ständige Vertreter der Bundesrepublik in Ostberlin.

So empfinde Honecker Verbundenheit mit anderen von der NS-Diktatur verfolgten Gruppen, auch bekennenden Christen. Die Jahre in der kommunistischen Partei hätten ihn jedoch gelehrt, solche Gefühle zu verdrängen.

Dem gebürtigen Saarländer, der mit dem Mauerbau die Teilung Deutschlands zementiert hat, ist das Verhältnis zwischen den beiden deutschen Staaten ein besonderes Anliegen. „Es gibt in der Führung der SED kaum einen Kommunisten, der deutscher wäre als er", schreibt Bölling, der Helmut Schmidt auf seinem Staatsbesuch begleitet.

Honeckers Ehe mit Margot, seine dritte, leidet unter seinen erotischen Abenteuern, einmal steht sie wegen einer Eskapade ernsthaft auf der Kippe.

Die meisten Menschen in Ost und West ahnen davon nichts. Als nüchtern und rückständig erleben sie den SED-Chef, als brav und spießig. Wie ein feudal regierter „Schrebergartenverein" sei Honeckers DDR gewesen, schreibt die Schriftstellerin Wera Küchenmeister.

Tatsächlich führt Honecker die Republik wie ein Fürst. Sein Personalausweis trägt die Nummer 000 0001, in einer Ausgabe des „Neuen Deutschland" erscheinen einmal 43 Fotos von ihm.

Oft kümmert er sich persönlich um Kleinigkeiten, einen Einreiseantrag, eine Eingabe. Er spielt gern Skat, geht gern auf die Jagd. In seinem Fuhrpark stehen etwa zehn Autos, darunter mehrere Geländewagen und eine verlängerte Volvo-Staatslimousine.

Unangenehme Wahrheiten dagegen blendet Honecker gern aus. Wenn die Wirklichkeit und die Parteilinie nicht übereinstimmen, dann macht die Wirklichkeit offenbar etwas falsch.

So denkt er. Und so regiert er auch.

Während des Kanzlerbesuchs essen Schmidt und Honecker in der Schorfheide gemeinsam Kartoffelsuppe und trinken Radeberger Bier. Sie reden 15 Stunden lang miteinander, zu zweit oder in größerer Runde, die Stimmung ist gelöst, einmal nennt Schmidt seinen Gastgeber sogar „verehrter Freund". Spektakuläre Ergebnisse sind nicht zu verzeichnen, aber das gewünschte Signal kommt zustande: Die beiden so verschiedenen Deutschen können ganz gut miteinander.

Am dritten und letzten Tag des Besuchs steht nun die Begegnung des Staatsgastes mit der Bevölkerung der DDR auf dem Programm.

Und genau davor graut es der SED-Führung.

Alle erinnern sich noch an 1970, an Willy Brandts Besuch in Erfurt, an die begeisterten Menschen dort und ihre „Willy! Willy!"-Rufe. Das Volk rastete damals fast aus, und das Regime, das so viel Jubel sonst höchstens auf Bestellung bekommt, war blamiert.

Diesmal aber wird das Volk „Erich! Erich!" rufen. Dafür ist gesorgt.

Schmidt wäre, als Hanseat, am liebsten nach Rostock gefahren. Doch die DDR-Führung blockt ab. Viel zu groß, zu schwer zu kontrollieren.

Besser geeignet: Güstrow, Mecklenburg, 38 000 Einwohner.

Der Ort war die Hauptwirkungsstätte des von Schmidt verehrten Bildhauers

Verschiedene Telefonzellen für die Journalisten aus Ost und West: In der DDR gilt die Bundesrepublik als Ausland

Die Gespräche zwischen Schmidt und Honecker bringen kaum Ergebnisse, senden aber ein Signal: Das deutsch-deutsche Verhältnis ist entspannt

Ernst Barlach, im Dom hängt dessen Plastik „Der Schwebende“. Und tatsächlich: Vor allem wegen Barlach lässt Schmidt sich auf Güstrow ein.

Schon Tage vor seinem Besuch läuft in dem Städtchen, unter persönlicher Leitung des Stasi-Chefs Erich Mielke, die Operation „Dialog“ an. Als Erstes siebt die Staatssicherheit aus ihren Akten 644 Verdächtige heraus, die Ärger machen könnten. Offizielle Bezeichnung: „feindlich-negative Kräfte“.

Es handelt sich dabei um 520 Systemkritiker, die den Behörden als „dekadent“ oder als „Rowdys“ gelten, um 42 Jugendliche, die für „negative Zwecke“ ausgenutzt werden könnten, um 40 Bürger, die eine Eingabe an eine staatliche Stelle verfasst haben, um 21 Personen, die einen Ausreiseantrag gestellt haben, sowie um 13 Kriminelle und acht Menschen, die irgendwann mal einen Fuß in die Ständige Vertretung der Bundesrepublik gesetzt haben.

Alle 644 werden von der Staatssicherheit verhaftet, unter Hausarrest gestellt oder unter einem Vorwand gezwungen, die Stadt zu verlassen.

Bei der Beseitigung von Güstrowern aus dem Güstrower Stadtbild entwickelt die Stasi durchaus eine gewisse Kreativität. Mal wird eine feindliche Kraft zur Reserveübung der Volksarmee eingezogen, mal ist die Anwesenheit einer negativen Kraft bei einer Weihnachtsfeier erforderlich, Widerspruch zwecklos.

Zudem werden alle Güstrower, die wegen einer psychischen Störung in ärztlicher Behandlung sind, vorübergehend in geschlossene Kliniken gesperrt, unabhängig von der Art ihrer Erkrankung. Mielke nimmt, rechtzeitig vor dem Eintreffen des Kanzlers, Quartier im Güstrower Schloss und überwacht das Ganze.

Er lässt 4500 Wohnungen durchsuchen. Mit 6000 Güstrowern führen Stasi-Offiziere warnende Vorgespräche. 11000 Personen, deren Gesinnung Anlass zur Sorge gibt, werden von Mitarbeitern der Staatssicherheit beobachtet.

Über jeden einzelnen Anwohner der Strecke, die Schmidt und seine Begleiter nehmen werden, verfassen Stasi-Mitarbeiter ein Dossier. Das sind alle Menschen, die bis zu 100 Meter von der Protokollstrecke entfernt wohnen, gemessen ab Bordsteinkante. In freiem Gelände sind es 500 Meter. Niemand wird ausgenommen. „Auch von Kindern“, heißt es in einem Stasi-Papier, „können Gefahren für die Protokollstrecke ausgehen.“

Die Stadt wird vor dem Eintreffen Schmidts umstellt, ohne Erlaubnis kommt niemand hinein oder hinaus. An der Strecke stehen fast ausnahmslos Mitarbeiter der Staatssicherheit in Freizeitkleidung. Sie stellen das Volk dar.

Einige als hochzuverlässig geltende Kader aus der SED und den Blockparteien sind auch dabei. Sie dürfen keine Flaggen schwenken, keine Transparente oder Bilder zeigen. Klatschen ist erlaubt, Rufen aber verboten – selbstverständlich mit Ausnahme von „Erich! Erich!“

Die rund 5000 Komparsen sind mit Bussen aus der ganzen Republik herangeschafft und für ihren Auftritt geschult worden. Im Gespräch mit Westjournalisten sollen sie stets die volle staatliche Anerkennung der DDR fordern.

Auch die Art der jeweiligen Bewegung wird vorgegeben: Neben einem Kindergarten soll eine Gruppe sich „gelockert“ geben, Spaziergänger präsentieren sich „mit wechselnder Konzentration“. Vor einem Forstbetrieb sollen drei Männer Försteruniform tragen, damit alles ein wenig authentischer wirkt.

Das wichtigste Operationsgebiet aber ist der Güstrower Weihnachtsmarkt, über den Schmidt spazieren wird. Der Markt ist zunächst vollständig von Besuchern, Händlern und Waren gesäubert worden. Dann hat man die Stände mit neuen Waren bestückt, die ein äußerst positives Bild von der Versorgungslage in der DDR vermitteln.

Viele Lichter und Musik kommen hinzu, wahrscheinlich hat niemals in der Geschichte der DDR ein Markt so rundum schön, so einladend und so freundlich ausgesehen. Besucher und Händler werden von bewährten Kadern und der Stasi gestellt, darunter auch Angehörige des Wachregiments Feliks Dzierzynski, des militärischen Arms des Ministeriums. Deren Kampfaufgabe lautet, eine „lockere Atmosphäre“ auszustrahlen.

Auf dem Markt darf vereinzelt gewunken werden, als die zwei Politiker eintreffen. Es wird auch gerufen, und zwar reichlich: „Erich! Erich!“ Daneben ist jetzt hin und wieder sogar ein „Helmut!“ erlaubt. Das Volk der DDR soll ja nicht unfreundlich oder feindselig erscheinen, es ist nett zu seinem Gast, auch wenn es diesen Gast nicht annähernd so feurig liebt wie seinen Erich.

Eine Sache wirkt dann doch etwas seltsam: Auf diesem Weihnachtsmarkt sind kaum Frauen und Kinder zu sehen.

Längst hat in diesem Herbst 1981 die Endphase der DDR begonnen, eine Phase des ökonomischen Niedergangs, der kaum mehr zu bremsen ist – am wenigsten von Honecker, der allen Tatsachen zum Trotz immer noch davon überzeugt ist, auf dem richtigen Weg zu sein.

Mit der DDR geht es langsam zu Ende, doch die Deutschen in Ost und West glauben eher an das Gegenteil.

Die Westdeutschen haben sich weitgehend mit der Teilung abgefunden. Auf die Frage nach der wichtigsten Aufgabe der deutschen Politik nennt seit Mitte der 1970er Jahre nur ein Prozent die Wiedervereinigung, in den 1950er Jahren war es noch fast die Hälfte gewesen.

Honecker hat nach seiner Machtübernahme für höhere Löhne und kürzere Arbeitszeiten gesorgt, für dauerhaft billige Mieten und Grundnahrungsmittel; er verschafft den DDR-Bürgern einen bescheidenen Wohlstand.

Ein Historiker wird Honeckers DDR eine „Fürsorgediktatur“ nennen. Die Leute sollen zu essen haben, ein bisschen Konsum, sie sollen ordentlich Propaganda kriegen und sorgfältig überwacht werden, das ist Erichs Rezept.

Dafür reichen die Einnahmen des Staates allerdings nicht annähernd aus.

Literaturempfehlungen: *Norbert F. Pötzl, „Erich Honecker. Eine deutsche Biographie“, DVA: anekdotenreiche Biographie des SED-Chefs. Klaus Bölling, „Die fernen Nachbarn. Erfahrungen in der DDR“, Stern Buch: die Ereignisse vor, nach und während des Besuchs in Güstrow aus Sicht des Ständigen Vertreters der Bundesrepublik in der DDR.*

Ein Bummel über den Weihnachtsmarkt ist der Tiefpunkt der Inszenierung: Die angeblichen Besucher sind fast ausnahmslos Männer

Die Lücke schließt er mit immer größeren Krediten vor allem aus der Bundesrepublik – deren Zinsen aber bald mit neuen Krediten gezahlt werden müssen.

In seiner Amtszeit soll Honecker nur ein einziges Mal eine Kaufhalle besucht haben, die natürlich zu seinen Ehren verschwenderisch herausgeputzt war.

An der Strecke, die er im Autokonvoi jeden Tag auf dem Weg zur Arbeit nimmt, sind die Häuserwände stets frisch gestrichen – und zwar gerade so hoch, wie der Staatschef aus dem Fenster seiner Limousine schauen kann.

Die DDR kennt sich damit aus, den Schein zu wahren, das Hässliche zu übertünchen, heile Welt zu spielen.

Selbst westdeutsche Politiker ahnen nicht, wie schlecht es um den Nachbarn tatsächlich steht. Und wenn dieser Staat, wie es scheint, für die Ewigkeit gemacht ist, dann darf man den Faden nicht abreißen lassen, so die Überzeugung in Bonn, muss man im Gespräch bleiben: Kartoffelsuppe, Weihnachtsmarkt.

Behutsamkeit, Beharrlichkeit, Berechenbarkeit: Mit diesen drei Worten beschreibt Helmut Schmidt seine Deutschlandpolitik.

DAS WETTER IN GÜSTROW ist grau am 13. Dezember 1981. Schneeregen. Schmidt und seine Begleiter haben am Morgen erfahren, dass in Polen das Kriegsrecht verhängt worden ist; der seit einigen Wochen regierende General Wojciech Jaruzelski will die rasch wachsende Gewerkschaftsbewegung „Solidarność“ mit Gewalt niederschlagen.

Für die Bonner Delegation kommt ein Abbruch des Besuchs trotzdem nicht infrage. Sie zieht das Programm durch: Schmidt besucht die Ernst-Barlach-Gedenkstätte, den Dom und den Weihnachtsmarkt.

Für die Journalisten aus dem Westen ist ein riesiger neuer Parkplatz eingerichtet worden, 250 von ihnen dürfen kommen, darunter sogar Leute von der Springer-Presse, deren Zeitungen den

Namen des zweiten deutschen Staates noch immer nur in Anführungszeichen schreiben. Auch das DDR-Fernsehen überträgt beinahe live, das heißt, um zehn Minuten zeitversetzt: Sicher ist sicher. Die Straßen sind blitzsauber, einigen Häusern sieht man an, dass sie hastig frisch gestrichen worden sind. Und die angebliche mecklenburgische Bevölkerung spricht zum Teil sächsisch.

Erich Honecker versucht, lustig und locker zu wirken, aber das kann er wirklich nur in privater Runde. Hier wirkt er verkrampft, während er seinen verkleideten Untergebenen die Hand schüttelt. Schmidt gibt sich gelassen.

Den Politikern und den westdeutschen Journalisten fällt natürlich auf, dass ihnen ein Theaterstück vorgeführt wird, und zwar ein schlechtes. Ein Weihnachtsmarkt, besucht überwiegend von jungen Männern? „Klobig, beleidigend, dilettantisch und primitiv", kommentiert Klaus Bölling später.

Trotz des gewaltigen Aufwands kommt es zu zwei kleinen Zwischenfällen. Gegen 9.30 Uhr öffnet ein Mann sein Fenster und ruft auf die Straße: „Ihr habt wohl Angst!"

Ein anderer verlangt auf dem Marktplatz, vor laufenden Westkameras, Reisefreiheit für die DDR-Bürger. Wie er es geschafft hat, hier aufzukreuzen, ist den Journalisten ein Rätsel.

Stasi-Männer fallen ihm ins Wort und bestreiten einfach, dass es in der DDR irgendwelche Reisebeschränkungen gebe (was daraufhin aus dem Mann wird, ist nicht bekannt).

Mit spontanem Aufbegehren der Bürger mag die Stasi trotz aller Vorkehrungen gerechnet haben. Als aber Helmut Schmidt am Güstrower Bahnhof zur Abfahrt in den Zug steigt, geschieht zum ersten und einzigen Mal an diesen drei Tagen etwas wirklich Unvorhersehbares, das nicht im Drehbuch stand: Erich Honecker greift in seine Manteltasche und reicht dem Kanzler, durch das Zugfenster, ein Hustenbonbon als Wegzehrung. Offenbar eine spontane Idee. Die Fotoapparate klicken.

Am nächsten Tag schreibt der Staatsratsvorsitzende einen Dankesbrief an Erich Mielke: „Während des gesamten Zeitraumes war ständig eine stabile politisch-operative Lage gewährleistet."

Die Staatssicherheit, Arm der Partei, hat mit 35000 Mann ihren Kampfauftrag erfüllt und heile Welt gespielt. Die SED-Führer sind zufrieden, die Westdeutschen dagegen keinen Moment auf die Schmierenkomödie hereingefallen.

Und doch eint sie wohl alle ein Gefühl, die Politiker aus der Bundesrepublik und der DDR, die eingesperrten Güstrower und die linientreuen Komparsen, die Journalisten und die zur Weihnachtsfeier abkommandierten Dissidenten: Dies alles wird noch ewig so weitergehen. Kontrolle, Försteruniformen, eilig aufgetragene Farbe.

Den frischen Anstrich der Güstrower Häuser aber wird der mecklenburgische Regen schon bald abwaschen.

Und in der Fassade der DDR werden sich in den nächsten Jahren Risse auftun, die sich nicht mehr übertünchen lassen. □

Der Berliner Autor und Kolumnist **Harald Martenstein**, 60, hat sich schon einmal intensiv mit der DDR beschäftigt: in seiner Magisterarbeit.

Trotz des Polizeiaufgebots kommt es zu kleinen Zwischenfällen: Ein Mann kann sich unter die Stasi-Leute mischen und fordert Reisefreiheit

In der Schuldenfalle

1983 steht die DDR vor dem Bankrott. Um dringend benötigte Devisen zu bekommen, ist der Regierung jedes Mittel recht: Menschenhandel, Kunstraub, geheime Medikamententests. Verantwortlich dafür ist der Stasi-Offizier Alexander Schalck-Golodkowski VON TILMAN BOTZENHARDT

Am 5. Mai 1983 fährt eine schwere Limousine auf Gut Spöck vor, dem Gästehaus des Fleischgroßhändlers Josef März. Der Mann im Fond, fast zwei Meter groß, dunkle Sonnenbrille, ist aus Ostberlin in den bayerischen Chiemgau gereist. Herzlich begrüßt er seinen Gastgeber, sie kennen sich von Geschäften mit Schlachtvieh.

Wenig später ertönt das Knattern eines Rotors. Ein Helikopter landet auf dem Gelände. Er bringt den eigentlichen Geschäftspartner des Ostberliners – einen Mann mit Stiernacken und roten Gesichtszügen: Franz Josef Strauß, den CSU-Ministerpräsidenten von Bayern.

Ein glühender Antikommunist. Aber auch ein Politiker mit Geschäftssinn.

Abseits der offiziellen Diplomatie will Strauß, mit Wissen Bonns, über eine BRD-Bürgschaft für einen Milliardenkredit an die DDR verhandeln. Mit einem Mann, dem viele CSU-Mitglieder nicht einmal die Hand geben würden: Der Hüne ist Alexander Schalck-Golodkowski, DDR-Staatssekretär und oberster Devisenbeschaffer seines Regimes.

Das ungleiche Paar versteht sich auf Anhieb. Der eine hat viel zu gewinnen: Strauß könnte sich als Außenpolitiker von Staatsrang beweisen, denn als Gegenleistung für die Bürgschaft will er der SED-Führung humanitäre Zugeständnisse abringen.

Sein Gegenüber spielt um einen noch höheren Einsatz: Seinem Land droht der Bankrott.

SEIT ÜBER ZEHN JAHREN lebt die DDR über ihre Verhältnisse. SED-Chef Erich Honecker will seine Bürger mit Konsumgütern und sozialen Wohltaten an das Regime binden und zu höheren Leistungen motivieren. Dafür leitet er Ressourcen aus anderen Wirtschaftsbereichen in konsumnahe Industriezweige. Mehrfach lässt er zudem niedrige Einkommen erhöhen und Renten anheben. Er erweitert die staatliche Kinderbetreuung und ordnet den Bau Hunderttausender Wohnungen an. Mit Subventionen garantiert er niedrige Preise für Grundnahrungsmittel und Wohnungsmieten, für Energiekosten, Nahverkehr und Kinderbekleidung. Arbeiter erhalten mehr Urlaubstage.

Anfang der 1980er Jahre genießen die Bürger der DDR den höchsten Lebensstandard im Ostblock. Doch sie vergleichen ihren Alltag weniger mit den Verhältnissen in Polen oder in der Tschechoslowakei, sondern mit dem Leben der Verwandten in der Bundesrepublik – oder mit dem Bild, das sie sich aus dem Westfernsehen machen. Honeckers Wunsch, seinen Bürgern ein besseres Leben zu gewährleisten, überfordert die DDR-Volkswirtschaft. Denn das Land verbraucht mehr, als es herstellt.

Viele Maschinen und Ausrüstungen in den Betrieben sind veraltet und werden nicht ersetzt. Weil die Planwirtschaft den Erfolg der Unternehmen vor allem an der Menge der hergestellten Güter misst, haben die Betriebe wenig Interesse an Innovation, auch die Qualität ihrer Produkte wird zweitrangig.

Ausgerechnet CSU-Politiker Franz Josef Strauß (u. r.) besorgt Schalck-Golodkowski (u. l.) einen Milliardenkredit für die DDR

Da sich die Unternehmen zudem nicht auf Zulieferungen verlassen können, horten sie möglichst viel Material, damit sie die Ziele leichter erfüllen können, und verschleiern gegenüber dem Staat ihre tatsächlichen Vorräte und Kapazitäten. Die Arbeiter wiederum sind nicht übermäßig motiviert, weil sie in einer Planwirtschaft ihre Anstellung und ihr Einkommen nicht verlieren können.

Bereits 1971 weisen Experten Honecker darauf hin, dass die DDR ökonomisch zu schwach ist, um die Sozialpolitik zu finanzieren und die Bürger mit Konsumgütern zu versorgen. Um Honeckers Ziele zu verwirklichen, müsse die DDR mehr Waren aus dem Westen importieren und Kredite im Ausland aufnehmen. Vor allem chemische Grundstoffe, Maschinen und Produktionsanlagen kommen aus dem Westen ins Land, aber auch Waren wie Jeans oder Südfrüchte werden eingeführt.

Honecker nimmt diese Folgen seiner Politik in Kauf, denn es soll der DDR nicht so ergehen wie Polen: Dort haben die Arbeiter 1970 auf Preiserhöhungen mit Streiks und Protesten reagiert, die ihre Regierung niedergeschlagen hat. Und so treibt er die DDR immer tiefer in die Verschuldung. Bei seinem Amtsantritt 1971 betragen die Verbindlichkeiten bei westlichen Gläubigern zwei Milliarden D-Mark; bis 1982 steigen sie auf mehr als 25 Milliarden D-Mark an.

Um die Kredite bedienen zu können, braucht der Staat immer dringender zusätzliche Devisen. Beschaffen soll sie Schalck-Golodkowskis mit vielen Sonderbefugnissen ausgestattete Abteilung im Ministerium für Außenhandel: der Bereich „Kommerzielle Koordinierung".

Die KoKo hat 1966 die Arbeit aufgenommen, vor allem mit vertraulichen und illegalen Geschäften. So betreibt die 1964 gegründete Firma Intrac ein sehr unanständiges Geschäftsmodell: Sie veräußert die Waren, die Bonn für den Freikauf politischer Häftlinge als Lösegeld zahlt, auf dem internationalen Markt. 33 775 Gefangene werden bis 1989 entlassen oder dürfen in den Westen ausreisen, der SED-Staat bekommt dafür hauptsächlich Rohstoffe im Wert von mehr als 3,4 Milliarden D-Mark.

Neben dem intensiven innerdeutschen Warenaustausch konnten die Betriebe der DDR lange Zeit nur eingeschränkt normalen Außenhandel betreiben; das Land war außenpolitisch weitgehend isoliert. Doch mit der Entspannung in den 1970er Jahren nimmt der Handel mit den westlichen Staaten zu. Schalck-Golodkowski nutzt dies, um die Geschäfte seiner Abteilung in alle Bereiche der DDR-Wirtschaft auszuweiten: Die KoKo entwickelt sich zu einem Geflecht von mehr als 150 Unternehmen, Handelsgesellschaften und Briefkastenfirmen im In- und Ausland, die neben der geplanten Außenwirtschaft operieren.

Die DDR gewährt der KoKo zahlreiche Sonderrechte: Ihre Firmen dürfen frei über ihre Konten verfügen und müssen ihre Geschäfte keiner Zollbehörde offenbaren, Erlöse nicht sofort an die Staatsbank weiterleiten. Stattdessen dürfen sie Rücklagen bilden und damit wie kapitalistische Betriebe auf Finanzmärkten spekulieren. Sogar auf Mittel aus der staatlichen Devisenreserve können die KoKo-Firmen zugreifen.

Die einzige Verpflichtung: Jedes Jahr muss eine zum 1. Januar festgelegte Menge Devisen in den Staatshaushalt der DDR fließen; die Summen steigern sich von 166 Millionen D-Mark 1977 bis auf 469 Millionen D-Mark Ende der 1980er Jahre. Hinzu kommen noch Sonderabführungen an den Staat – doch ein großer Teil der Gewinne verbleibt auf den eigenen Konten.

Schalck-Golodkowski ist nur zwei Männern gegenüber Rechenschaft schuldig: Erich Honecker und Günter Mittag, ZK-Sekretär für Wirtschaft, de facto Herr über die DDR-Ökonomie.

Die DDR importiert ganze Fabriken aus dem Westen, um dessen technischen Vorsprung einzuholen (Plakat von 1982)

Eng verflochten ist die KoKo zudem mit dem Ministerium für Staatssicherheit, dem Schalck-Golodkowski und leitende Mitarbeiter als „Offiziere im besonderen Einsatz“ angehören. Die Staatssicherheit steuert die Kaderauswahl für die KoKo und unterstützt sie bei illegalen Geschäften; Angestellte der KoKo-Firmen horchen als Inoffizielle Mitarbeiter des Geheimdienstes ihre Handelspartner im Westen aus.

Häufig konkurrieren KoKo-Firmen mit den normalen staatlichen DDR-Außenhandelsbetrieben, exportieren Rohstoffe, Industrieprodukte oder Nahrungsmittel. Intrac etwa liefert Heizöl und Benzin nach Westberlin, deren Ausgangsprodukt Rohöl die DDR zuvor von der Sowjetunion im Tauschhandel günstig erworben und dann weiterverarbeitet hat.

Um langfristig Devisen zu beschaffen, beteiligt sich die KoKo zudem an Dutzenden sogenannter „Kompensationsgeschäfte“. Damit will Honecker die rückständige Industrie der DDR modernisieren: Der SED-Staat importiert Maschinen oder ganze Fabriken aus dem Westen. Dafür nimmt er Kredite auf, die er in den folgenden Jahren mit dem Export jener Produkte abbezahlen will, die mit den Anlagen gefertigt werden. So soll sich der Einkauf nach wenigen Jahren selbst finanzieren – und anschließend zu einer Quelle dauerhafter Devisenerlöse werden.

Doch der Technik-Import fruchtet kaum. Die Planwirtschaft der DDR kann die eingeführten Anlagen nicht effizient genug nutzen: Oft werden minderwertige Vorprodukte eingesetzt, Materialien nicht zuverlässig geliefert, die Produktion gerät ins Stocken. Die Arbeiter engagieren sich zudem nicht mehr als nötig in den Betrieben. Bis die mit den importierten Anlagen hergestellten Produkte auf den Weltmarkt gelangen, sind sie zum Teil bereits veraltet und müssen zu ermäßigten Preisen angeboten werden. Der Plan geht nicht auf, die Schuldenkrise der DDR verschärft sich.

Als Ende der 1970er Jahre die Rohstoffpreise und das Zinsniveau auf den internationalen Kapitalmärkten steigen, eskaliert das Finanzproblem. 1977 alarmiert Günter Mittag Honecker: „Erstmals sind wir in akuten Zahlungsschwierigkeiten.“ Doch der Parteichef glaubt noch immer fest an seine Sozialpolitik, die Kritik versteht er als Angriff.

Dabei gibt der SED-Staat 1979 bereits mehr als anderthalbmal so viel Devisen für die Tilgung von Krediten und Zinszahlungen in Westwährung aus, wie er aus Exportgeschäften in den Westen einnimmt. Es müssen also neue Kredite aufgenommen werden, um die alten bedienen zu können.

Schalck-Golodkowski schafft nun mit allen Mitteln Westgeld heran, mit viel Fantasie – und praktisch ohne Skrupel.

So gründet die KoKo 1982 eine Firma, die Waffenhandel betreibt: Entgegen der Selbstdarstellung der DDR als Friedensstaat liefert Schalck-Golodkowski Handgranaten, Minen, Panzerabwehrwaffen und Munition aus DDR-Produktion an Staaten in Vorderasien und Afrika. Er handelt mit Waffen aus anderen

Warschauer-Pakt-Staaten und hilft, Embargos zu umgehen. Im ersten Golfkrieg zwischen dem Iran und dem Irak macht er sogar mit beiden Seiten lukrative Geschäfte.

Über eine weitere Firma beraubt die KoKo systematisch mehr als 150 private Kunstsammler in der DDR und verkauft deren Besitz in den Westen. Meist konstruiert sie gemeinsam mit der Steuerverwaltung und der Staatssicherheit Steuervergehen der Eigentümer und beschlagnahmt die Sammlungen. Auf diese Weise nimmt die KoKo bis 1989 rund 430 Millionen D-Mark ein. Den Sammlern droht Psychiatrie oder Gefängnis.

Auch vor Kranken macht Schalck-Golodkowskis Geschäftssinn nicht halt: Im Frühjahr 1983 plant er gemeinsam mit dem DDR-Gesundheitsministerium Tests unerprobter Medikamente an Tausenden Patienten des SED-Staats – im Auftrag von Pharmakonzernen aus der Bundesrepublik, der Schweiz und den USA.

Insgesamt kommt es bis 1989 zu 165 Versuchsreihen; die Ärzte halten diese Experimente meist vor ihren Patienten geheim. Pro Studie zahlen die Auftraggeber bis zu 860 000 D-Mark. Das Geld geht an die Kliniken – und an die „Berliner Import und Exportgesellschaft“, eine KoKo-Firma.

Über eine weitere GmbH betreibt die KoKo zudem „Intershops“, in denen DDR-Bürger gegen Devisen Westwaren wie Markenkleidung, Uhren oder Kosmetika erwerben können. Zwischen 1971 und 1989 setzen die Läden mehr als 14,3 Milliarden D-Mark um.

Doch die Anstrengungen der KoKo reichen nicht aus, um die DDR aus der Schuldenfalle zu befreien. Stattdessen verschärft sich die Zwangslage noch: 1981 drosselt die Sowjetunion, selber in wirtschaftlich schwieriger Situation, ihre günstigen Erdöl-Lieferungen. Und Ende desselben Jahres weigern sich westliche Banken, der DDR weitere Kredite zu gewähren.

Nur in zähen Verhandlungen lässt sich die UdSSR zu einer Hilfestellung bewegen: Sie zieht Öllieferungen vor und räumt dafür besonders lange Zahlungsfristen ein. Den vorab gelieferten Rohstoff verkauft die DDR an den Westen weiter und nimmt so die Mittel ein, mit denen sie die Zinsen vorerst tilgen kann.

Einen Ausweg aus der Krise wird die SED-Führung aber nur finden, wenn die westlichen Banken wieder Vertrauen in ihre Zahlungsfähigkeit gewinnen.

In dieser Situation profitiert Alexander Schalck-Golodkowski von seinem Kontakt nach Bayern. Zum Fleischgroßhändler Josef März, seit Jahren ein zuverlässiger Geschäftspartner. März stellt die Verbindung zu Strauß her – die beiden kennen sich seit 1947.

Das Geschäft mit Strauß wird zu Schalcks Meisterstück. Nach dem Treffen auf Gut Spöck kommen der DDR-Devisenbeschaffer und der Ministerpräsident noch zweimal zusammen. Beide können Fortschritte vermelden: Bundeskanzler Helmut Kohl, so Strauß, werde die Bürgschaft für den Kredit gewähren – wenn die DDR gleichzeitig humanitäre Gegenleistungen anbiete.

Honecker, so Schalck, sei bereit, den Reiseverkehr mit dem Westen zu erleichtern. Beim Grenzübergang in die DDR könne der Mindestumtausch von West- in Ost-Mark für Kinder unter 14 Jahren entfallen. Familienzusammenführungen würden ebenfalls einfacher. Und vor allem werde die DDR die Selbstschussanlagen an der deutsch-deutschen Grenze abbauen.

Keinesfalls aber dürften diese Zugeständnisse als Gegenleistungen für die Bürgschaft dargestellt werden.

Nach dem dritten Treffen verkündet der Sprecher der Bundesregierung im Sommer 1983 einer verblüfften Öffentlichkeit, dass die Regierung Kohl für einen Kredit an die DDR im Umfang von einer Milliarde D-Mark bürge.

Als deutlich wird, dass Franz Josef Strauß den Deal eingefädelt hat, empören sich viele Mitglieder der CSU derart über das Darlehen für die SED-Diktatur, dass sie aus der Partei austreten; zwei Bundestagsabgeordnete verlassen die CDU/CSU-Fraktion.

Ein Konsortium, angeführt von der Bayerischen Landesbank, stellt den Kredit zur Verfügung. Als Sicherheit verpfändet die DDR zukünftige Einnahmen aus der Transitpauschale – 525 Millionen D-Mark im Jahr, die die Bundesrepublik dafür zahlt, die Transitstrecken nach Westberlin nutzen zu können. Eine zweite Kreditbürgschaft über 950 Millionen D-Mark folgt 1984.

Den überwiegenden Teil des Geldes lässt Schalck-Golodkowski auf Konten bei westlichen Banken einzahlen. Diese Guthaben lassen die DDR wieder zahlungskräftiger wirken – und ermöglichen es ihr, weitere Darlehen bei Geldinstituten im Westen zu erhalten. Die Staatspleite ist abgewendet.

Für Strauß und Schalck-Golodkowski begründet der gemeinsame Coup eine unwahrscheinliche Männerfreundschaft: Bis zum Tod des bayerischen Ministerpräsidenten 1988 telefonieren, schreiben oder besuchen sich die beiden noch mehr als 300-mal.

Dabei sprechen sie über Politik, aber auch über Opern und machen sich Geschenke: So übergibt Strauß Schalck-Golodkowski zwei

Bei der Firma Genex können Westdeutsche für DDR-Bürger einkaufen. Für D-Mark gibt es den Trabant dort ohne Wartezeit

Bildbände über sein eigenes Leben und das seiner Frau, mit persönlicher Widmung.

Manchmal plaudert der Bayer auch politische Interna aus – etwa eine Einschätzung zu den Verhandlungen von USA und UdSSR über Mittelstreckenraketen –, die Schalck-Golodkowski dann prompt dem Ministerium für Staatssicherheit meldet.

Den wirtschaftlichen Niedergang der DDR können die Kredite aber nicht aufhalten. Um den Lebensstandard der Bürger weiter subventionieren zu können, vernachlässigt der Staat zunehmend wichtige Investitionen: Viele Straßen und Autobahnen sind inzwischen erheblich beschädigt, Eisenbahnstrecken nur eingleisig befahrbar, das Telefonnetz viel zu wenig ausgebaut.

Die mangelhafte Infrastruktur verlängert Transportzeiten, lässt Waren verderben und bringt Produktionen zum Stillstand. Weil an der Instandhaltung der Betriebe gespart wird, verfallen Gebäude und Anlagen. Unfälle häufen sich, viele Arbeiter sind mehr mit Reparaturen als mit der eigentlichen Arbeit befasst. Es fehlen moderne Maschinen, um wettbewerbsfähig zu produzieren.

Um den technischen Rückstand aufzuholen, beschafft die KoKo an einem West-Embargo vorbei Hochtechnologie: Die DDR will damit eine eigenständige Computer- und Mikroelektronik-Industrie errichten und den heimischen Maschinenbau international wieder konkurrenzfähig machen. Doch der Versuch scheitert, Ende der 1980er Jahre kostet die Herstellung eines 256-KB-Chips 534 Ost-Mark, während das gleiche Bauelement auf dem Weltmarkt für gut vier D-Mark gehandelt wird.

Um liquide zu bleiben, verkauft die DDR zunehmend alles, was das Ausland ihr abnimmt – oft zu unrentablen Preisen. Auch Nahrungsmittel und Kleidung werden ohne Rücksicht auf die Versorgung der eigenen Bürger ausgeführt, gleichzeitig weniger Konsumgüter importiert. Selbst Grundnahrungsmittel wie Obst, Gemüse, Fleisch oder Butter sind nun zeitweilig knapp.

In den letzten Jahren der DDR werden manche Nahrungsmittel knapp: Schlange vor einem Gemüseladen

Ende 1985 bricht auch noch der Ölpreis um die Hälfte ein. Bis 1987 sinken die Einnahmen aus dem lukrativen Exportgeschäft mit sowjetischem Erdöl von 2,5 Milliarden D-Mark auf 900 Millionen D-Mark jährlich.

1989 fehlen Arbeiter im Durchschnitt sechs Stunden die Woche unentschuldigt: Die DDR-Bürger brauchen die Zeit, um vor Geschäften anzustehen.

Als im September 1989 die Massendemonstrationen in Leipzig beginnen, beträgt die Auslandsverschuldung der DDR 49 Milliarden D-Mark. Doch nach wie vor verfügt die KoKo über Guthaben von 7,6 Milliarden D-Mark, was zusammen mit Außenständen der DDR eine reale Verschuldung von nur knapp 20 Milliarden D-Mark ergibt. Die Zahlungsfähigkeit der DDR wäre so wohl noch eine Zeit lang gesichert gewesen.

Der politische Zusammenbruch der SED-Diktatur kommt dem wirtschaftlichen Bankrott um einige Jahre zuvor.

Nach dem Mauerfall erfahren die Einwohner der DDR erstmals von dem geheimen Wirtschaftsimperium des Alexander Schalck-Golodkowski. Aufgebrachte Bürger enttarnen ein Waffenlager der KoKo bei Rostock. Die DDR-Volkskammer will Schalck-Golodkowski vor einen Untersuchungsausschuss zum Amtsmissbrauch durch die SED-Führung laden. Daraufhin flieht er in der Nacht auf den 3. Dezember 1989 nach Westberlin.

Nach kurzer Untersuchungshaft in Berlin bezieht er 1990 ein Haus am Tegernsee; die Firma seines 1988 verstorbenen Geschäftsfreundes Josef März unterstützt ihn mit einem Darlehen über 600 000 D-Mark.

Nach der Wiedervereinigung soll ein Untersuchungsausschuss des Bundestages Licht in das Geschäftsgebaren der KoKo bringen. Es kommt zu über 30 Ermittlungsverfahren gegen Schalck-Golodkowski, doch werden fast alle wieder eingestellt: Obwohl der Devisenbeschaffer mit etlichen verbrecherischen oder unseriösen Deals zu tun hatte, kann man ihm lange Zeit keine Rechtsverstöße nachweisen.

Erst 1996 wird er verurteilt, allerdings nicht wegen Menschenhandels, sondern wegen der illegalen Einfuhr von Waffen in die DDR. 1998 folgt ein weiteres Urteil – weil er Mikroelektronik importierte, die unter das Handelsembargo für Hochtechnologie gegenüber dem Ostblock fiel. Doch alle Strafen werden zur Bewährung ausgesetzt.

In den 23 Jahren ihres Bestehens führten die Betriebe der „Kommerziellen Koordinierung" insgesamt mindestens 17,2 Milliarden D-Mark an den Haushalt der DDR ab – auf den ersten Blick ein beachtlicher Erfolg.

Und doch spiegelt das Vorgehen der Schalck-Firmen die Fehlentwicklungen der gesamten DDR-Ökonomie. Denn wie fast alle Betriebe im Land hortete auch die KoKo – und zwar Devisen, die man sinnvoller zur Schuldentilgung oder für die Modernisierung der heimischen Industrie hätte einsetzen können.

Zudem trieb sie die Verschuldung im Westen seit Mitte der 1970er Jahre sogar noch an – vor allem durch ihre teuren und oft misslungenen Kompensationsgeschäfte. Zu sehr konzentrierte sich die KoKo auf kurzfristige Devisengewinne und heizte damit in den 1980er Jahren den Ausverkauf der wirtschaftlichen Substanz der DDR an.

So wirkte der Staat dank der KoKo zwar bis 1989 nach außen hin zahlungsfähig. Letztlich aber beschleunigte das Wirken Schalck-Golodkowskis den Niedergang der DDR. □

Tilman Botzenhardt, 39, ist Redakteur bei GEO International.

DIE MACHT DER

Von Greisen regiert, bei vielen Bürgern verhasst und nahezu bankrott: Im Januar 1989 ist die DDR eigentlich am Ende – und trotzdem kann sich kaum jemand einen schnellen Sturz des SED-Regimes vorstellen. Nur eine kleine Minderheit von Dissidenten kämpft für Freiheit und Reformen. Auch sie ahnen nicht, dass das letzte Jahr der DDR-Diktatur schon begonnen hat VON CHRISTOPH KUCKLICK

STRASSE

7. OKTOBER, BERLIN Angriff auf das eigene Volk: Während die SED-Führung im Palast der Republik gerade den 40. Jahrestag der Staatsgründung feiert, macht die Polizei in den Straßen Jagd auf Demonstranten

Das Jahr, in dem die Geschichte allen enteilt, beginnt flirrend, unentschieden. In Moskau taumelt Michail Gorbatschows Perestroika voran, und niemand weiß, ob der Generalsekretär der KPdSU nur das alte System beerdigt oder auch einen neuen, funktionstüchtigen Sozialismus erschafft.

Immer weniger kann sich Moskau die Kosten für die Unterstützung der Regime in Osteuropa leisten, auch deshalb hat Gorbatschow die Breschnew-Doktrin abgeschafft, die den Bruderstaaten nur eine beschränkte Souveränität zugestand – und der UdSSR das Recht, jederzeit militärisch einzugreifen. Damit ist es jetzt vorbei, jedes Land darf fortan seinen eigenen Weg gehen.

Das spaltet den Ostblock: Ungarn lässt am 11. Februar 1989 unabhängige Parteien zu, in Polen setzen sich im Februar Regierung und die Aktivisten der ersten freien Gewerkschaft „Solidarność" zu einem Runden Tisch zusammen. Der Rest des Ostblocks will von Reformen dagegen nichts wissen.

15. JANUAR, LEIPZIG Angespornt von Fred Kowaschs Rede, ziehen Demonstranten durch die Straßen der Stadt. Es ist eine der größten Protestaktionen seit dem Arbeiteraufstand vom 17. Juni 1953

15. JANUAR 1989, LEIPZIG Mitten in der Innenstadt protestiert der 23-jährige Fred Kowasch gegen die Willkür der Stasi – und Hunderte hören ihm zu. Zuvor hatten die Behörden elf Oppositionelle verhaftet

Erich Honecker, 76, hält die Ruhe im eigenen Land für ein Zeichen der Überlegenheit des sozialistischen Systems. Am 19. Januar lobt er seinen Staat für die Einhaltung aller Menschenrechte; es ist davon auszugehen, dass er wirklich daran glaubt. 280 000 Stasi-Leute im Land vermelden die üblichen Unzufriedenheiten, aber keinen Stimmungsumschwung gegen die SED. Im Oktober will Honecker den 40. Jahrestag der DDR feiern. Er sieht keinen Grund, warum es nicht ein schönes Fest werden sollte.

15. JANUAR, LEIPZIG

Gegen 16 Uhr an diesem Sonntag steigt Fred Kowasch auf eine Mauerbrüstung am Markt. Unmittelbar vor ihm stehen drei Freunde, die ihn abschirmen sollen, wenn die Stasi zugreift.

Kowasch blickt auf eine beachtliche Menschenmenge: Mindestens 500 Bürger haben sich zu einer der größten Protestaktionen seit 1953 versammelt. Er kennt die wenigsten, der Kern der Opposition in Leipzig umfasst nicht mehr als 300 Aktivisten, die meisten Demonstranten haben sich zum ersten Mal ein Herz gefasst, erstmals Mut geschöpft.

Es sind wohl vor allem Menschen, die bereits vor Jahren einen Ausreiseantrag gestellt haben – ein „Rechtswidriges Übersiedlungsersuchen" in der Sprache des Regimes. Weit mehr als 100 000 von ihnen gibt es inzwischen in der DDR.

Sie mussten ihren Beruf aufgeben, oft haben sich Familienmitglieder und Freunde von ihnen losgesagt. Sie haben also nichts mehr zu verlieren.

Deshalb können die Ausreisewilligen gemeinsam mit den wenigen Oppositionellen unverblümt die Zustände in der DDR kritisieren. Und werden im Laufe dieses Jahres zu einer kritischen Masse, die den Rest der Bevölkerung mitreißt.

Doch der öffentliche Protest kommt nur zustande, weil der „Initiative zur demokratischen Erneuerung unserer Gesellschaft" zuvor ein unvergleichliches Bravourstück gelungen ist.

In einem Pfarrhaus haben ihre Mitglieder per Hand 11 000 Flugblätter mit dem Aufruf zur Demonstration am 15. Januar hektographiert, einen Tag und zwei Nächte lang – und dann fast 5000 Zettel in Leipziger Briefkästen verteilt, ehe die Stasi elf der Aktivisten festnahm. Anschließend zogen Mitarbeiter des MfS mit Pinzetten los, um die Flugblätter aus den Briefkästen zu fischen. Sie lasen darauf: „Es ist an der Zeit, mutig und offen unsere Meinung zu sagen: Schluss mit der uns lähmenden Teilnahmslosigkeit und Gleichgültigkeit!"

Bedrohlicher für die DDR aber ist der internationale Protest, den die Festnahmen ausgelöst haben. In Wien tagt die Konferenz für Sicherheit und Zusammenarbeit in Europa; in ihren Abschlussreden protestieren die Außenminister der Bundesrepublik und der USA scharf gegen die Verhaftungen.

Und der Deutschlandfunk, der in der DDR viel gehört wird, berichtet ausführlich über die Stasi-Aktion – das ist eine Erklärung, weshalb sich an diesem 15. Januar so viele Bürger versammeln.

Die andere ist schlichter und schwerer greifbar: Das Gefühl, etwas tun zu müssen gegen die Verhältnisse, gegen „das System", hat unmerklich und über lange Jahre an Dringlichkeit gewonnen. Die Wut ist gewachsen. Doch sie wird sich nicht abrupt entladen, sondern nach und nach den Staat unterspülen.

Auf der Brüstung hält Kowasch, 23 Jahre alt und bis vor Kurzem Sänger einer Anarcho-Band, nun eine Rede, in der er die Festnahme der Flugblattverteiler verurteilt: „Dieses Vorgehen verdeutlicht, dass zur Zeit grundlegende Artikel der Verfassung außer Kraft gesetzt sind. Es betrifft im Besonderen Andersdenkende, die sich für Reformen in der erstarrten Gesellschaftsstruktur der DDR einsetzen."

Die Zuhörer applaudieren kräftig.

Und die Polizisten halten sich zurück, aus Verblüffung möglicherweise. Die mehr als 500 Leipziger aber haken einander unter, so wie sie es von Demonstrationen aus dem Westfernsehen kennen, verlassen schweigend den Markt, ein paar Passanten schließen sich an. Vielleicht eine Viertelstunde laufen sie an Leipzigs bröckelnden Fassaden entlang, bis die Polizei eingreift, 53 Leute festnimmt und den Rest vertreibt.

Fred Kowasch wird ebenfalls festgesetzt, dann wieder freigelassen, weil man ihn zunächst nicht als Redner identifiziert, und am nächsten Tag erneut festgenommen. Er rechnet mit mehrjähriger Haft, aber kommt, wie die anderen auch, schon wenige Tage später frei – auf direkten Befehl Erich Honeckers.

Der SED-Chef befürchtet erneute internationale Proteste. Er will Ruhe in seinem Land, dessen 40. Jubiläum er im Oktober feiern will und über dessen Westgrenzen er vier Tage später sagt: „Die Mauer wird in 50 und auch in 100 Jahren noch bestehen bleiben, wenn die dazu vorhandenen Gründe noch nicht beseitigt sind."

5. FEBRUAR, OSTBERLIN

Chris Gueffroy und Christian Gaudian, beide 20 Jahre alt, robben seit drei Stunden durch den Grenzstreifen am Britzer Verbindungskanal und haben jetzt nur noch ein letztes Hindernis vor sich: einen drei Meter hohen Stahlgitterzaun.

Die beiden schleudern zwei Anker über die Absperrung, die sie aus Wäscheleine und einem abgebrochenen Rechenstiel gebaut haben. Da heult eine Sirene los, kurz darauf beginnen Soldaten zu feuern. Eine Kugel trifft Gueffroy ins Herz, er stirbt wenige Minuten später; sein Freund überlebt und wird festgenommen. Chris Gueffroy ist nicht das letzte Opfer der Mauer, aber er ist der letzte Flüchtling, der erschossen wird.

Westjournalisten erfahren von dem Mord, eine Woge der Anklagen schwappt über die DDR. Sie ist so mächtig, dass Honecker seinen Vertrauten Egon Krenz, 51, anweist, den Schießbefehl aufzuheben. Krenz ist im Politbüro der SED unter anderem für Sicherheit zuständig. Intern begründet er das Ende des Schießbefehls so: „Lieber einen Menschen abhauen lassen, als in der jetzigen politischen Situation die Schusswaffe anzuwenden."

2. MAI, HEGYESHALOM, UNGARN

Ein Dorf an der Grenze zwischen Ungarn und Österreich, ein Signalzaun, sowjetisches Fabrikat, 2,13 Meter hoch, Stacheldraht und 25 Querdrähte, die bei jedem Kontakt Alarm auslösen: der Eiserne Vorhang. 13 500 Fluchtversuche hat es in Ungarn seit den 1960er Jahren gegeben, nur wenige waren erfolgreich.

Aber das interessiert Oberst Balázs Nováky, den stellvertretenden Chef der Grenztruppen, nicht mehr: „Wir haben dieses Treffen hier organisiert", sagt er zu Journalisten, „da heute an diesem Tag die elektrischen Alarmanlagen zwischen Ost- und Westeuropa abgebaut werden." Allerdings wird die Grenze weiterhin von seinen Leuten bewacht.

Ungarn will die Abschottung zum Westen überwinden und sich aus der Bevormundung durch die Sowjetunion befreien; zudem ist das Land nahezu pleite, wie fast alle Ostblock-Staaten, und es will die hohen Kosten für die Grenzanlagen nicht länger tragen.

Nach Novákys Ansprache durchtrennen Soldaten den Draht mit Bolzenschneidern, und sogenannte Pfostenheber ziehen die Betonpfeiler aus der Erde wie wurzellose Zähne. Jeden Tag sollen fortan Hunderte Meter Zaun verschwinden, sagt Nováky.

Am Abend überträgt die „Tagesschau" das Ereignis auch in die DDR. Sie meldet es an hinterer Stelle, nach Krawallen in Westberlin und Abrüstungsverhandlungen. Wie schwer es ist, Historisches zu erkennen, noch während es geschieht – diese Lehre wird das Jahr 1989 immer wieder bestätigen.

7. MAI, OSTBERLIN, PRENZLAUER BERG

In der Oderberger Straße betritt einer der wenigen Oppositionskandidaten, die je bei einer Kommunalwahl in der DDR antreten konnten, die Wahlkabine und stimmt – gegen sich selbst. Der 27-jährige Bauingenieur Matthias Klipp arbeitet wie Hunderte Oppositionelle seit Monaten darauf hin, die SED bei der Wahl vorzuführen.

Wahlen sind heikel. Die SED lebt von der Fiktion, dass Volk und Staat eins sind, daher frisiert sie die Ergebnisse stets so, dass nicht mehr als ein Prozent Gegenstimmen vermeldet werden: Sie streicht aufsässige Bürger aus dem Wählerregister, sie richtet Sonderwahllokale ein, in denen nicht öffentlich aus-

2. MAI, HEGYESHALOM Ein ungarischer Soldat durchtrennt den Grenzzaun zu Österreich. Zwar patrouillieren dort weiterhin Wachen, dennoch hoffen viele DDR-Bürger auf einen neuen Fluchtweg in den Westen gezählt wird, und sie drängt die Wahlkommissionen vor Ort, unerwünschte Ergebnisse zu überarbeiten.

Die Bürger kennen diesen Wunsch der Regierenden – und machen ihn sich zunutze. Ganze Gruppen von Dorfbewohnern drohen mit Wahlenthaltung, wenn nicht Telefonanschlüsse gelegt oder Straßen gebaut werden, manche Bürger fordern Westreisen oder eine Wohnung. Aber dieses Jahr ist das Geschacher frecher als sonst, die Zahl der Eingaben liegt doppelt so hoch wie bei der Volkskammerwahl 1986.

Auch sonst registriert die Stasi vermehrt „negativ-feindliche Losungen", besonders oft die Aufschrift: „Wer die Wahl hat, hat die Qual, wer nicht wählt, wird gequält". In Berlin vermessen ihre Mitarbeiter akribisch die 1,4 Meter lange, mit Pinselstrichen hingeworfene Beleidigung „DDR-KZ" und im brandenburgischen Müncheberg auf zehn Metern die gemalte Frage: „7. Mai, soll das Chaos weitergehen?"

Proteste gab es vereinzelt auch bei früheren Wahlen, aber der Widerwille gegen die Farce hat weiter zugenommen, und deshalb ist der Widerstand diesmal größer.

Dazu ermutigen auch jene Bruderländer, die gerade dabei sind, sich von der Einparteiendiktatur zu lösen, Ungarn und Polen, aber auch die UdSSR: Bei den sowjetischen Wahlen zum Volksdeputiertenkongress am 26. März hat KP-Chef Michail Gorbatschow demonstrativ eine Kabine aufgesucht – das war bis dahin tabu im Sozialismus.

Um auch in der DDR ihre „selbstverschuldete Unmündigkeit" zu überwinden, so der Aufruf einer Oppositionsgruppe, haben Aktivisten das Wahlgesetz genau studiert. Das war nicht so einfach, denn es ist weder in Buchhandlungen noch in Bibliotheken zu bekommen. Aus den wenigen Exemplaren, die kursieren, lesen die Oppositionellen zwei Rechte heraus, die sie nun nutzen: alternative Kandidaten auf der Einheitsliste zu platzieren – und die Stimmauszählung im Wahllokal zu überwachen.

Doch nur ein einziger unabhängiger Bewerber kommt durch: Matthias Klipp. Überall sonst vereitelt die SED die Versuche. Klipp aber kapert gemeinsam mit Freunden einen Wohnbezirksausschuss; ein solches Gremium vertritt Bürger in einem Wohnblock.

Da in Klipps Gebiet besonders viele Oppositionelle wohnen, gelingt es ihm und seinen Freunden, die Mehrheit in dem Ausschuss zu übernehmen und Klipp zum Kandidaten für die Wahlen zur Stadtbezirksversammlung zu wählen – damit steht er neben SED-Genossen und FDJ-Funktionären auf dem Wahlzettel. Klipp druckt Plakate mit seinem Porträt und feiert Wahlpartys mit Hunderten Besuchern.

Und wählt sich doch nicht am 7. Mai 1989. Denn als Gegenstimme gilt nur ein Wahlzettel, auf dem alle Kandidaten durchgestrichen sind; bleibt auch nur ein Name stehen, gilt das Votum als Ja-Stimme. Also streicht Klipp auch sich selbst, um dem System seine Zustimmung zu verweigern.

Wenige Stunden später ist er wieder zurück im Wahllokal. Diesmal, um die Stimmauszählung zu verfolgen. Insgesamt überwachen Oppositionelle in rund 50 Orten mehr als 1000 Wahllokale. Sie verzeichnen eine Wahlbeteiligung zwi-

2. OKTOBER, PRAG Tschechoslowakische Polizisten zerren an einem DDR-Bürger, der in die westdeutsche Botschaft klettern will. Trotz ihres Einsatzes füllt sich das Gelände mit 6000 Flüchtlingen

schen 60 und 80 Prozent und zwischen drei und 30 Prozent Gegenstimmen. Eine Katastrophe für die SED.

Am Abend im Fernsehen aber verliest der Wahlleiter, Egon Krenz, das Ergebnis: 98,77 Prozent Zustimmung zur Nationalen Front, ein gutes Prozent Gegenstimmen. Alles fast wie immer.

Gibt es einen Aufschrei? In Kirchen und in den Hinterzimmern der wenigen Aktivisten: ja. Sonst nicht. Zwar kursieren bald die Ergebnisse der oppositionellen Wahlbeobachter, aber nur 300 Menschen unterschreiben Proteste gegen den Betrug. Das Volk bleibt stumm.

Dennoch erkennen viele, was auch Matthias Klipp nun deutlich sieht: dass die SED-Führer nicht nur, was jeder weiß, „senile Greise und kulturlose Banausen" sind, sondern „reine Kriminelle, die gegen ihre eigenen Gesetze verstoßen". Auf kaum einer Demonstration im Herbst werden Plakate gegen den Wahlbetrug vom 7. Mai fehlen.

11. JUNI, GREIFSWALD
Die Stadt ist im Krieg von Bomben verschont geblieben, dennoch liegt sie zu großen Teilen in Trümmern: leere Fensterhöhlen, löchrige Dächer, eingestürzte Häuser. Die SED-Führung setzt allein auf Plattenbauten und lässt die Häuser der Altstadt verfallen.

Trotzdem sind einige Ruinen herausgeputzt, Fassaden bemalt, denn an diesem Tag weiht Honecker den gerade renovierten Dom ein. Nicht zur Freude aller Greifswalder, die in der Instandsetzung ein reines Prestigeprojekt sehen. Und so wagen an diesem Tag einige Bürger den Protest, entrollen Transparente gegen den Verfall der Stadt.

Doch bewegt noch ein weiteres Thema die Menschen in diesen Tagen: Eine Woche zuvor hat Chinas Führung den Protest auf dem Platz des Himmlischen Friedens in Beijing zusammengeschossen. Erich Honecker lässt das Massaker zum Entsetzen seiner Bürger in der Presse preisen: als Niederschlagung eines „konterrevolutionären Aufruhrs".

Vereinzelt demonstrieren Menschen in der DDR gegen die SED-Linie. In Greifswald bittet gar der Dompfarrer vor Honecker „für die Volksrepublik China, dass Frieden im Land einzieht", eine eindeutige Botschaft. Vom Generalsekretär ist keine Reaktion überliefert. Er hört nur, was er hören will.

1. JULI, FRANKFURT/ODER
Es ist ein großes Missverständnis. Martin Rohde weiß nicht, worauf er sich einlässt. Und die Stasi weiß es auch nicht.

Eigentlich wollte Rohde mit ein paar Freunden eine verlassene Brauerei anmalen, aus Jux, aber dann pinselt der 22-Jährige am frühen Morgen spontan einige Parolen in die Bahnhofsunterführung: „Die Mauer stirbt" und „Frühling in Moskau, Herbst in Peking, Winter in Berlin", denn „Herbst in Peking" ist eine Band, die vor Kurzem Auftrittsverbot erhalten hat. Rohde wird verhaftet und denkt, „sicherlich ein bisschen naiv", was könne ihm schon passieren: ein paar Tage bei der Polizei und danach ein bisschen „gesellschaftlich nützliche Arbeit".

Aber die Stasi ist nervös. Zu viele solcher Schmierereien in diesem Sommer, zu viel unterschwellige Renitenz. So bleibt Rohde dreieinhalb Monate in Haft und wird fast täglich verhört, vielleicht, weil die MfS-Mitarbeiter in ihm ein neues Phänomen entdecken: Ohne Scheu und Verstellung kritisiert er die Obrigkeit, prangert die Verletzung der Menschenrechte an, verlangt Meinungsfreiheit. Er verrät keinen einzigen Namen, unterschreibt Protokolle nicht, die seine Aussagen verfälschen, und lässt sich durch nichts einschüchtern.

Martin Rohde, Sohn aus gutem SED-Hause, Kriegsdienstverweigerer, Abitur an der Abendschule, beschäftigt als Hausmeister und träumend von einem Leben als Archäologe, er nimmt sich, was er für sein gutes Recht hält. Einer von Tausenden Ungehorsamen in diesem Sommer.

Er wird zu 14 Monaten Gefängnis verurteilt. Bei der Verhandlung fragt ihn die Richterin, wieso er glaube, dass die Mauer fallen werde? „Vielleicht nicht demnächst, aber irgendwann", antwortet Rohde, „weil sich die Leute nicht ewig einsperren lassen." Die Richterin, der Staatsanwalt, die Stasi-Leute, die Wächter im Saal, alle lachen laut auf.

8. AUGUST, BUKAREST, RUMÄNIEN
Die Partei- und Regierungschefs der Warschauer-Pakt-Staaten versammeln sich zu einem ihrer jährlichen Gipfeltreffen, auf denen sie meist bloß sowjetische Anweisungen entgegennehmen.

Aber diesmal ist die Stimmung anders als sonst. Hardliner, darunter Erich Honecker an der Seite der steinernen Diktatoren aus Rumänien und Bulgarien, kämpfen gegen Reformer, darunter Gorbatschow, die die Breschnew-Doktrin auch formell abschaffen wollen.

Am Ende beschließen sie aber doch eine Formel, die Gorbatschows Vorstellungen nahekommt: „Kein Land darf den Verlauf der Ereignisse innerhalb eines anderen diktieren, keiner darf sich die Rolle eines Richters oder Schiedsrichters anmaßen." Wenn ein Staat aus dem Sozialismus ausschert, werden keine Panzer mehr rollen.

Es ist vermutlich nicht nur Zufall, dass Honecker noch auf dem Gipfel eine schwere Gallenkolik erleidet und ins Krankenhaus eingeliefert wird. Ende August wird bekannt, dass eine Operation an der Gallenblase erfolglos abgebrochen worden ist. Bis zum 29. September tritt Honecker nicht mehr öffentlich auf, unfähig, in die Ereignisse einzugreifen.

19. AUGUST, SOPRON, UNGARN
Zwei haben es geschafft nach Österreich, sie können es noch gar nicht glauben. Die Kamera eines Reporters ist auf sie gerichtet, der eine sagt, er sei mit dem Bus an die Grenze gefahren und dann einfach hinübergelaufen, der andere zuckt immer wieder die Schultern und sagt: „Tja, frei eben halt." Dann gehen sie, ohne Gepäck, die Straße weiter nach Österreich hinein, in den Westen.

Mit rund 800 anderen DDR-Bürgern haben sie eine Lücke genutzt: Einen Tag

5. OKTOBER, HOF Unter großem Jubel erreicht ein Zug mit Flüchtlingen aus Prag das westdeutsche Hof. Erich Honecker hat ihrer Ausreise wohl nur deshalb zugestimmt, weil der 40. Geburtstag der DDR naht

lang öffnet Ungarn im Örtchen Sopron die Grenze, ein Vorgeschmack, eine Drohung. Seit Beginn der Sommerferien in der DDR Anfang Juli läuft das sonnenheiße Ungarn mit Urlaubern und Flüchtlingen voll, die Gäste aus dem Norden lagern bei 35 Grad in Parks und Vorgärten oder schlafen im Trabi, mühsam durchgefüttert von Hilfsorganisationen, Zeltlager wachsen. Sozialistisches Flüchtlingsproletariat, jedes Fernsehbild eine Demütigung für Honecker.

Niemand weiß genau, wie viele Fluchtbereite es gibt. Aber wer sie sind, weiß das MfS gut genug, um sich zu fürchten: jünger als 40 meist, gut ausgebildet, bislang weder durch Kritik noch durch Ausreiseanträge aufgefallen.

Weil die Menschen nicht zurückkehren nach Ende des Ungarnurlaubs, sondern dort auf die Flucht hoffen, fehlen in der DDR plötzlich vielerorts Ärzte, Lehrer, Mechaniker. Kein anderes Thema gibt es und nur noch eine Frage für jeden: bleiben oder gehen?

Zwischen Budapest und Ostberlin entspinnt sich eine zähe Diplomatie. Die Ungarn wollen die Grenze öffnen, die SED will das um jeden Preis verhindern.

Stasi-Chef Erich Mielke befiehlt „alle erforderlichen Maßnahmen zur Verstärkung der vorbeugenden Arbeit“ – sprich: Irgendwie sollen die Bürger von der Urlaubsfahrt abgehalten werden.

Doch die Stasi-Mitarbeiter, die mit Urlaubern reden, melden ratlos nach oben, dass „Argumente wie z. B. ‚Der Sozialismus siegt‘ eben nicht mehr ausreichen“. Dass Worte nicht mehr reichen.

Aber oben ist niemand: Honecker ist ausgefallen – und ein Großteil des Politbüros in den Ferien.

9. SEPTEMBER, GRÜNHEIDE

Ein spätsommerlicher Tag östlich von Berlin. In der Burgwallstraße, im Haus von Katja Havemann, der Frau des 1982 verstorbenen Dissidenten Robert Havemann, treffen sich 30 Oppositionelle, meist Akademiker. Seit Monaten haben Katja Havemann und Bärbel Bohley, seit Jahren eine der unerschrockensten Oppositionellen des Landes, den Termin vorbereitet, sind durchs Land gefahren, haben Vertraute konsultiert und Verbündete gesucht, nun ist es so weit: Sie gründen das „Neue Forum“. Die Vorarbeit zahlt sich aus, nur ein Stasi-IM ist unter den Aktivisten, die ihren Gründungsaufruf noch einmal polieren.

Es sind die Tage der Opposition. Am 4. September kündigte sich eine „Vereinigte Linke“ an, am 12. September gründet sich „Demokratie Jetzt“, am selben Tag tritt die „Sozialdemokratische Partei in der DDR“ auf, zwei Tage später geht der „Demokratische Aufbruch“ an die Öffentlichkeit. Die Opposition organisiert sich aus eigenen Stücken, aber doch – wie alle – getrieben von den Ausreisenden. Sie wollen eine Alternative zum Regime sein, aber auch eine zu jenen, für die nur noch die Flucht einen Ausweg aus dem maroden System bietet. Die Initiativen sind nicht abgesprochen, und doch eint sie der gleiche Gedanke: nicht flüchten oder ausreisen, sondern hier bleiben und das Land verändern.

Die SED-Presse veröffentlicht eine winzige Notiz über die „staatsfeindliche Plattform“. Westmedien feiern das Neue Forum, und Westpolitiker demonstrieren ihre Ignoranz: Als Bärbel Bohley wenige Tage später vor 250 Menschen in der Berliner Gethsemanekirche spricht, attestiert ihr ein westdeutscher Staatssekretär, der die Opposition begutachten soll, „einen amateurhaften, hilflosen Eindruck“. Er kann „keine politischen Talente“ entdecken und mokiert sich darüber, dass „selbst einfachste Organisationsformen nicht beachtet“ würden.

Schon lange hat die Opposition die Bundesregierung in ihrer wilden Ehe mit den Diktatoren des Ostens eher gestört, der Frieden war immer wichtiger als die Unterstützung des Widerstands – nur keine Erschütterung, darauf sind viele Westpolitiker geeicht.

11. SEPTEMBER, BREMEN

Die CDU feiert ihren 37. Parteitag, und Helmut Kohl soll als Parteivorsitzender gestürzt werden, so haben es einige Rebellen verabredet: schlechte Wahlergebnisse, peinliche Auftritte, der Mann ist nach fast sieben Jahren Kanzlerschaft untragbar – ein Honecker der Bundesrepublik, so wirkt es auf manche.

Aber schon im Vorfeld hat Kohl den Aufstand entschärft und zieht jetzt einen weiteren Trumpf. Mit der ungarischen Regierung hat er einen heimlichen Pakt geschlossen: Deutschland unterstützt Ungarn wirtschaftlich, dafür öffnet

7. OKTOBER, BERLIN Die Fassade der Macht: Während die DDR-Bürger ihrem Staat zu Tausenden den Rücken kehren, feiert die SED-Führung den 40. Jahrestag der Republik, als sei nichts geschehen

Budapest nun endgültig seine Grenze – und zwar: wenige Stunden vor dem Parteitag. Der patriotische Jubel spült die CDU-Rebellen fort. Denn durch die Bruchstelle Ungarn blutet die DDR ab 0.00 Uhr in den Westen aus, innerhalb von drei Tagen fliehen 15 000 Menschen.

Als Reaktion schränkt das SED-Politbüro die Zahl der genehmigten Reisen nach Ungarn drastisch ein, verlagert aber so nur das Problem nach Polen und vor allem in die Tschechoslowakei: Bis Ende September flüchten mehr als 4000 Menschen in die westdeutsche Botschaft in Prag, Tausende lagern in den angrenzenden Straßen. Nun steigt im nächsten Kessel der Druck.

Die Versuche der SED-Propaganda, dieser Entwicklung entgegenzusteuern, sind hilflos: Im „Neuen Deutschland" berichtet ein heimgekehrter Koch, er sei in Budapest mit einer präparierten Menthol-Zigarette betäubt und in den Westen verschleppt worden – was sogar Parteimitglieder als Bestätigung ihrer schlimmsten Befürchtungen lesen: Wie schlecht muss die Lage sein, wenn die eigene Führung so einen Humbug druckt.

30. SEPTEMBER, PRAG

Nur noch sieben Tage bis zum 40. Jahrestag der DDR-Gründung. Erich Honecker will Ruhe. Um jeden Preis. Also erlaubt er die Ausreise der Botschaftsflüchtlinge, aber nur, wenn sie in Sonderzügen über das Staatsgebiet der DDR in den Westen fahren. Ein letzter Akt verzweifelter Souveränität: Als würde diese Route aus der Flucht einen Gnadenakt der SED-Führung machen.

Vom halbrunden Balkon im ersten Stock der Prager Botschaft überbringt Außenminister Hans-Dietrich Genscher die Nachricht: „Wir sind zu Ihnen gekommen, um Ihnen mitzuteilen, dass heute Ihre Ausreise …" Die letzten Worte gehen in einem Aufschrei des Glücks unter, der um die Welt hallt.

Winkend fahren die Bürger noch in der Nacht durch ihr aufgewühltes Land, an Transparenten vorbei („Das Vogtland grüßt den Zug der Freiheit"), an Sehnsüchtigen, die aus Plattenbauten weiße Tücher schwenken.

Als der Zug den Grenzpfahl passiert, beobachtet einer der westdeutschen Beamten im Zug, „bricht ein unvorstellbarer Jubel aus. Die Menschen fallen sich weinend und lachend in die Arme."

7. OKTOBER, BERLIN Was als Zeichen der Stärke geplant war, endet als Fiasko: Noch am Abend des Nationalfeiertages ziehen 3000 Demonstranten durch Berlin. Die Polizei stellt sich ihnen in den Weg

Die SED-Führung hetzt gegen die Flüchtenden: Man solle ihnen „keine Träne nachweinen", schreibt Honecker persönlich in einen – anonymen – Zeitungskommentar hinein, weil sie „sich selbst aus der Gesellschaft ausgegrenzt" haben. Das Volk wird als verzichtbar erklärt, so liest es das Volk – und packt noch energischer seine Sachen.

3. OKTOBER, OSTBERLIN

Es reißt nicht ab: Schon wieder sind 6000 Menschen in der westdeutschen Botschaft in Prag, 2000 lagern vor den Toren, 4000 sind auf dem Weg dorthin. Egon Krenz, der ZK-Sekretär für Sicherheit, hat drei Vorschläge zur Entschärfung erarbeiten lassen, die er Honecker unterbreitet mit der Bemerkung: „Eine Ideallösung gibt es nicht."

Erstens, die Bundesregierung wird aufgefordert, die DDR-Staatsbürgerschaft anzuerkennen; im Gegenzug wird die Erweiterung der Reisefreiheit in Aussicht gestellt: Das ist propagandistisch gut, aber ohne Effekt, gibt Krenz zu.

Zweitens, alle Grenzen werden vorübergehend geschlossen, bei gleichzeitiger Ankündigung von Reiseerleichterungen noch vor Weihnachten: Allerdings könnte das die „Lage im Inneren bis zur Nichtbeherrschbarkeit anheizen".

Drittens, die sofortige Reisefreiheit: „nicht zweckmäßig", denn es würde zum Verlust von Hunderttausenden führen.

Was also tun? Krenz empfiehlt die zweite Variante. Grenzschließung und vage Versprechungen.

Honecker wählt eine vierte Möglichkeit: Er lässt die Grenze zur ČSSR schließen, ohne Reiseerleichterungen anzukündigen. Der letzte Ausweg wird dicht gemacht. Zugleich sollen die Botschaftsflüchtlinge erneut in Sonderzügen über das Gebiet der DDR ausreisen.

Eine irrwitzige Kombination.

4. OKTOBER, DRESDEN

Tausende Menschen strömen in die Stadt, in der Hoffnung, dort auf die Züge aus Prag in Richtung Westen aufspringen zu können. Schließlich lungern 20 000 Verzweifelte am Hauptbahnhof herum: Geflüchtete im eigenen Land.

Am Vorabend haben 800 Männer, Frauen und Kinder versucht, einen lee-

Aufruf der "Initiative"zur demokratischen Umgestaltung der Gesellschaft

Bürger der Stadt Plauen !

Am 7. Oktober findet auf dem Plauener Theaterplatz eine Protest-demonstration statt !!

Beginn : 15.00 Uhr

Unsere Forderungen lauten:

-Versammlungs-und Demonstrationsrecht
-Streikrecht
-Meinungs-und Pressefreiheit
-Zulassung der Oppositionsgruppe "Neues Forum"sowie anderer unabhängiger Parteien und Umweltgruppen
-Freie,demokratische Wahlen
-Reisefreiheit für alle

Bürger ! Überwindet Eure Lethergie und Gleichgültigkeit ! Schließt Euch zusammen ! Es geht um unsere Zukunft !
Informiert die Arbeiter in den Betrieben !!

7. OKTOBER, PLAUEN In der sächsischen Kleinstadt ruft ein Oppositioneller mit Flugblättern zum Protest auf. Er will die Feier zum »Tag der Republik« in einen Aufmarsch gegen die SED verwandeln

ren Zug zu stürmen, der auf dem Gleis Richtung Prag aufgetaucht war. Die Polizei versuchte, sie abzuhalten, so begann die erste, stundenlange Schlacht.

Nun, am 4. Oktober, rücken Hundertschaften zum Hauptbahnhof vor, Sturmtruppen mit Helmen, Schlagstöcken und Schilden, zudem Wasserwerfer.

In Berlin schickt die „Zentrale Auswertungs- und Informationsgruppe“ des MfS „streng geheim!“ die „Information Nr. 438/89“ über die Reaktion im Volk auf die Grenzschließung an die Politbüro-Mitglieder. Sie ist ungewöhnlich freimütig: Eine „Bankrotterklärung der Regierung“ sähen viele Menschen darin, ein „schönes Geschenk“ zum Republikgeburtstag, nach dem nur noch die Ausreise bleibe – und für SED-Mitglieder der Austritt aus der Partei.

Der Tag vor dem Dresdner Hauptbahnhof: Friedlich warten die Menschen in Parks, auf Straßen, in ihren Autos. Bis zum Abend. Was dann geschieht, hat keinen benennbaren Anfang: Werfen erst die Flüchtlinge Steine und Flaschen, oder knüppeln zuerst Polizisten los? Bald brennt ein umgestürzter Polizeiwagen, eine Rauchbombe detoniert, die Wasserwerfer schießen in die Menge, Molotow-Cocktails fliegen, weitere Autos gehen in Flammen auf, im Dunst von Tränengas greift die Polizei wahllos nach Demonstranten. Auch die halten sich nicht zurück: Viele Polizisten werden verletzt, manche schwer.

Mary Vaupel wird gegen 23.45 Uhr festgenommen und zur Polizeiwache gebracht. Weil sie zufällig die Visitenkarte eines ZDF-Journalisten mit sich trägt, schreit ein Stasi-Mitarbeiter sie an: „So sehen Bestien aus, Sau, Ratte, Vieh!“ Dann schlägt er der „Hure von ZDF-Leuten“ mehrfach mit der Faust ins Gesicht. Erst einen Tag später wird sie entlassen. Ähnlich ergeht es Hunderten.

Die DDR-Presse spricht von „rowdyhaften Ausschreitungen, in deren Folge der Zugbetrieb gestört wurde“. Und die ebben nicht ab. Zwei weitere Nächte Straßenschlachten, Tränengas, Brandsätze. Der Dresdner Bahnhof ist zertrümmert, zerschlagene Scheiben, aus den Wänden gehebelte Steine.

Insgesamt werden 1300 Bürger festgenommen. Niemand kann auf einen Waggon aufspringen, die meisten Züge werden um Dresden herumgeleitet.

In anderen Städten setzt sich die Polizeigewalt in den nächsten Tagen fort, in Berlin werden Demonstranten durch Spaliere von Polizisten mit Gummiknüppeln gejagt, andere müssen sich nackt ausziehen.

6. OKTOBER, OSTBERLIN

Die Republik soll feiern, trotz allem: am 7. Oktober den 40. Jahrestag der Staatsgründung. Überall Feste, Ordensverleihungen. Aber manchmal bleiben sogar die Auszuzeichnenden fern.

Und die Jugend demütigt die Führung schon am Vorabend. Im Fackellicht vor der Tribüne am Alexanderplatz marschieren sorgfältig ausgewählte Mitglieder der Freien Deutschen Jugend und rufen: „FDJ, SED, alles ist bei uns o. k.“ Aber nicht wenige auch: „Perestroika“ und „Gorbatschow hilf!“. Der steht oben auf der Tribüne, lässt sich vom ehemaligen polnischen Ministerpräsidenten Rakowski die Parolen übersetzen.

„Das ist das Ende“, fügt der Pole hinzu und meint damit: Wenn sogar das „Partei-Aktiv“, die Linientreuen, den Sturz wünschen, ist nicht mehr viel zu retten. Gorbatschow widerspricht nicht.

Zu seiner Rechten tänzelt Honecker beschwingt, aber Gorbatschow hat ihn oft genug erlebt, um zu wissen, dass der oberste DDR-Funktionär längst in seiner eigenen Welt lebt.

7. OKTOBER, PLAUEN

Auch hier gibt es zum Geburtstag ein Volksfest in der Innenstadt: Grilletta-Bräter und Bierstände und anschließend noch eine Jubel-Kundgebung – es soll ein heiterer Tag werden in dieser unzufriedenen Stadt im südwestlichen Winkel der Republik. Bei der Kommunalwahl wurden außergewöhnlich viele Nein-Stimmen registriert. Dennoch: Zum Fest erwartet die Stasi ein paar Störer, nichts Bedrohliches.

Tage zuvor jedoch hat Jörg Schneider, ein Werkzeugmacher, auf einer Robotron-Schreibmaschine 120-mal einen Aufruf getippt, den vielleicht radikalsten

7. OKTOBER, PLAUEN Die Reaktion auf den Appell übertrifft alle Erwartungen: Mehr als 10 000 Menschen strömen im Zentrum zusammen – die Polizei versucht vergebens, sie mit Wasserwerfern zu vertreiben

dieses Herbstes, den wütendsten. „Bürger der Stadt Plauen! Das gesamte SED-Regime stellt nichts weiter als eine verdeckte Militärdiktatur dar, die sich nun immer mehr enthüllt und ihr wahres Gesicht zeigt! 40 Jahre lang wurden Menschen verdummt, eingelullt, unmündig gemacht und eingeschüchtert."

Das Manifest – von dem er mehrere Versionen schreibt – ist ein schmerzerfüllter Schrei, darin ein Katalog jener Forderungen, die den Herbst bestimmen werden: „Versammlungs- und Demonstrationsrecht; Meinungs- und Pressefreiheit; Zulassung der Oppositionsgruppe „Neues Forum"; Freie Wahlen; Reisefreiheit für alle. Bürger! Überwindet Eure Lethargie und Gleichgültigkeit! Es geht um unsere Zukunft!"

Und sie strömen, die Bürger, gegen 15 Uhr füllen Tausende den Theaterplatz, unsicher eher als entschlossen. „Wir hatten alle Angst. Aber wir wussten auch, wenn eine Demonstration startet, würden wir nicht nur rumstehen", wird sich einer von ihnen erinnern.

Da steigt ein junger Mann auf die Daphne-Statue und brüllt „Wir wollen Freiheit!", ein anderer entfaltet eine deutsche Flagge ohne Hammer und Zirkel, andere rufen „Deutschland, Deutschland!". Ein Stasi-Mitarbeiter prügelt den Mann von der Statue, die Menge stöhnt auf, als wäre sie selbst getroffen, und nur mit Mühe können Kirchenleute den MfS-Mann vor Schlägen schützen.

Die Masse wogt voran, ruft „Stasi raus!", immer lauter, brüllt dann „Neues Forum", schreit „Gorbi, Gorbi", und so, Parole für Parole, werden die Menschen zum Volk, das seine Kraft zu spüren lernt. Und mit einem Mal formieren sich mehr als 10 000 Menschen zum Marsch aufs Rathaus. Diese Massendemonstration ist ungeplant wie so vieles in diesem Herbst und doch zwangsläufig.

Die Polizei setzt zwei Feuerwehrwagen als Wasserwerfer ein, sie lässt einen Hubschrauber tief über den Köpfen kreisen, sie fährt mit einem Jeep in die Menge, um sie zu spalten. Doch alles eint die Menschen nur noch mehr. Dann branden die Bürger ans Rathaus: Reihen von Polizisten und Soldaten; Maschinengewehre. Ein Fünkchen nur ist Plauen vom Massaker entfernt.

9. OKTOBER, LEIPZIG Wird das Regime auf seine Bürger schießen lassen – oder sich ihnen beugen? Viele der 70 000 Demonstranten fürchten ein Massaker, doch die Parteiführer sind wie gelähmt

Da dringt Thomas Küttler, der evangelische Superintendent, zum Oberbürgermeister vor, dessen Mitarbeiter bereits Stühle zertrümmern, um daraus Schlagstöcke zu machen. Der Bürgermeister weigert sich, vor sein Volk zu treten, das draußen wütet, aber schließlich ringt Küttler ihm das erste Zugeständnis dieser Revolution ab: ein Gespräch zwischen Bürgern und Regierung.

Hier, später nur durch Mundpropaganda verbreitet, wird das Stück dieses Herbstes, das letzte Drama der DDR, erstmals aufgeführt: Das Volk überrumpelt durch schiere Masse seine Regierung und erzwingt sich Gehör.

Als Küttler gegen 18 Uhr der Menge verkündet, dass es zu Gesprächen kommen wird, lässt ein Pastor die Glocken seiner Kirche läuten, und die Bürger gehen, friedlich und ein bisschen feierlich, zum Abendbrot nach Hause.

Am nächsten Tag trotzen in Dresden Tausende Oberbürgermeister Wolfgang Berghofer ein Gespräch ab mit einer Gruppe von 20 Bürgern, die spontan aus der Mitte der Menge gewählt werden.

Das Volk erhält eine Stimme.

8. OKTOBER, OSTBERLIN

Der Süden der Republik bröckelt, Honecker zürnt ziellos. Krenz weist die SED-Bezirksleitungen an, Krawalle „von vornherein zu unterbinden". Nur wie, das verrät er nicht. Stasi-Minister Mielke befiehlt „volle Dienstbereitschaft", Waffenträger dürfen fortan nicht mehr ohne ihre Pistolen auf die Straße gehen, „Terror- und Gewalthandlungen" seien konsequent zu verhindern. Diese Weisung ist kein Schießbefehl. Sie schließt Waffengewalt aber auch nicht aus.

Will die SED-Führung die „chinesische Lösung"? Strebt sie ein Massaker an? Am 6. Oktober ließ sie einen Kampfgruppenkommandeur in der „Leipziger Volkszeitung" schreiben: „Wir sind bereit, die konterrevolutionären Aktionen endgültig zu unterbinden. Wenn es sein muss, mit der Waffe in der Hand!"

Es gehen Gerüchte um von Internierungslagern, von vorbereiteten Krankenhausbetten, Blutkonserven. Bei Leipzig sammelten sich Tausende von Mann, heißt es, Wasserwerfer, LKW mit Sperrschilden, Schützenpanzer.

Und wahrscheinlich lässt Mielke seine Stasi-Offiziere die Verhaftungslisten aktualisieren, auf denen jene Bürger verzeichnet sind, die im Falle einer „Konterrevolution" eingesperrt oder verstärkt überwacht werden sollen. Mindestens 86 000 Namen stehen darauf.

Doch auch in vielen Kasernen rumort es, Soldaten fordern einen Dialog mit dem „Neuen Forum", in den paramilitärischen „Kampfgruppen der Arbeiter-

23. OKTOBER, DRESDEN Am Rande eines Protestmarsches spricht der SED-Funktionär Hans Modrow (l.) mit Oppositionellen. Fünf Tage zuvor hat das Politbüro der Partei Erich Honecker gestürzt

klasse“ verweigern bis zu einem Drittel der Mitglieder den Einsatz. Polizisten ersuchen um „Entpflichtung“, um nicht ihre Nachbarn bekämpfen zu müssen.

9. OKTOBER, LEIPZIG

Der Tag der Entscheidung. So empfinden es viele. Leipzig, die ungebärdige Stadt – wenn die SED ihr Volk in die Unterwürfigkeit zurückschießen will, dann wird sie es hier tun.

Seit Ende der Sommerferien halten die Pastoren der Nikolaikirche wieder an jedem Montag Friedensgebete in ihrem Gotteshaus ab: eine Tradition, die bis in die späten 1970er Jahre zurückreicht. Jetzt zahlt sich aus, dass Kirchengruppen hier – und im ganzen Land – seit Jahrzehnten den Boden bereitet haben. Indem sie nicht vom Volk, sondern von der Menschheit reden, nicht von einzelnen staatsbürgerlichen Rechten sprechen, sondern von Frieden, Schöpfung, Gerechtigkeit, spannen sie einen Legitimationsrahmen, der über den Staat hinausweist.

Am 4. September haben sich 1000 Menschen an dem Gebet beteiligt und sind danach von der Kirche aus durch die Stadt gezogen: die erste Montagsdemonstration. Drei Wochen später waren es schon 6000, am 2. Oktober mehr als 10 000, die auf die Straße gingen – und erstmals die Formel dieses Herbstes riefen; anfangs noch „Wir sind keine Rowdys“, entstand daraus spontan und ohne dass es einen einzelnen Urheber gegeben hätte: „Wir sind das Volk!“

Nun lautet die Frage: Wie viele werden heute kommen? Wie viele werden überleben? Das Ungreifbare der Revolution: Jetzt verdichtet es sich zu greifbarer Angst. Und zur ebenso großen Anstrengung, ein Massaker zu verhindern.

Früher Morgen: Walter Friedrich, der stets gut informierte Leiter des Zentralinstituts für Jugendforschung, fährt zu Egon Krenz nach Berlin. Sie haben seit Jahren Kontakt, nun beschwört Friedrich den ZK-Sekretär für Jugend und Sicherheit: „In Leipzig darf nicht geschossen werden!“ Krenz wird später behaupten, er habe den drei Ministern für Inneres, Staatssicherheit und Armee entsprechende Anweisungen gegeben.

13 Uhr. Im Leipziger Rathaus erhalten die „gesellschaftlichen Kräfte“ von Parteifunktionären letzte Instruktionen: Bewährte Genossen sollen die Plätze in den Kirchen der Stadt besetzen, um die Demonstranten zu vertreiben und bei Konflikten zu mäßigen.

Mehrfach fragen Leipziger Funktionäre in den folgenden Stunden in Berlin an, was sie tun sollen. Wie lauten die Befehle? Sie bekommen keine Antwort. Egon Krenz immerhin verspricht, sich zu melden. Etwa zur gleichen Zeit veröffentlichen Leipziger Oppositionsgruppen einen Aufruf zur Gewaltlosigkeit.

16 Uhr. Kurt Masur, Chef des Gewandhausorchesters, und zwei weitere angesehene Bürger der Stadt verhandeln mit drei Funktionären der SED-Bezirksleitung über eine gemeinsame Erklärung. Doch die Genossen zögern, ihre Namen unter den Aufruf zu setzen.

17 Uhr. Schon vor Stunden haben sich vier evangelische Gotteshäuser gefüllt,

die Nikolaikirche allein ist längst zu klein. Ein Pfarrer kündigt harte Prüfungen an: „Es wird an Knüppeln nicht fehlen, die man uns über den Kopf schlagen oder zwischen die Beine werfen wird, doch dieser Weg kann nicht zurückgegangen werden. Wir werden laufen und laufen und laufen und uns nicht wieder wie Kinder behandeln lassen."

18 Uhr. Die Ersten verlassen die Kirche – und glauben es nicht: Rund 70 000 Menschen sind zusammengeströmt und marschieren, nur mit wenigen Transparenten bestückt, Richtung Bahnhof.

18.05 Uhr. Aus Lautsprechersäulen ertönt die Erkennungsmelodie des Stadtfunks. Viele schrecken zusammen: Wird jetzt der Ausnahmezustand verordnet, der Schießbefehl verkündet?

Stattdessen hören sie Kurt Masur, er verliest den Aufruf, zu dem sich schließlich auch die drei SED-Funktionäre durchgerungen haben.

Masur spricht von gemeinsamer Sorge und freiem Meinungsaustausch, und: „Wir bitten Sie dringend um Besonnenheit, damit der friedliche Dialog möglich wird." Tausende antworten erleichtert: „Wir sind das Volk!" Auch einige Polizisten atmen auf.

Aber der wichtigste SED-Funktionär hat nicht unterschrieben: Helmut Hackenberg, Chef der Bezirkseinsatzleitung und damit der höchste Kommandeur vor Ort. Er wartet weiterhin auf Befehle aus Ostberlin. Honecker ist nicht erreichbar. Krenz rührt sich nicht. Hackenberg wartet. Die Partei schweigt.

19 Uhr. Die Demonstration löst sich auf. Immer noch nichts aus Berlin. Hackenberg konstatiert: „Nun braucht Krenz auch nicht mehr anzurufen." Schließlich meldet sich Krenz doch noch und segnet müde den Gewaltverzicht ab.

Die Kraft zum gnadenlos brutalen Befehl ist aus der SED gewichen, zudem erhält sie keine Rückendeckung aus Moskau. Die sowjetischen Truppen in der DDR bleiben in ihren Kasernen. Vor Generälen spricht Minister Mielke die schlichte Wahrheit aus: „Ohne die Sowjetunion gab und gibt es keine DDR."

Tage später gesteht Innenminister Friedrich Dickel: „Natürlich ist das ein Zurückweichen, aber bei Größenordnungen von 20, 30, 80 oder gar 100 000 ist gar nichts anderes möglich." Nicht Einsicht, nicht Vernunft, nicht Menschlichkeit haben das Regime bewegt – sondern die Flucht der Bürger nach vorn: auf Plätze und Straßen des eigenen Landes. Die zweite Flucht dieses Jahres.

15. OKTOBER, SUHL

2000 Menschen zwängen sich am Abend in die Hauptkirche St. Marien. Orgelvorspiel, Kerzenmeditation – und dann eine Aussprache, die nicht mehr enden will. „Eine Flut von Klagen und Anklagen", notiert Pfarrer Bernd Winkelmann, von „Verzweiflungen und Hoffnungen, Weinen und Schreien und persönlichen Schicksalen".

Das Volk erhitzt sich an der freien Rede. In immer neuen Städten rufen Gruppen zu Veranstaltungen. Zwischen dem 16. und dem 22. Oktober werden 24 Aktionen mit 140 000 Menschen gezählt, eine Woche später sind es mehr als 500 000 Menschen, noch eine später 210 Demonstrationen im ganzen Land mit 1,4 Millionen Bürgern. In manchen Orten geht mehr als die Hälfte der erwachsenen Bevölkerung auf die Straße.

Kirchen füllen sich mit Wandtafeln, Versammlungen können nicht enden vor lauter Klagenden, vor den Mikrofonen bilden sich Schlangen, Seelsorger sind völlig überlastet von Gesprächssuchenden. Die meisten Revolutionen werden gewaltsam erkämpft – diese wird herbeigeredet.

Die toten Worte des Regimes werden ersetzt durch die sehnsüchtigen, pathetischen, unsicheren einer neuen Zeit.

Immer wieder wird das „Hohelied der Liebe" zitiert, in einer afrikanischen Adaption des Ersten Korintherbriefs: „Da wir Sklaven waren, sprachen wir wie Sklaven, begriffen wir wie Sklaven, dachten wir wie Sklaven. Da wir frei werden, werfen wir die Ketten unserer Knechtschaft hinter uns."

17. OKTOBER, OSTBERLIN

Dringen die neuen Worte bis ins Politbüro, das Machtzentrum der DDR? Es tagt, wie jeden Dienstag, im holzgetäfelten Saal am Werderschen Markt. 21 Mitglieder und fünf Kandidaten, Durchschnittsalter 67 Jahre.

In den vergangenen Wochen haben die SED-Granden viele Briefe zorniger Parteimitglieder zu sehen bekommen: „Liebe Genossen! Wir fordern von euch: Führt die Partei aus der gegenwärtigen Defensive!" Hunderte solcher Schreiben sind seit Beginn des Monats eingetroffen. Das Politbüro laviert. Mal spricht es von „Diskussion", mal keilt es gegen „konterrevolutionäre Attacken". Aber immer ist es zu langsam: „Während wir sitzen, hat sich die Lage schon verändert", beklagt Erich Mielke den rasenden Wandel.

Fürchten die Genossen um ihre Macht? Vermutlich noch immer nicht. „40 Jahre lief der Tanker, und wieso soll er mit einem Mal nicht mehr laufen?", so wird Politbüromitglied Günter Schabowski die Denkweise der SED-Führer später beschreiben. Aber ein Opfer brauchen sie doch, und sei es als Beschwörung: Erich Honecker.

Dessen Entmachtung hat gleich nach Gorbatschows Besuch zum 40. Jubiläum begonnen. Der Generalsekretär müsse weg, befanden Krenz und Schabowski im Geheimen. In den folgenden Tagen sammelten die Putschisten ihre Truppen, immer wieder zählten sie, wer ihnen im Politbüro folgt, wer zu Honecker hält und wer unentschieden ist.

An diesem Dienstag ist es schließlich Ministerpräsident Willi Stoph, der den Antrag einbringt, Honecker aus Gesundheitsgründen von seinen Aufgaben zu entbinden. Ein vorgeschobenes Argument. Aber es löst eine Flut von Kritik

23. OKTOBER, LEIPZIG Auch nach Honeckers Fall nehmen die Proteste nicht ab. Das Idol vieler Bürger ist Kremlchef Gorbatschow – weil er wirtschaftliche Reformen und mehr Offenheit fordert

Wir Fordern
Freie Wahlen
Reform
statt

an Honecker aus, keiner steht zu ihm. Nicht einmal Mielke: „Wir können doch nicht anfangen, mit Panzern zu schießen. Erich Schluss: Ich akzeptiere das."

Honecker ist tief getroffen. Am Tag zuvor hat er zum ersten Mal sein neues Volk gesehen. Im Lagezentrum des Innenministeriums verfolgte er mit Krenz, Mielke und einigen anderen Live-Bilder von der Montagsdemonstration in Leipzig. Honecker war außer sich und musste immer wieder beruhigt werden: 100 000 Menschen gegen ihn, und nicht ein Polizist greift ein.

Und jetzt auch noch die Konterrevolution in den eigenen Reihen. Doch es steckt mehr Hellsicht in ihm als in den Rebellen. Nichts werde beruhigt durch seine Entmachtung, sagt Honecker.

Am nächsten Tag reicht er vor dem ZK seinen Rücktritt ein, aus gesundheitlichen Gründen, und schlägt Egon Krenz als Nachfolger vor. Mit einer Mappe unter dem Arm verlässt er den Saal, draußen stehen zu seiner Überraschung Journalisten. Er schaut ihnen kurz und starr in die Augen. „Na dann, auf Wiedersehen", sagt er und geht.

Am Abend hält Krenz seine erste Fernsehansprache als SED-Chef. Kommen neue Worte? Nein. Krenz hält exakt die gleiche Rede wie am Nachmittag im Politbüro. Und so verliert er das Volk bereits mit der Grußformel: „Liebe Genossinnen und Genossen".

30. OKTOBER, DEUTSCH-POLNISCHE GRENZE NAHE EISENHÜTTENSTADT

Am Ufer der Oder entdeckt ein polnischer Grenzsoldat einen Ertrunkenen, groß, kräftig, Gepäck auf dem Rücken. Er wird als Dietmar Pommer identifiziert, 23-jähriger Landarbeiter aus Ludwigslust. Er ist der letzte Tote, den das Grenzregime fordert.

30. OKTOBER, LEIPZIG Je zögerlicher das Regime auftritt, desto selbstbewusster wird die Opposition: Diese Demonstranten fordern freie Wahlen – und damit das Ende der SED-Einparteienherrschaft

Vermutlich mit zwei Freunden hatte er sich um den 12. Oktober herum aufgemacht zur westdeutschen Botschaft in Warschau. Doch er hat die Strömung der Oder unterschätzt, die ihn mit einem Meter pro Sekunde fortriss.

Was hat ihn getrieben: Verzweiflung? Ungeduld? Leichtsinn? Oder ist er ein tragischer Zeuge dafür, dass sich die große Mehrheit noch immer nicht vorstellen kann, dass das System endet? Ein System, das an den Grenzen weiterhin bestens funktioniert: Innerhalb von vier Wochen nehmen Soldaten an der Grenze zu Polen 2000 Menschen fest.

3. NOVEMBER, PRAG

Es reicht der KP-Führung, die Tschechoslowaken wollen nicht länger das Auffanglager für – wie sie es nennen – „politische Flüchtlinge" aus der DDR sein. Seit Egon Krenz die Grenze zur Tschechoslowakei zwei Tage zuvor erneut geöffnet hat, haben sich schon wieder rund 5000 Menschen auf das Gelände der westdeutschen Botschaft geflüchtet: Sie leben in der Novemberkälte in Zelten, und ihre Hauptbeschäftigung ist, stundenlang im Schlamm vor den Toilettenhäuschen anzustehen.

Die KP-Granden stellen der SED ein Ultimatum: Entweder sie schließt die Grenze wieder – oder sie erlaubt, dass die Flüchtlinge ohne Umweg über die DDR direkt in die BRD ausreisen dürfen.

Was beim ersten Vorschlag droht, haben die SED-Führer am Bahnhof von Dresden gesehen. Zermürbt, kraftlos erlauben sie für den nächsten Tag die Ausreise der Flüchtlinge in den Westen. Da die Grenze zur ČSSR offen bleibt, bedeutet das: Die Mauer ist de facto gefallen.

23 000 DDR-Bürger nutzen die Gelegenheit noch an diesem Wochenende.

4. NOVEMBER, OSTBERLIN

Niemand weiß, wie viele Menschen sich auf dem Alexanderplatz versammeln. Sind es 170 000, 300 000 oder gar eine halbe Million? Ganz sicher ist es die bis dahin größte Kundgebung des Jahres in Berlin. Sie erlangt besondere Bedeutung, weil erstmals bekannte Intellektuelle und Künstler – die Schriftstellerin Christa Wolf, der Schauspieler Ulrich Mühe, der Dramatiker Heiner Müller und viele andere – gemeinsam mit selbstkritischen SEDlern auftreten: Günter Schabowski, Ex-Spionagechef Markus Wolf, Rechtsanwalt Gregor Gysi. Und sie ist ein Fanal, weil sie als erste

9. NOVEMBER, BERLIN Der SED-Funktionär Günter Schabowski (2. v. r.) verkündet eine Verordnung, die den DDR-Bürgern Reisefreiheit verspricht. Sie gelte ab sofort, sagt er – ein folgenreicher Fehler

Demonstration live übertragen wird: Mitarbeiter des Staatsfernsehens haben die Entscheidung ohne Absprache mit dem Ministerium getroffen.

„Es ist, als habe einer die Fenster aufgestoßen nach all den Jahren der Stagnation", ruft der Schriftsteller Stefan Heym in den Jubel. Die Schauspielerin Steffi Spira zitiert Brecht: „Und aus Niemals wird: Heute noch!"

Der friedliche Tag ist ein Triumph, der die SED-Spitze entgeistert. Alles im Land strudelt nun, als habe Honeckers Sturz die letzten Schleusen geöffnet: noch mehr Flüchtlinge nach Prag, täglich mehr Rücktritte von Funktionären, mehr Demonstrationen, mehr Parteiaustritte, mehr Durcheinander. Je weiter das Regime nachgibt, desto mehr fordert das Volk. Die Revolution, die niemand geplant hat und viele ersehnt haben, ist nicht mehr aufzuhalten.

6. NOVEMBER, BONN

Der Sonderbeauftragte Alexander Schalck-Golodkowski, der seit 1966 den inoffiziellen Handel mit Bonn organisiert und Devisen fürs Regime beschafft, ersucht im Kanzleramt um einen gewaltigen Kredit: 13 Milliarden Mark.

In seiner ersten Woche im Amt hat sich Egon Krenz ein „ungeschminktes Bild der ökonomischen Lage" erstellen lassen. Das Ergebnis: Das Land liegt in Agonie, 62 Prozent aller Exporterlöse gehen für die Zinszahlungen drauf, fließen also überwiegend in den Westen.

9. NOVEMBER, BERLIN Schon kurz nach Schabowskis Pressekonferenz drängen sich Menschen an den Grenzübergängen. Um 23.30 Uhr öffnet der Wachhabende die Schranke an der Bornholmer Straße (o.)

Das Volk kaufen, Beschwichtigungswaren in die Schaufenster stellen, wie noch vor Kurzem, als in Syrien eine Million Jeans bestellt wurden: Dafür ist bald kein Geld mehr da.

Es wäre nicht das erste Mal, dass Bonn die DDR rettet, aber nun liegen die Dinge anders. Und Helmut Kohl ist einer der Ersten, die es begreifen. Dieses Mal stellt er unerhörte Bedingungen für die Hilfe: Die SED solle ihr Machtmonopol aufgeben, die Opposition zulassen, freie Wahlen ermöglichen.

Schalck-Golodkowski übermittelt die Forderungen noch am selben Tag nach Ostberlin, wo Krenz wohl endgültig bewusst wird, wie groß seine Not ist: Bei diesen Bedingungen ist die DDR mit Kredit genauso am Ende wie ohne.

7. NOVEMBER, OSTBERLIN

Um 9.00 Uhr tritt das SED-Politbüro zu einer fünfstündigen Sitzung zusammen, aber die Zeit reicht kaum, um alle drängenden Fragen zu behandeln. Unter anderem wird Außenminister Oskar Fischer zu der Sitzung hinzugezogen, weil Prag eine Art Ultimatum gestellt hat: Seit die DDR-Bürger über die Tschechoslowakei in den Westen ausreisen können, wird das Land überrannt. Wenn das nicht aufhöre, werde die ČSSR womöglich die Grenze zur DDR schließen. Eine Lösung für das „ČSSR-Problem“ muss gefunden werden, das ist allen klar.

8. NOVEMBER, OSTBERLIN

„Außergewöhnliche Zeiten erfordern außergewöhnliche Maßnahmen“, mit diesem Satz eröffnet Egon Krenz am Vormittag die kurzfristig anberaumte 10. Tagung des ZK der SED, dem außerhalb von Parteitagen höchsten Gremium der Partei, das unter anderem die Aufgabe hat, das Politbüro zu wählen. Drei Tage lang wollen die rund 165 Mitglieder und 57 Kandidaten die „Erneuerung unserer Gesellschaft“ betreiben.

Es wird ein turbulenter Tag: Die Regierung unter Ministerpräsident Willi Stoph ist schon am Vortag auf Drängen von Krenz zurückgetreten, nun tritt auch das Politbüro geschlossen zurück, um neu gewählt zu werden: mit fünf frischen, aber elf alten Namen.

Doch nicht einmal die Ehrung der ausscheidenden Politbüro-Mitglieder läuft reibungslos – statt Dank hätten sie scharfe Kritik verdient, heißt es von einigen ZK-Mitgliedern. Als Krenz die katastrophale Wirtschaftslage andeutet, brechen die Dämme. „Wir sind belogen worden, die ganze Zeit über“, klagt ein Genosse, „in mir ist alles zerbrochen. Mein Leben ist zerstört.“

9. NOVEMBER 1989, OSTBERLIN

Der zweite Tag der ZK-Sitzung. Am Nachmittag, gegen 15.30 Uhr, kommt Krenz hastig auf das neue Reisegesetz zu sprechen: „Genossinnen und Genossen! Euch ist ja bekannt, dass es ein Problem gibt, das uns alle belastet: die Frage der Ausreisen. Die tschechoslowakischen Genossen empfinden das allmählich für sich als eine Belastung wie ja früher auch die ungarischen. Und: Was wir auch machen in dieser Situation, wir machen einen falschen Schritt.“

An einem Reisegesetz ist seit Wochen gearbeitet worden, ein erster Entwurf, der drei Tage zuvor veröffentlicht wurde, stieß auf wütende Proteste, da er dem Regime zahlreiche Möglichkeiten einräumte, Reise- und Ausreiseanträge abzulehnen. Was nur wenige Wochen zuvor als großer Wurf gegolten hätte, überzeugt in diesen Novembertagen kaum noch einen Bürger. Nun stellt Krenz eine Verordnung vor, die die drängendsten Fragen bereits vor Verabschiedung des Gesetzes lösen soll. Am Vormittag hat eine hochrangige Arbeitsgruppe der Ministerien des Inneren und der Staatssicherheit sie erarbeitet: die Ministerratsvorlage VVS b2-937/89.

Sie wird als sogenannter Ministerratsbeschluss seit 12.30 Uhr im Umlaufverfahren an die 44 Minister weitergeleitet; aber nur 29 sind erreichbar. Und selbst die sind verwirrt, weil sie nicht wissen, was parallel das ZK beschließt.

Die Vorlage vereinfacht nicht nur die ständige Ausreise, sondern sieht auch vor, dass ganz normale „Privatreisen nach dem Ausland ohne Vorliegen von Voraussetzungen beantragt werden" können. Aber jede Reise bedarf eines Visums. Allerdings sollen Genehmigungen nur „in besonderen Ausnahmefällen" versagt werden. Die Idee ist also: Reisefreiheit ja, aber bürokratisch korrekt. Ab 10. November soll die Regelung gelten.

Einige Politbüro-Mitglieder wurden bereits in einer Raucherpause informiert, zu großen Diskussionen kam es nicht. Eher beiläufig nimmt die oberste SED-Spitze das Thema auch deshalb auf, weil sie drängendere Probleme hat: Kaum hatte das ZK die neuen Mitglieder des Politbüros gewählt, erhob sich ein Sturm der Entrüstung im inzwischen unbotmäßigen Parteiapparat, sodass einige gleich wieder abgewählt wurden. Bislang wurden die SED-Führer immer per Akklamation bestimmt – und jetzt dieses Chaos. Keiner weiß, ob nicht er der Nächste ist, der gehen muss.

So bleibt auch die folgende Aussprache zur Reiseregelung im Plenum des ZK kurz: Nach kleineren Änderungen wird sie einstimmig abgenickt.

Kurz darauf beauftragt Krenz Günter Schabowski, den für Medien zuständigen ZK-Sekretär, mit der Verkündung, wohl weil der ohnehin ab 18 Uhr auf einer Pressekonferenz über den Verlauf der ZK-Tagung berichten soll. Nur: Schabowski war bei der Abstimmung nicht anwesend und bekam so nicht mit, dass die Regelung erst ab 10. November gelten soll. Aus der Ministerratsvorlage könnte er das richtige Datum ersehen.

Aber Krenz drückt ihm im Durcheinander nur eine Pressemeldung in die Hand – und auf der fehlt das Datum.

WARSCHAU

Helmut Kohl ist auf Staatsbesuch in Polen. Er trifft an diesem Tag den Arbeiterführer Lech Wałęsa, der mit seiner Gewerkschaft „Solidarność" den Anstoß gegeben hat für jene Revolution, die nun Osteuropa überrollt. Was geschieht, fragt Wałęsa den Kanzler, „wenn die DDR ihre Grenzen voll öffnet und die Mauer abreißt – müsste dann die Bundesrepublik sie wieder aufbauen?"

Wenn die DDR keine wirklichen Reformen unternehme, dann werde die Regierung in der Tat hinweggefegt, antwortet Kohl, aber er glaube nicht an eine radikale Entwicklung.

Wałęsa ist besser vertraut mit der Unvorhersehbarkeit der Geschichte. Er bezweifelt, dass „die Mauer in ein oder zwei Wochen noch stehen" wird.

OSTBERLIN, 18.53 UHR

Nahezu eine Stunde ist Schabowskis Pressekonferenz vor gut 100 Journalisten nichtssagend dahingeplätschert, als er sich zur Reiseregelung stottert. „Deshalb, äh, haben wir uns dazu entschlossen, heute, äh, eine Regelung zu treffen, die es jedem Bürger der DDR möglich macht, äh, über Grenzübergangspunkte der DDR, äh, auszureisen."

Stimmengewirr. Der SED-Funktionär kämpft sich weiter durch seine Unterlagen, stammelt, zögert.

Frage: „Wann tritt das in Kraft?"

Schabowski blättert in seinen Papieren. „Das tritt nach meiner Kenntnis … ist das sofort, unverzüglich …"

Es ist das letzte Mal, dass das Volk einen SED-Funktionär beim Wort nimmt.

BEREITS WENIGE MINUTEN nach der Pressekonferenz treffen die ersten Ostberliner am Grenzübergang Bornholmer Straße ein, wo der Bezirk Prenzlauer Berg auf den Wedding stößt. Gegen 20.30 Uhr stehen hier Tausende, eine halbe Stunde später stauen sie sich bereits einen Kilometer weit.

Die Grenzer sind ratlos. Sie wissen, dass sie die Grenze eigentlich mit der Waffe verteidigen sollen. Einen solchen Massenandrang aber haben sie noch nie erlebt. Und ein Mitglied des Politbüros scheint im Fernsehen gerade die Reisefreiheit verkündet zu haben. Vergebens warten sie auf Anweisungen.

Wie ihnen geht es bald Grenzern überall in Berlin, aber auch Mitarbeitern der Reichsbahn im ganzen Land, an deren Schalter plötzlich Menschen treten und Fahrkarten in die Bundesrepublik verlangen.

An der Bornholmer Straße fragen die Grenzer telefonisch das Ministerium für Staatssicherheit nach weiteren Befehlen. Und öffnen dann um 21.20 Uhr weisungsgemäß eine Tür. Die Menschen bekommen Stempel in ihre Personalausweise, die eine Rückkehr eigentlich unmöglich machen. Doch dieses Zeichen wird so wirkungslos bleiben wie der Versuch, den Menschenstau durch ein winziges Loch zu schleusen: Gegen 23.30 Uhr geben die Grenzer schließlich auf, öffnen ohne Befehl von oben die Schlagbäume. Tausende strömen nach Westen, weinend, jubelnd, ungestempelt.

28 Jahre nach der Teilung ihrer Stadt liegen sich West- und Ostberliner in den Armen, ist eine Barriere durchbrochen, nur durch den Druck der Straße und die Ohnmacht der Mächtigen. Und ohne dass ein Schuss gefallen wäre.

Die folgenden Tage vergehen in einem Taumel, am ehemaligen Todesstreifen feiern Berliner und Herbeigereiste eine Party, die nicht endet.

In der SED-Führung herrscht nach der ungeplanten Grenzöffnung dagegen Katzenjammer. Trotzdem setzt das Zentralkomitee am 10. November zunächst seine Sitzung fort, verliert sich in Personaldebatten und Schuldzuweisungen.

Als Egon Krenz das Plenum mittags über die aktuelle Lage informiert, brechen Panik und Chaos aus. Die Versammlung löst sich auf.

Stasi-Chef Mielke befiehlt alle Mitarbeiter der Staatssicherheit auf ihre Stationen. Krenz lässt zwei im Stadtkampf ausgebildete und mit modernsten Waffen ausgerüstete Eliteeinheiten der NVA in erhöhte Gefechtsbereitschaft versetzen. Die Soldaten machen Panzer und

Geschütze bereit, laden Munition auf Lastwagen. Ob sie den Befehl falsch verstanden haben – wie SED-Obere später andeuten – oder nicht: Ein gewaltsames Ende der Öffnung ist ab 10. November mittags nicht mehr ausgeschlossen.

Nirgendwo spitzt sich die Lage stärker zu als vor dem Brandenburger Tor. Seit der Nacht zuvor stehen ständig mindestens 1000 Menschen auf der breiten Panzermauer vor dem Tor.

Immer wieder springen Übermütige auf die DDR-Seite hinunter und werden von der Volkspolizei in den Westen abgeschoben. „Die Mauer muss weg!", skandieren die Feiernden und schaffen erste Vorschlaghämmer herbei, um aus den Worten Ernst zu machen.

Die Grenzer fahren Wasserwerfer auf, zögern aber, sie einzusetzen. Auf der westlichen Seite der Mauer fliegen bereits Betonsplitter – doch auch die Westberliner Polizisten schreiten nicht ein, denn der mehrere Meter breite Streifen vor der Befestigung gehört bereits zum Hoheitsgebiet der DDR. Die Uniformierten aus Ost und West beschränken sich darauf, die Menschen auf und hinter der Mauer per Lautsprecher aufzufordern, den Bereich zu verlassen.

So bleibt die Lage gespannt, aber friedlich. Am frühen Morgen des 11. November allerdings stehen die Demonstranten kurz davor, eine erste Bresche in die Mauer zu schlagen. Vergebens versucht das DDR-Außenministerium, Kontakt nach Westberlin aufzunehmen: Das Telefonnetz zwischen den Stadthälften ist zusammengebrochen. Der Westberliner Polizeipräsident fürchtet eine Eskalation, der Osten bietet weitere Hundertschaften und Wasserwerfer auf. Eine gewaltsame Räumung am Brandenburger Tor, vielleicht sogar mit Toten, könnte die SED-Regierung dazu bewegen, die Grenzen doch wieder zu schließen.

Daher verabreden sich Westberliner Polizei und Ostberliner Grenztruppen. Am 11. November ab 8.05 Uhr räumen DDR-Grenzer die Mauer friedlich, ohne Wasserwerfer, und stellen sich selbst auf die Krone, unbewaffnet. Mannschaftswagen des Westens sichern sie ab. Um 14 Uhr trifft sich der Westberliner Polizeipräsident mit dem stellvertretenden Kommandeur der Grenztruppe. Fortan schützen die beiden Gruppen die Mauer am Brandenburger Tor gemeinsam.

ELF MILLIONEN DDR-BÜRGER fahren in den ersten zehn Tagen nach dem Mauerfall nach Westberlin und in die Bundesrepublik, stehen im Stau oder in heillos überfüllten Zügen der Reichsbahn. Schnell werden in Berlin neue Übergänge eröffnet, die Sperrgebiete entlang der innerdeutschen Grenze aufgehoben.

Immer mehr Trabis sind nun auf den westdeutschen Straßen unterwegs, erregen Aufsehen, werden jubelnd begrüßt. In den Kneipen gibt es Freibier.

Die DDR-Bürger erhalten von der eigenen Regierung 15 D-Mark ausgehändigt, im Westen gibt es 100 D-Mark Begrüßungsgeld. Vor den Banken und Sparkassen bilden sich lange Schlangen. Auf dem Schwarzmarkt wird das Ostgeld nun zu Kursen zwischen 1:10 und 1:20 getauscht, das durchschnittliche Monatseinkommen einer Familie ist damit nicht mehr wert als 100 D-Mark.

IN DER PARTEI BRECHEN PANIK UND CHAOS AUS

Die Grenzgänger staunen über volle Schaufenster, bunte Fassaden – aber auch über triste Nebenstraßen in Kreuzberg. Rund 130 000 siedeln schon im November in die Bundesrepublik über. Die meisten aber kehren nach ihrem Ausflug wieder zurück in die Heimat.

Denn die plötzliche Öffnung der Grenze zeigt vor allem eines: das Ende der SED-Macht. Innerhalb weniger Tage ist die Staatspartei handlungsunfähig, Spitzenfunktionäre auf allen Ebenen müssen abtreten. Am 13. November übernimmt der als Reformer geltende Dresdner SED-Bezirkschef Hans Modrow die Regierung. Als Stasi-Minister Erich Mielke der Volkskammer am selben Tag in einer – teilweise unzusammenhängenden – Rede versichert: „Aber ich liebe doch alle Menschen", erntet er höhnisches Gelächter.

Der Führungsanspruch der SED wird aus der Verfassung gestrichen. Zentralkomitee und Politbüro lösen sich auf, die alte Garde um Erich Honecker wird aus der Partei ausgeschlossen. Gegen viele beginnen Ermittlungsverfahren, sie werden verhaftet und nach der Wiedervereinigung zu Gefängnisstrafen verurteilt – meistens wegen des Schießbefehls an der innerdeutschen Grenze.

Doch keiner der SED-Granden wird lange im Gefängnis bleiben. Der krebskranke Honecker gilt bereits im Herbst 1989 als haftunfähig, flüchtet sich in ein sowjetisches Militärkrankenhaus, wird nach Moskau ausgeflogen und reist schließlich ins chilenische Exil.

Einen Monat nach Schabowskis Pressekonferenz treffen sich SED-Delegierte zu einem außerordentlichen Parteitag, wählen Gregor Gysi zum Vorsitzenden und versuchen zu retten, was eigentlich nicht mehr zu retten ist: Die Partei benennt sich um in „SED-PDS", Partei des Demokratischen Sozialismus, und verkündet für die Zukunft einen vagen „dritten Weg jenseits von stalinistischem Sozialismus und Herrschaft transnationaler Monopole".

Zwar führt die Einheitspartei als stärkste Fraktion weiterhin die Regierung. Doch die Vertreter der Blockparteien, 40 Jahre lang bloße Tarnung für die uneingeschränkte Macht der SED, entwickeln plötzlich eigene Positionen, einige wollen gar den Sozialismus aus der DDR-Verfassung streichen.

Die Bürgerbewegung dagegen, die die Herbstrevolution begonnen und den Fall der Mauer erreicht hat, ist von den Entscheidungen zunächst ausgeschlossen – sie hat keinen Platz in den etablierten Strukturen. Im Dezember erzwingt sie deshalb einen Runden Tisch, an dem neben den Vertretern der Regierung auch Gruppen wie das „Neue Forum" sitzen.

Bei seiner ersten Sitzung beschließt das Gremium unter anderem Neuwahlen und die Auflösung der Stasi. Im Januar 1990 besetzen Bürger deren Zentrale in Berlin, um die Kontrolle über den Geheimdienst sicherzustellen. Der Runde Tisch findet im ganzen Land Nachahmer, die auf allen Ebenen versuchen, die Verwaltungen zu überwachen.

Am 5. Februar 1990 nimmt Hans Modrow acht Vertreter der Bürgerbewegung als Minister ohne Geschäftsbereich in seine Regierung auf, darunter der Pfarrer Rainer Eppelmann, ein prominenter Dissident und Mitbegründer der Gruppierung Demokratischer Aufbruch (DA).

Die ersten freien Volkskammerwahlen in der DDR-Geschichte gewinnt am 18. März die „Allianz für Deutschland“ aus CDU, Deutscher Sozialer Union und DA mit 48 Prozent der Stimmen.

Sie bildet unter Lothar de Maizière, seit 1956 Mitglied und seit November Vorsitzender der Ost-CDU, mit den liberalen Parteien (5,3 Prozent) sowie der wiedergegründeten SPD (21,9 Prozent) eine große Koalition.

Zu diesem Zeitpunkt wandern täglich Hunderte in den Westen ab. Die Parole „Wir sind das Volk!“ der Leipziger Demonstranten hat sich längst verwandelt in die Forderung „Wir sind ein Volk!“.

DABEI HABEN DIE EREIGNISSE die Politiker in der Bundesrepublik ebenso unvorbereitet getroffen wie die SED-Führer: Am Abend des 9. November debattierte der Bundestag gerade über ein Gesetz, als die Nachrichten von Schabowskis Pressekonferenz hereingereicht wurden. Die Abgeordneten applaudierten der Reisefreiheit – und setzten ihre Sitzung zunächst fort.

Nach einer kurzen Unterbrechung appellierte Kanzleramtsminister Rudolf Seiters im Namen der Bundesregierung an die Solidarität der Westdeutschen, alle Fraktionen forderten freie Wahlen in der DDR. Dann erhoben sich die Parlamentarier und sangen die Nationalhymne.

Bereits am 28. November legt Helmut Kohl dem Bundestag ein „Zehn-Punkte-Programm“ für die Annäherung der beiden Staaten vor. Es sieht Wirtschaftshilfe gegen Demokratisierung vor, eine Föderation der beiden deutschen Staaten – und schließlich, in unbestimmter Zukunft, die Einheit.

Spätestens jetzt ist klar: Die Wiedervereinigung ist eine reale Möglichkeit. Doch ob, wie und wann die beiden deutschen Staaten wieder eins werden, das liegt nicht nur am Willen der DDR oder der Bundesrepublik.

Sondern vor allem an den Siegermächten des Zweiten Weltkriegs.

Einzig die USA unter George H. W. Bush unterstützen Bonn in seiner Politik. Frankreich, Großbritannien und die Sowjetunion fürchten ein wiedererstarkendes Deutschland in Europas Mitte.

Auf Konferenzen, in Hinterzimmergesprächen, bei persönlichen Besuchen versuchen ab Dezember 1989 US- und bundesdeutsche Diplomaten und Politiker, die Führer der übrigen drei Siegermächte – François Mitterrand, Margaret Thatcher und Michail Gorbatschow – davon zu überzeugen, dass die Wiedervereinigung der beiden deutschen Staaten unvermeidbar ist.

Der sowjetische Staatschef (der das Ende der DDR ja mit ausgelöst hat durch seine Reformpolitik und den Entschluss, keine Sowjettruppen gegen die friedliche Revolution einzusetzen) akzeptiert bereits Ende Januar 1990 das Schicksal seines Satellitenstaats und wird in den folgenden Verhandlungen nur noch versuchen, möglichst viel für die UdSSR herauszuschlagen, wirtschaftlich wie außenpolitisch.

Am 10. Februar gibt Gorbatschow Helmut Kohl sein Einverständnis zur Wiedervereinigung, doch beharrt er darauf, dass ein vereinigtes Deutschland nicht Mitglied der Nato sein dürfe – eine Forderung, die weder Kohl noch Bush zu akzeptieren bereit sind.

Am 13. Februar folgen die Westalliierten dem sowjetischen Vorschlag, Vertreter der vier Siegermächte sowie der beiden deutschen Staaten sollten sich zu gemeinsamen Verhandlungen über die Zukunft Deutschlands treffen. Parallel zu diesen „Zwei-plus-Vier-Gesprächen“ gelingt es Helmut Kohl und seinen Beratern nach und nach, die Bedenken der ehemaligen Besatzer zu zerstreuen.

So erfüllen die beiden deutschen Parlamente eine vor allem von Frankreich vorgetragene Forderung und versprechen, dass ein wiedervereinigtes Deutschland die Oder-Neiße-Linie als Westgrenze Polens anerkennen wird.

Die Nato kommt dem Sowjetchef entgegen und verspricht eine neue, betont defensive Strategie, mehr Abrüstung, engere Kontakte mit der UdSSR.

Daraufhin erlaubt Gorbatschow im Juli die Aufnahme des wiedervereinigten Deutschlands in das westliche Militärbündnis.

Den französischen Präsidenten François Mitterrand besänftigt die Bundesregierung, indem sie einer europäischen Währungsunion zustimmt: der Einführung eines gemeinsamen Zahlungsmittels für die Staaten der Europäischen Gemeinschaft. Sie soll ein auch wirtschaftlich allzu mächtiges Deutschland verhindern und es stärker an seine europäischen Partner binden.

Angesichts der allgemeinen Zustimmung zur Wiedervereinigung muss nun auch Margaret Thatcher, privat noch immer eine Gegnerin der deutschen Einheit, im September den „Zwei-plus-Vier-Vertrag“ akzeptieren.

In Ostdeutschland haben sich unterdessen die Ereignisse beschleunigt. Die Menschen sehnen sich nach dem westdeutschen Lebensstandard – und wenn er nicht zu ihnen kommt, dann gehen sie zu ihm. Die ungebremste Abwanderung nach Westen verschärft nicht nur die Wirtschaftskrise der DDR, sondern belastet auch die Bundesrepublik.

Am 1. Juli tritt eine Währungsunion in Kraft, Ersparnisse werden in der Regel bis zu einer Höchstgrenze von 4000 Ost-Mark im Verhältnis 1:1 in D-Mark umgetauscht, obwohl ihre Kaufkraft viel geringer ist. Am selben Tag beginnt die Treuhandanstalt ihre Arbeit: Sie soll rund 8500 Volkseigene Betriebe mit vier Millionen Beschäftigten privatisieren.

Ende August 1990 beschließt die Volkskammer den Beitritt zur Bundesrepublik nach Artikel 23 des Grundgesetzes. Am 20. September verabschieden Volkskammer und Bundestag einen Vertrag über die Wiedervereinigung der beiden deutschen Staaten.

Am 2. Oktober 1990 um Mitternacht hört die Deutsche Demokratische Republik auf zu existieren, 328 Tage nach dem Mauerfall und vier Tage vor dem 41. Jahrestag ihrer Gründung. □

Literaturempfehlungen: *Hans-Hermann Hertle, „Chronik des Mauerfalls. Die dramatischen Ereignisse um den 9. November 1989“, Ch. Links Verlag: die beste Darstellung der letzten Tage der SED-Diktatur, anhand von vielen Quellen präzise rekonstruiert. Ilko-Sascha Kowalczuk, „Endspiel“, C. H. Beck: schwungvoll geschriebene, abgewogen urteilende Analyse der Endphase der DDR; man merkt dem Text an, dass der Autor mittendrin gewesen ist beim Umbruch.*

Wie schemenhaft, wie unpräzise die Erinnerung ist – die Recherche zur Herbstrevolution hat **Dr. Christoph Kucklick**, 50, Autor in Berlin, immer wieder auf die Grenzen des eigenen Gedächtnisses gestoßen.

»Es gab eine Idylle, doch

War die DDR ein Unrechtsstaat, der brutal gegen die eigenen Bürger vorging? Oder ein gemüt und Geborgenheit gab? Beides, sagt der Historiker Stefan Wolle, der 40 Jahre seines Lebens

Dr. Stefan Wolle ist in Halle geboren und beschäftigt sich seit 1989 vor allem mit der Alltagsgeschichte der DDR

GEOEPOCHE: Herr Dr. Wolle, Sie sind 1950 geboren, ein Jahr nach der Gründung der DDR. Haben Ihnen Eltern und Lehrer vermittelt, dass Sie Teil der ersten Generation waren, die in diesem Arbeiter-und-Bauern-Paradies heranwachsen sollte?

DR. STEFAN WOLLE: Wir hatten in der Tat das Gefühl, etwas Besonderes zu sein. 1957 bin ich zur Schule gekommen. Wer damals über 20 war, der hatte das ganze Elend hinter sich, Krieg, Bombennächte, Vertreibung, Flucht, Exil, Gefangenschaft. Diese Erwachsenen blickten auf uns mit einem unglaublich hohen pädagogischen Anspruch. Wenn wir uns geprügelt haben, kam sofort jemand angerannt und sagte: „Wenn sich schon die Kinder prügeln, wie sollen sich dann die Völker verstehen?" Auf meiner Generation lag also eine große Erwartung, in Ost wie in West. Aber in der DDR mischte sich noch dieser Anspruch des Sozialismus dazu: Das wird die neue Gesellschaft, das wird das Glück auf Erden. Und damit haben die uns, als wir klein waren, unglaublich malträtiert.

Haben Sie an diese Vision geglaubt?

Ja. Das war ja eine wunderschöne Welt, die einem da vorgestellt wurde. Es gab Ende der 1950er Jahre eine unglaubliche Welle von Zukunftseuphorie. Die kommunistische Heilserwartung wurde sehr stark konkretisiert. Das war nicht mehr ein allgemeines Paradies: Diese neue Vision wurde runtergebrochen bis auf die Ebene von Kinderbüchern, bis zu den „Digedags" – dem wohl besten Comic-Strip der DDR.

„Die Digedags" sind seit 1955 erschienen …

… und ich habe die von Anfang an angeschaut, da konnte ich noch gar nicht lesen. 1958 wurden Dig und Dag mit einem Raumschiff entführt und gerieten in eine Zukunftswelt, nach „Neos". Dort befanden sich die „Republikanische Union" und das „Großneonische Reich" in einer Art Kaltem Krieg, darin konnte man unschwer Ost und West erkennen. Das hat sich mir tief eingeprägt. Als Kind habe ich den Kommunismus verinnerlicht, er wurde Teil meines Weltbildes.

Wie standen Ihre Eltern zur DDR?

Sie waren äußerst überzeugte Kommunisten. Mein Vater war Redakteur beim „Neuen Deutschland". Meine Mutter hat als Dolmetscherin und Übersetzerin gearbeitet. Die DDR war ihr großes Projekt. Und so haben sie mich auch erzogen.

Wann haben Sie zum ersten Mal daran gezweifelt?

Am 21. August 1968, als Truppen des Warschauer Paktes in die Tschechoslowakei einmarschierten. Das war wie ein Schlag ins Gesicht. Ich hörte diese Nachricht im Radio, auf einem westlichen Sender, und war entsetzt. Ein ausgereiftes Weltbild hatte ich mit 17 Jahren nicht. Aber ich fand, dass es sehr vernünftig ist, was Alexander Dubček da macht. Die ganze Brisanz habe ich nicht erkannt – dass die dann mit ihren Panzern einfallen!

Erst das Ende des Prager Frühlings hat Sie aufgerüttelt?

Ich habe schon vorher nicht wie ein Blödian jedes Wort geglaubt, das im „Neuen Deutschland" stand. Das taten auch meine Eltern nicht, obwohl es mein Vater zum Teil selber geschrieben hatte. Aber bis zu dem Tag habe ich im Großen und Ganzen noch geglaubt, was sie uns als Kinder erzählt haben: dass bestimmte Dinge notwendig sind, dass man noch nicht so viel Freiheit zulassen darf, für das große Ganze.

In der Schule erfuhr ich Ende August 1968, dass sie zwei Mädchen verhaftet hatten wegen Flugblättern. Heute würde man sagen, es ist ein Kinderstreich gewesen. Ich kannte die beiden, von den Flugblättern habe ich aber nichts gewusst. Gott sei Dank, sonst wäre die Schule vorbei gewesen.

Was geschah dann?

Da erschienen irgendwelche Schuloberen, die uns ideologisch wieder auf den rechten Weg bringen wollten. Und da habe ich öffentlich widersprochen in meiner 17-jährigen Kühnheit. Das war eine ganz schlimme Ketzerei, aber sie haben mich mit Samthandschuhen angefasst wegen meiner Eltern. Viele Protestierende waren ja Kinder von hohen Funktionären, das war unglaublich peinlich für die Führung.

Warum haben sich gerade die Kinder der Elite widersetzt?

Wir sind in diesen Idealen erzogen worden. Jemand wie Angela Merkel, Kind eines Pfarrers, die hat natürlich von der

SIE WAR FÜRCHTERLICH«

liches Land, das die Menschen vor dem eisigen Wind des Kapitalismus schützte, ihnen Sicherheit im SED-Staat verbracht hat: Die zwei Seiten der Diktatur ließen sich nicht voneinander trennen

ersten Stunde in der Schule gewusst: Wenn der Lehrer erzählt, dass das mit dem lieben Gott alles Schwindel ist, dann bist du schön ruhig, lass den immer reden. Diese Bewusstseinsspaltung ist für die selbstverständlich gewesen, dagegen muss man nicht bei jeder Gelegenheit aufstehen, da verdirbt man sich bloß alles.

Wir aber als Kinder von SED-Funktionären und kommunistischen Intellektuellen sind in dem Bewusstsein aufgewachsen, dass man sich einbringen muss, dass man kämpfen muss, dass man zu seiner Meinung stehen muss und dass die richtig ist. Da kommt natürlich unausweichlich der Zusammenstoß. Das bedurfte eigentlich nur des äußeren Anlasses. Ich durfte mein Abitur machen, mir ist nichts passiert. Aber danach war mein Bild absolut negativ von diesem Staat.

Trotzdem sind Sie für 18 Monate zur NVA gegangen.

Man konnte nicht aus politischen Gründen den Wehrdienst verweigern, da hätten sie mich eingesperrt. Das war nur aus Gewissensgründen erlaubt. Aber wenn da irgendeiner gekommen wäre, dessen Vater Redakteur beim „Neuen Deutschland" ist, und hätte auf sein Gewissen gepocht, dann hätten die sich auf den Arm genommen gefühlt. Ich weiß nicht, was passiert wäre. Aber jede Chance auf ein Studium hätte ich damit aufgegeben.

So aber sind Sie ungehindert auf die Universität gekommen?

Ja, nach dem Militärdienst bekam ich die Zuweisung zum Studium. In den späten Ulbricht-Jahren waren neue Studiengänge die ganz große Mode, Kybernetik und so etwas. Alles sollte auf eine mathematische Grundlage gestellt werden. Ich habe mich für Informationswissenschaft beworben und bin angenommen worden. Dann hat Honecker im Mai 1971 Ulbricht abgelöst, und da wurden all diese noch nicht praxistauglichen Studiengänge wieder abgeschafft, und zwar ziemlich rigoros. Als ich Anfang September zur Universität erschien, wurde mir mitgeteilt: Informationswissenschaft gibt es nicht mehr, wir haben Sie neu eingeteilt. Sie studieren jetzt Geschichte. Aber ich bin schnell wieder rausgeflogen.

Im ersten Semester?

Ja, nach wenigen Monaten. Ich war typisches Mitglied einer Kaffeehaus-Opposition: Wir haben tagsüber mehr oder weniger zu den Dingen in der Universität geschwiegen oder bestenfalls im Hintergrund ein bisschen gestichelt. Wenn zum Beispiel in einer Vorlesung über Marxismus-Leninismus der Professor von den Herrlichkeiten des sozialistischen Aufbaus erzählt hat, dann habe ich das immer kommentiert. Aber natürlich so, dass es nur die Umsitzenden hörten. Es war ein Seiltanz. Und ich bin dabei heruntergefallen.

Was ist passiert?

Da standen zwei junge Damen in der Kritik. Die wollten von sich ablenken und sagten, guckt euch doch mal den Wolle an. Sie haben ein Protokoll geschrieben und sind damit zum Parteisekretär gerannt.

Warum nicht zur Universitätsleitung?

Sämtliche Macht lag bei der Partei, und zwar bis in die kleinsten Verästelungen der Gesellschaft. Überall war der Parteisekretär der entscheidende Mann. Das war in der Sektion Geschichte so, das war in der Humboldt-Universität so, das ist in jedem Betrieb so gewesen. Die Macht der Partei war uneingeschränkt. Die SED-Leute mussten sich auch an kein Gesetz halten, natürlich nicht, wieso denn?

Sie haben Ihr Studium mit ein paar Bemerkungen gefährdet?

Ach, das hätte man sicher auch alles unter den Teppich kehren können. Dieser Teppich war sehr, sehr groß in der DDR. Das vergessen manche, die so viel über Widerstand, Opposition, Unterdrückung reden: Es gab da einen Riesenteppich, unter den immer fleißig gekehrt wurde. Denn jeder derartige Vorfall warf ja auch stets ein schlechtes Licht auf die Dienstvorgesetzten.

In diesem Falle aber war schon alles am Kochen. Da waren in den Semesterferien zwei Studenten verhaftet worden, und die haben in ihrer Verzweiflung bei der Stasi reihenweise andere Studenten denunziert. Als ich mein Studium begann, war die Parteigruppe der Sektion schon in hellem Aufruhr, eine Parteiversammlung jagte die nächste.

Weihnachten bekam dann der Parteisekretär dieses Protokoll – und rief meinen Vater an. Die DDR war eben eine Feudalgesellschaft. Dann wurde ich zu einer Aussprache gebeten. Da saß so die ganze Inquisition, FDJ, Partei. Und ich habe versucht, irgendwie den Kopf aus der Schlinge zu ziehen. Aber das war nicht mehr möglich, die hatten sich entschieden, ein Exempel zu statuieren, um ihrer eigenen Obrigkeit gegenüber zu zeigen, wie groß die revolutionäre Wachsamkeit bei ihnen geschrieben wird.

Und dann machten sie mir das Angebot, mich freiwillig zu verpflichten zur Bewährung in der Produktion. Ich habe sofort gesagt, ich sei begeistert von der Idee. Dann habe ich ein Jahr lang im Transformatorenwerk Berlin-Schöneweide gearbeitet, als Sandstrahler. Es war die Hölle auf Erden, jeden Morgen um vier Uhr aufstehen, todmüde zur Schicht fahren, den ganzen Tag schwer arbeiten. Aber von meinem Meister hing ab, ob ich wieder an die Universität zurückkann. Was ich dann auch geschafft habe.

Haben Sie je an Ausreise gedacht?

Nein. Ich wollte nicht in den Westen. Ich dachte mir, so leicht werden die mich nicht los. Außerdem habe ich zwar den gegenwärtigen Zustand des SED-Staates abgelehnt, aber doch noch an den demokratischen Sozialismus geglaubt, ganz im Sinne des Prager Frühlings.

Bis zum Ende der DDR?

Nein. Ich erinnere mich an den Abend, als Wolf Biermann ausgebürgert wurde: 1976, ich war gerade fertig mit dem Studium, junger Mitarbeiter der Akademie der Wissenschaften. Wir saßen zusammen in der Küche und haben darüber diskutiert. Und ich war der letzte Idiot, der den demokratischen Sozialismus verteidigt hat. Aber ich merkte: Irgendwie redest du Phrasen. An dem Abend wurde ich schwankend.

Wie haben Sie Gleichgesinnte gefunden, mit denen Sie über so etwas reden konnten?

Das hat man den Leuten an der Nasenspitze angesehen. Wie sie sprechen, wie sie blicken. Es gab Erkennungsmerkmale, bestimmte Formulierungen, Gestik, Mimik. Da hat man sich eigentlich nie getäuscht. Was jetzt noch nichts sagt über Spitzel. Denn die sollten sich natürlich verstellen. Das waren die Geschicktesten, das waren ja immer die, die am meisten geschimpft haben auf die Regierung und die Partei.

Gab es in Ihrem Bekanntenkreis Inoffizielle Mitarbeiter?

Massenhaft. Das Grundmuster war, dass die, von denen alle gedacht haben, die sind Stasi-Spitzel, die waren es nicht. Und da, wo es keiner erwartet hätte, wo man gesagt hat, um Gottes Willen, ich halte es nicht für möglich, das waren die IMs. Da war ein Kollege von mir in der Akademie der Wissenschaften, ein charmanter, intelligenter, kluger, gebildeter Historiker. Der hat seinen eigenen Bruder bespitzelt, über Jahre. Das war ein System, das diese menschlichen Abgründe gezielt instrumentalisiert hat.

Der politische Seiltanz, das gegenseitige Misstrauen – waren Sie dennoch auch glücklich in den siebziger Jahren?

Ja. Ich hatte das Gefühl, dass es wichtig ist, dass es solche wie mich gibt in der DDR. Dazu kam diese Gemeinschaft der Andersdenkenden. Und natürlich die ganz persönlichen Sachen, die Liebe war jung, unsere vier Töchter waren klein. Wir hatten die erste Wohnung bekommen, sie dann gegen ein Häuschen am Stadtrand getauscht und mit dem Ausbau begonnen. Ja, es war eine glückliche Zeit. Ich bin überhaupt nicht der Meinung, dass man unglücklich leben musste in der DDR, im Gegenteil.

Gilt das auch für die große Mehrheit der DDR-Bürger, die nicht zu Ihrem Milieu gehörten? Die sich nicht am eigenen Anderssein aufrichten konnten?

Die meisten haben sich innerlich vollkommen von Politik und Ideologie und höherem Lebenssinn getrennt und haben versucht, ausschließlich ihren persönlichen Kram zu betreiben. Mit dem Ausbau einer Datsche zum Beispiel kann man sich mächtig beschäftigen. Da kann man jedes Wochenende am Betonmischer stehen und immer noch irgendwo was verputzen oder das Dach neu decken und den Garten umgraben. Und viele haben da ihr kleines privates Glück gefunden. Die sind mental ausgereist aus der DDR, die waren gar nicht mehr Teil des Systems.

Ehemalige DDR-Bürger beschwören oft ein Land, in dem sich jeder um den anderen gekümmert habe.

Das ist eine ganz gefährliche Halbwahrheit. Es stimmt zum Teil natürlich – und stimmt auch wieder nicht. Sicherheit des Arbeitsplatzes, Sicherheit des Kindergartenplatzes, all die Dinge, die immer so gerühmt werden, die hingen auch stark mit politischer Repression zusammen.

Die Rolle des Kollektivs ist ein gutes Beispiel: Überall wimmelte es von Kollektiven, das Schülerkollektiv, das Lehrerkollektiv, das FDJ-Kollektiv, das Studentenkollektiv, das Arbeitskollektiv. Das schuf natürlich ein Gefühl von Gemeinsamkeit, von menschlicher Wärme, von Nähe. In weitaus höherem Maße, als dies heute der Fall ist, ohne jeden Zweifel.

Aber zugleich war dieses Kollektiv ein Instrument der sozialen und politischen Kontrolle. Und jetzt kommt das Komplizierte hinzu: Das Kollektiv war auch Schutzraum. Unter den Kollegen wusste man, hier kann man offen sprechen, da sind sich alle einig, da kann man Witze erzählen über Honecker oder Ulbricht, da passiert zumindest nichts. Und der Parteisekretär lacht gern mit. So war das in der Regel.

Die DDR lässt sich nicht teilen in gute Seiten und schlechte Seiten – das eine bedingte das andere.

Man hat also nicht stärker zusammengehalten?

Es gab natürlich in den Betrieben weitaus weniger Konkurrenz als im Westen, dadurch waren sich die Menschen näher. Es gab Vollbeschäftigung, niemand musste Angst haben, seinen Arbeitsplatz zu verlieren – nur, wenn es ganz dicke kam. Dann aber meist aus politischen Gründen und auf höherer Ebene. Doch kein Arbeiter musste Angst haben, rausgeschmissen zu werden, weil er nicht zum 1. Mai gekommen ist.

Und auch Karriere zu machen war für viele einfach nicht attraktiv. Auf der untersten Ebene hat man ganz gut verdient. Ich habe fürs Sandstrahlen im Transformatorenwerk 1300 Mark bekommen, fast doppelt so viel wie als junger Wissenschaftler. Aber je höher man stieg, desto mehr ging einem die Partei auf den Keks. Da musste man am Wochenende vielleicht noch zum Agitationseinsatz fahren oder gar zur Kampfgruppe, dieser ganze Blödsinn.

Verklärt sich der Alltag in der DDR in der Rückschau?
Nein, diese Dinge, mehr Mitmenschlichkeit, mehr Kollektivität und Nachbarschaftshilfe, das hat es alles wirklich gegeben. Von der Brigadefeier bis zum Fest der Hausgemeinschaft. Aber mir ist es unerträglich auf den Geist gegangen. Ich habe es gehasst. Wenn die da Subbotnik gemacht haben, diese freiwilligen Arbeitseinsätze in der Nachbarschaft, dann habe ich mir eine Harke geben lassen, habe fünf Minuten das Stiefmütterchenbeet geharkt und bin weggegangen. Dann war es gut, dann war ich beim freiwilligen Einsatz mit dabei gewesen. Diese ganze Subbotnik-Wirtschafterei hatte ja auch damit zu tun, dass kein Geld da war, um die Grünanlagen regulär zu pflegen. Aber es hatte natürlich trotzdem für viele Menschen etwas sehr Anheimelndes.

Eine Idylle?
Diese Idylle war fürchterlich. Zu Beginn der achtziger Jahre stagnierte alles, alle zogen sich ins Private zurück. Ich habe in dieser Zeit auch nicht mehr an Veränderungen geglaubt. Gehofft, aber nicht geglaubt. Gleichzeitig war der wirtschaftliche Niedergang von früh bis spät spürbar. Es betraf die Wohnung, es betraf Einrichtungen, es betraf Baumaterial, Autoersatzteile, Reparaturmöglichkeiten, Telefone, Arzttermine. Überall wurde alles immer ständig schlechter und enger und komplizierter, und zwar jahrelang.

Sie mussten davon ausgehen, dass Ihre Kinder in diesem Land aufwachsen würden. Hat Sie das bedrückt?
Ja, hat es. Ich erinnere mich, als meine älteste Tochter in die Schule kam und natürlich auch bei den Jungpionieren eintreten sollte. Ich hatte nichts dagegen, ich wollte meine Konflikte nicht auf dem Rücken kleiner Kinder austragen. Also kaufte ich ihr eine Pionierbluse und ein blaues Halstuch. Und sie drehte und wendete sich vor dem Spiegel und war überglücklich. Für sie war diese Pionierkleidung einfach das Zeichen, dass sie jetzt groß ist. Und ich dachte, um Gottes Willen, jetzt geht das ganze Theater von vorn los, all diese Schizophrenie, all diese Lügen.

Damit mussten wir einfach umgehen von Tag zu Tag. Da kann man nicht in einen Pessimismus verfallen, es muss ja irgendwie weitergehen. Zwischen Hoffnung und Erwartung war das immer so ein tägliches Wechselspiel.

Wie haben Sie die Gorbatschow-Jahre erlebt?
Die haben mich innerlich überhaupt nicht mehr erreicht. In einem Interview irgendwo in Moskau, auf der Straße, hat einer gesagt: Perestroika finde ich gut, kommt bloß 70 Jahre zu spät. Das war auch ungefähr meine Meinung dazu.

An der Opposition in der DDR habe ich mich eher als Zaungast beteiligt. Ich war kein Held, da war ich wieder viel zu vorsichtig. Im November 1987, da versuchte die Stasi noch einmal mit den alten Schweinetreiber-Methoden die Leute fertigzumachen: Sie räumte die Umwelt-Bibliothek in der Berliner Zionsgemeinde, nahm die Leute mit, beschlagnahmte die Druckmaschinen. Ich bin dann auch da hin, aber schon zwei Straßen davor standen so Stasi-Lümmel: Zeigen Sie mal Ihren Ausweis. Ich bin denen aber nicht in die Fänge geraten. Ich machte wohl so einen seriösen Eindruck, ich weiß nicht, wieso. Aber das war für mich eigentlich der Punkt, wo ich dachte, jetzt ist alles egal, jetzt machst du bei der Opposition mit. 1987 war der *point of no return* überschritten.

Wie haben Sie die Herbstrevolution erlebt?
Am 8. Oktober 1989 bin ich bei einer Demonstration in Berlin festgenommen worden. Die Polizisten waren vollkommen aufgeputscht, die Mitarbeiter der Untersuchungshaftanstalt und die Stasi und was da alles rumsprang. Die jagten alle durch die Knüppelgasse. Rechts und links standen die Polizisten und droschen auf uns ein. Und dann standen wir da, Hände hoch, und wurden angebrüllt.

Einen haben sie fast totgeschlagen vor meinen Augen. Jedenfalls lag der auf der Erde und hat sich nicht mehr gemuckst. Den haben sie dann irgendwo in die Sanitätsstelle geschafft. In der Vernehmung habe ich nur geschwindelt. Was sollte ich den Helden spielen, ich wollte da vor allem raus, schon aus anderen Gründen – wir mussten den Dachdecker bezahlen, ich hatte als Einziger den Zugang zum Konto.

Am 9. Oktober abends haben sie mich aus der Untersuchungshaftanstalt rausgeschmissen, und ich bin dann mit der Bahn nach Hause. Als ich dort ankam, war es schon duster. Das muss gegen 22 Uhr gewesen sein. Wir hatten ja kein Telefon zu Hause, sonst hätte ich meine Frau anrufen können, ich komme jetzt, mach dir mal keine Sorgen mehr. Da waren dann gerade die Fernsehübertragungen von der großen Montagsdemonstration in Leipzig, dass alles gut gegangen sei, ohne Gewalt. In dem Moment war mir klar, dass es die alte DDR nicht mehr gibt.

Wenn man heutzutage mit ehemaligen Bürgern der DDR spricht, wirkt es im Rückblick manchmal so, als sei dieser Staat fast lächerlich bizarr gewesen, mit schauderhaften Parteiparolen, spießigen Funktionären, aber alles in allem nicht so schlimm wie etwa die Sowjetunion.
Ja, eine kommode Diktatur – das wird der DDR natürlich nicht gerecht. Doch es gibt eben einen sehr hilfreichen Mechanismus irgendwo in der menschlichen Seele, der einen die wirklich bösen Sachen vergessen lässt.

Das ist sehr heilsam und sehr gut. Man muss auch vergessen können. Wenn ich mich an persönliche Sachen erinnere, dann lieber an die Schnurren, an das Lustige.

Aber als Historiker sage ich: In 40 Jahren wurden in der DDR geschätzte 250 000 politische Urteile gefällt. Was war das bloß für ein Staat? □

Dr. Stefan Wolle, 63, hat eine Trilogie über seine Heimat geschrieben, deren letzter Teil gerade erschienen ist: „Der große Plan. Alltag und Herrschaft in der DDR 1949–1961" (Ch. Links Verlag). Er ist wissenschaftlicher Leiter des DDR-Museums in Berlin. Interview: Gesa Gottschalk und Joachim Telgenbüscher.

DIE GESCHICHTE DER DDR

Vom Kriegsende bis zur Wiedervereinigung

Eine gerechtere Gesellschaft versprechen die Gründer der DDR 1949 den Bewohnern Ostdeutschlands. Doch von Moskau gelenkt, errichten die deutschen Sozialisten einen repressiven Überwachungsstaat, der seine Bürger verfolgt, drangsaliert, terrorisiert. 40 Jahre lang währt das Regime der SED. Sein Ende ist überraschend friedlich – und überraschend abrupt

TEXT: ANDREAS SEDLMAIR; KARTE: CHRISTIAN KUHLMANN

1945

8. Mai
Um 23.01 Uhr tritt die am Tag zuvor erklärte bedingungslose Kapitulation der deutschen Wehrmacht in Kraft. Der Zweite Weltkrieg ist damit in Europa beendet.

4. Juni
Eine Gruppe deutscher Kommunisten, darunter der führende Funktionär Walter Ulbricht, trifft in Moskau ein, um mit den sowjetischen Machthabern den Gründungsaufruf für eine kommunistische Partei im besetzten Deutschland zu besprechen. Erst wenige Wochen zuvor, am 30. April 1945, ist Ulbricht mit einigen weiteren Kommunisten in die umgekehrte Richtung gereist: Die sowjetischen Besatzer haben die „Gruppe Ulbricht" aus dem Moskauer Exil nach Deutschland eingeflogen, damit sie die sowjetische Militärkommandantur beim Aufbau deutscher Verwaltungsstrukturen unterstützt.

5. Juni
Die Siegermächte des Weltkriegs übernehmen gemeinsam die Regierungsgewalt in Deutschland. Als höchstes Machtorgan schaffen sie einen „Alliierten Kontrollrat". Das deutsche Territorium westlich der Oder-Neiße-Linie teilen sie in vier Besatzungszonen auf, die jeweils von einer Siegermacht kontrolliert werden. Für Berlin verfügen die Siegermächte eine besondere Regelung: Die weitgehend zerstörte Metropole wird ihrerseits in vier Besatzungszonen unterteilt und einer „Interalliierten Militärkommandantur" unterstellt.

9. Juni
In Berlin-Karlshorst nimmt die „Sowjetische Militäradministration in Deutschland" (SMAD) ihre Arbeit auf. Die Behörde soll das der UdSSR zugewiesene Territorium verwalten, die Sowjetische Besatzungszone (SBZ), und die Erfüllung der Deutschland auferlegten Bedingungen kontrollieren.

10. Juni
Die SMAD erlaubt die Gründung politischer Parteien in der SBZ, sofern sie demokratisch und antifaschistisch ausgerichtet sind. Wenige Tage später treten KPD und SPD mit Aufrufen an die Öffentlichkeit. In den folgenden Wochen gründen sich mit der CDU und der Liberal-Demokratischen Partei (LPD, ab Oktober 1951 LDPD) weitere politische Vereinigungen.

1. Juli
Wie zuvor vereinbart, ziehen die westlichen Alliierten bis zum 4. Juli aus denjenigen Teilen der SBZ ab, die sie während des Krieges erobert haben. Gleichzeitig rücken amerikanische und britische Truppen in die Westsektoren Berlins ein, die französischen folgen sechs Wochen später. Am 11. Juli nimmt die Interalliierte Militärkommandantur für Berlin ihre Arbeit auf.

14. Juli
KPD, SPD, CDU und LDP schließen sich zur „Einheitsfront der antifaschistisch-demokratischen Parteien" zusammen („Antifa-Block"). Die sowjetischen Machthaber und die deutschen Kommunisten wollen durch die Vereinigung die bürgerlichen Parteien kontrollieren und eine gegen die KPD gerichtete Koalition verhindern.

27. Juli
Die SMAD ordnet die Bildung von zunächst elf deutschen Zentralverwaltungen für die SBZ an. Diese mit Deutschen besetzten Behörden, deren Zahl bis 1947 auf 16 steigt, sollen die Besatzungsmacht beim Wiederaufbau des zerstörten Landes unterstützen. Auch wenn die Zentralverwaltungen keine Gesetze oder Verordnungen erlassen dürfen, werden sie doch zu einer Keimzelle der späteren DDR-Ministerien.

3. September
Mit einer Reihe von Verordnungen beginnt in der SBZ eine Bodenreform: Großgrundbesitzer mit Höfen von über 100 Hektar Fläche werden entschädigungslos enteignet. Der Großteil des konfiszierten Landes wird an Landarbeiter, Kleinbauern und Flüchtlinge aus den ehemaligen deutschen Ostgebieten verteilt, ein Drittel an Länder, Kreise und Gemeinden. Von Juni 1946 bis April 1948 folgt die Enteignung von 9281 gewerblichen Unternehmen, darunter 3843 Industriebetrieben.

1946

21. April
In Berlin schließen sich SPD und KPD zur Sozialistischen Einheitspartei Deutschlands (SED) zusammen. Obwohl viele Sozialdemokraten befürchten, dass die Kommunisten die Führung in der neuen Organisation übernehmen werden, stimmen unter dem Druck der SMAD auch die SPD-Delegierten für die Vereinigung. Zu Vorsitzenden der neuen Partei werden Wilhelm Pieck (KPD) und Otto Grotewohl (SPD) gewählt. Alle wichtigen Posten sollen fortan paritätisch besetzt werden. Doch schon bald gelingt es den ehemaligen Kommunisten, die massiv von der SMAD unterstützt werden, die Macht innerhalb der SED an sich zu reißen und einstige Sozialdemokraten an den Rand zu drängen oder auszuschließen.

20. Oktober
Aus den von den Besatzern genehmigten Landtagswahlen in der SBZ geht die SED zwar mit durchschnittlich 47,5 Prozent der Stimmen als stärkste Kraft hervor, doch kann sie in keinem der Landes- und Provinzialparlamente eine absolute Mehrheit erringen. Wie zuvor vereinbart, bilden die vier Parteien des Antifa-Blocks überall gemeinsam die Regierungen. In den Ländern Mecklenburg-Vorpommern, Sachsen und Thüringen sowie der Provinz Brandenburg stellt die SED den Ministerpräsidenten, in der Provinz Sachsen-Anhalt die LDP. Angesichts des für sie unbefriedigenden Wahlergebnisses ist die SED-Führung von nun an darum bemüht, die Kompetenzen der von ihnen und der SMAD kontrollierten Zentralverwaltungen gegenüber den Landtagen zu stärken.

1947

4. Juni
Die SMAD verfügt die Gründung einer „Deutschen Wirtschaftskommission". Im Verlauf des folgenden Jahres werden der Behörde immer mehr Kompetenzen zugesprochen, etwa die Verantwortung für die Aufstellung eines Zweijahrplans für die ostdeutsche Wirtschaft. Da die meisten der 1945 eingerichteten Zentralverwaltungen in der DWK aufgehen, entwickelt sie sich bis Mitte 1948 zu einer Art Regierung für die SBZ.

1948
23. Februar
Die drei Westalliierten beraten ohne Beteiligung der UdSSR über das weitere Vorgehen in Deutschland und beschließen, die Gründung eines Weststaates in die Wege zu leiten. Zudem sollen die Westzonen in den Marshall-Plan einbezogen werden, ein von den USA finanziertes Aufbauprogramm für Europa. Aus Protest gegen das eigenmächtige Vorgehen der Westalliierten tritt die Sowjetunion am 20. März aus dem Alliierten Kontrollrat aus, der nun seine Tätigkeit einstellt.

20. Juni
In den drei Westzonen gibt es eine Währungsreform. Schon am folgenden Tag gilt die D-Mark dort als alleiniges Zahlungsmittel. Zwei Tage später etabliert die SMAD in der SBZ eine eigene Währung.

24. Juni
Als Reaktion auf die Ausdehnung der Währungsreform auf Westberlin riegelt die UdSSR alle Transportwege zu Land und zu Wasser in die Stadt ab. Um die 2,1 Millionen Einwohner zu versorgen, richten die Westalliierten eine Luftbrücke ein. Mehr als 400 britische und amerikanische Flugzeuge bringen in insgesamt 279 114 Einsätzen Lebensmittel, Medikamente, Rohstoffe und andere Güter nach Berlin. Am 12. Mai 1949 bricht Moskau die Blockade ab.

1949
25. Januar
Auf ihrer 1. Parteikonferenz richtet sich die SED politisch neu aus: Sie sieht sich nun als marxistisch-leninistische Partei nach Vorbild der sowjetischen KP. Nach Moskauer Muster überträgt die Konferenz dem Politbüro die Führung der Partei, mächtigster Mann der SED ist Walter Ulbricht. Immer häufiger werden nun frühere Sozialdemokraten und andere Parteimitglieder, die sich der Linie der SED-Führung nicht fügen wollten, gemaßregelt, verhaftet oder zur Flucht in den Westen gezwungen.

15. Mai
In der SBZ finden Wahlen zum 3. Deutschen Volkskongress statt, einer von der SED kontrollierten Versammlung (der erste Volkskongress hatte am 6. Dezember 1947 getagt, der zweite am 17. März 1948). Anders als noch bei den Landtagswahlen 1946 haben die Wähler nicht die Möglichkeit, sich zwischen verschiedenen Parteien zu entscheiden. Vielmehr können sie nur für oder gegen eine Einheitsliste von Kandidaten stimmen, die die Parteien des Antifa-Blocks zuvor erstellt haben.

Etwa ein Drittel der Wähler verweigert der Liste seine Zustimmung. Zwei Wochen später wählt der mehr als 2000 Delegierte umfassende Volkskongress den Deutschen Volksrat, der als eine Art provisorisches Parlament einen Verfassungsentwurf für einen zukünftigen ostdeutschen Staat annimmt, die „Deutsche Demokratische Republik".

7. Oktober
Mit Genehmigung des sowjetischen Diktators Josef Stalin erklärt sich der Volksrat in Ostberlin zur „Provisorischen Volkskammer der Deutschen Demokratischen Republik". Damit ist der zweite deutsche Staat auf dem Gebiet des früheren Deutschen Reiches gegründet. Wenige Tage später wählt das Parlament Wilhelm Pieck zum Staatsoberhaupt (mit eher repräsentativen Aufgaben) und Otto Grotewohl zum Ministerpräsidenten. Der 18-köpfigen Regierung gehören acht Vertreter der SED an, darunter auch Walter Ulbricht als stellvertretender Ministerpräsident.

10. Oktober
Die „Sowjetische Kontrollkommission" löst die SMAD als oberste Behörde der Besatzungsmacht ab. Am selben Tag überträgt die SMAD offiziell die bislang von ihr ausgeübten Verwaltungsvollmachten auf die provisorische Regierung der DDR. Tatsächlich übt Moskau jedoch nach wie vor die militärische und politische Kontrolle über die vormalige SBZ aus.

1950
8. Februar
Die Provisorische Volkskammer beschließt die Einrichtung eines Ministeriums für Staatssicherheit. Die aus einer Spezialabteilung der Volkspolizei hervorgegangene Behörde ist de facto der SED-Führung unterstellt und entwickelt sich durch die umfassende Überwachung und Unterdrückung vermeintlicher und echter Gegner des SED-Regimes schnell zu einem der wichtigsten Herrschaftsinstrumente der Partei.

1952 gliedert die SED das Staatsgebiet der DDR neu: Die Länder Mecklenburg, Brandenburg, Sachsen, Sachsen-Anhalt und Thüringen werden durch 14 Bezirke ersetzt. Deren Verwaltung kontrolliert fortan die Partei

20. Juli
Der 3. Parteitag der SED beschließt nach Vorbild der KPdSU die Einrichtung eines Zentralkomitees anstelle des bisherigen Parteivorstands. Dem ZK, formal das höchste SED-Gremium zwischen den Parteitagen, gehören zunächst 51 Mitglieder und 30 Kandidaten an. Zu seinem Generalsekretär wählt es am 25. Juli Walter Ulbricht. Die tatsächliche Machtzentrale in der Partei ist jedoch weiterhin das ebenfalls von Ulbricht dominierte, nun überwiegend mit früheren KPD-Mitgliedern besetzte Politbüro, dessen Beschlüsse faktisch Gesetzeskraft haben.

29. September
Die DDR wird Mitglied im Rat für gegenseitige Wirtschaftshilfe, einer 1949 auf Betreiben Moskaus gegründeten Organisation, die die Zusammenarbeit zwischen Osteuropas sozialistisch ausgerichteten Staaten fördern soll.

15. Oktober
Die Bürger der DDR sind zum ersten Mal aufgerufen, die Abgeordneten zur Volkskammer zu wählen, dem Parlament ihres Staats. Dabei können sie jedoch lediglich über eine Einheitsliste der „Nationalen Front" abstimmen, in der sich die SED, alle übrigen Parteien und einige Massenorganisationen zusammengeschlossen haben. Die Verteilung der Mandate auf die einzelnen Parteien und Organisationen ist bereits im Vorfeld der Wahlen festgelegt worden. Laut offiziellem Wahlergebnis (das jedoch gefälscht wurde) stimmen bei einer Wahlbeteiligung von 98,73 Prozent 99,72 Prozent der Wähler für die Einheitsliste. Ähnliche Ergebnisse werden alle weiteren Volkskammerwahlen bis zum Ende des SED-Regimes erbringen. Echte politische Bedeutung erlangt das Parlament jedoch nie, da es lediglich die Beschlüsse des SED-Politbüros nachvollzieht.

1951
1. Januar
Der erste Fünfjahrplan tritt in Kraft. Nach dem Vorbild der UdSSR hat die Staatliche Planungskommission Ziele für die wirtschaftliche,

soziale, technische und kulturelle Entwicklung des Landes vorgegeben und die dazu nötigen Schritte festgelegt. Ein Schwerpunkt liegt auf der Entwicklung der Schwerindustrie, während die Konsumgüterproduktion vernachlässigt wird. Die Umsetzung des Fünfjahrplans gelingt jedoch nicht: Die Resultate bleiben weit hinter den ehrgeizigen Vorgaben zurück – wie auch bei späteren Plänen.

1952

10. März
In einer diplomatischen Note an die drei Westmächte schlägt Sowjetdiktator Josef Stalin die Gründung eines wiedervereinigten Deutschlands vor, das keinem Bündnis angehören soll. Die Westalliierten und der bundesdeutsche Kanzler Konrad Adenauer wollen jedoch nicht auf die Integration der Bundesrepublik in die Nato verzichten. Nach einem mehrmonatigen Notenwechsel scheitert die sowjetische Initiative schließlich im September.

26. Mai
Auf Anordnung der Sowjetbehörden beginnen DDR-Truppen damit, die Grenze zu Westdeutschland auszubauen. Ihr ist nun eine fünf Kilometer breite Sperrzone vorgelagert, Stacheldraht und Minenfelder sollen illegale Übertritte vereiteln. Der Grenzausbau soll die Flucht unzufriedener DDR-Bürger in den Westen verhindern. Nur in Berlin, wo die Sektorengrenze nach wie vor weitgehend offen ist, ist die „Republikflucht" nun noch ohne Lebensgefahr möglich.

9. Juli
Auf der 2. Parteikonferenz der SED verkündet Generalsekretär Walter Ulbricht den „planmäßigen Aufbau des Sozialismus". Um diese Entwicklung auch in der Landwirtschaft voranzutreiben, beschließt die Parteikonferenz die Gründung und Förderung von „Landwirtschaftlichen Produktionsgenossenschaften", in denen sich zuvor selbstständig wirtschaftende Bauern zusammenschließen sollen. Landwirte, die sich widersetzen, haben mit Repressalien zu rechnen. Ende der 1950er Jahre nimmt der Druck auf die Bauern zu, sich in LPGs einzugliedern, sodass die Kollektivierung landwirtschaftlicher Betriebe 1960 praktisch abgeschlossen ist. Im Rahmen des „planmäßigen Aufbaus" verschärfen sich auch die Sanktionen gegen echte und vermeintliche Gegner der Parteilinie. So gehen die Behörden mit aller Härte gegen die kirchliche „Junge Gemeinde" vor, werden hochrangige SED-Funktionäre als Verräter verhaftet und Künstler, die nicht dem „Sozialistischen Realismus" folgen, von der Partei gemaßregelt.

23. Juli
Die Volkskammer beschließt die Auflösung der fünf Länder der DDR und die Einrichtung von 14 Bezirken und 217 Kreisen. Diese Neuordnung soll die verbliebene Eigenmächtigkeit der etablierten Länder beenden und einen zentralistischen Einheitsstaat nach Sowjetmuster erschaffen, in dem die Beschlüsse der Parteizentrale konsequent von oben nach unten durchgesetzt werden können.

1953

14. Mai
Das SED-Zentralkomitee beschließt, die Arbeitsnormen, die festlegen, ab welcher Leistung ein Arbeiter Zulagen bekommt, um durchschnittlich zehn Prozent zu erhöhen. Die Regelung, de facto eine Lohnkürzung, trifft auf starke Ablehnung in den Betrieben; vielerorts treten Arbeiter in den Streik.

28./29. Mai
Auf Beschluss des Ministerrats der UdSSR wird die Sowjetische Kontrollkommission aufgelöst. Moskaus oberster Vertreter trägt nun den Titel eines „Hohen Kommissars der UdSSR in Deutschland".

9. Juni
Angesichts anhaltender wirtschaftlicher Probleme, stetig steigender Flüchtlingszahlen und massiver Kritik der sowjetischen Führung an der Politik der SED beschließt das Politbüro einen „Neuen Kurs", den der Ministerrat drei Tage später öffentlich verkündet. Zwar enthält die Erklärung etliche Zugeständnisse an die Bevölkerung, etwa die Zusage, die forcierte Kollektivierung der Landwirtschaft zu stoppen, oder das Versprechen, politische Strafurteile zu überprüfen, doch nimmt sie nicht die Erhöhung der Arbeitsnormen zurück. Die Wut der Arbeiter über die Politik der SED wächst.

17. Juni
Ein bereits am Vortag begonnener Streik von Ostberliner Bauarbeitern, die gegen die Erhöhung der Arbeitsnormen protestieren, weitet sich zu einem Generalstreik und dann zu einem Volksaufstand gegen das SED-Regime aus, der bald das gesamte Gebiet der DDR erfasst. Nur mithilfe sowjetischer Panzer können die Machthaber die Revolte niederwerfen, die mancherorts bis zum 21. Juni andauert. Mindestens 40 Menschen kommen bei den Demonstrationen ums Leben, mehr als 10 000 werden verhaftet. Das ZK der SED verurteilt den Aufstand als „faschistische Provokation", bestätigt aber auch den „Neuen Kurs", der den Lebensstandard der arbeitenden Bevölkerung verbessern und Rebellionen wie den Aufstand des 17. Juni fortan verhindern soll.

1954

25. März
Moskau verkündet die volle staatliche Souveränität der DDR und schafft im Jahr darauf das Amt des Hochkommissars ab. Bonn weigert sich jedoch, die DDR als unabhängigen Staat anzuerkennen und nimmt für sich das Alleinvertretungsrecht für alle Deutschen in Anspruch.

1955

14. Mai
Die DDR tritt dem Warschauer Pakt bei, einem militärischen

Walter Ulbricht (1893–1973)

Der gelernte Tischler organisiert nach Kriegsende den Aufbau des ostdeutschen Staatsapparates. Bleibt bis 1971 der mächtigste Mann der DDR.

Wilhelm Pieck (1876–1960)

Setzt als KPD-Vorsitzender Stalins Vorgaben um. Wird 1949 Präsident der DDR und lebt fortan auf Schloss Schönhausen, weitab von der Macht.

Otto Grotewohl (1894–1964)

Der SPD-Politiker stimmt 1946 der Gründung der SED zu. Hat als Ministerpräsident der DDR mit zu verantworten, dass Tausende Sozialdemokraten inhaftiert werden.

Willi Stoph (1914–1999)

Der Inbegriff des folgsamen Parteisoldaten. Ist Verteidigungsminister, Innenminister, Ministerpräsident, Staatsratsvorsitzender – und doch stets im Hintergrund.

Erich Mielke (1907–2000)

Beteiligt sich in der SBZ am Aufbau einer politischen Polizei. Ab 1957 Chef des MfS, ab 1971 auch im Politbüro. Nach der Wende wegen Polizistenmordes im Jahr 1931 verurteilt.

Erich Honecker (1912–1994)

Der Gründer der FDJ stürzt 1971 seinen Ziehvater Ulbricht. Schwer erkrankt, wird der SED-Chef im Oktober 1989 vom Politbüro entmachtet.

Bündnis osteuropäischer Staaten unter Führung Moskaus. Damit reagiert die SED-Führung auf die Aufnahme der Bundesrepublik in das westliche Verteidigungsbündnis Nato wenige Tage zuvor.

1956
18. Januar
Die Volkskammer beschließt die Gründung der Nationalen Volksarmee. Die Streitkräfte haben bald eine Stärke von 150 000 Mann und entwickeln sich zu einer der schlagkräftigsten Armeen innerhalb des Warschauer Pakts.

1957
1. November
Der 49-jährige Erich Mielke steigt zum Minister für Staatssicherheit auf. Bis zum Ende des SED-Regimes geht er mit Härte gegen Andersdenkende vor und wird zu einem der wichtigsten Funktionäre seiner Partei.

1959
1. Oktober
Die Volkskammer beschließt die Einführung einer neuen Staatsflagge: Hatte die DDR nach Staatsgründung zunächst die gleiche Flagge wie die Bundesrepublik verwendet, um ihren gesamtdeutschen Anspruch zu betonen, so finden sich nun auf den schwarz-rot-goldenen Streifen ein Hammer und ein Zirkel, umgeben von einem Ährenkranz. Das Arrangement soll einerseits an das Hammer-und-Sichel-Wappen in der sowjetischen Staatsflagge erinnern, andererseits das Bündnis von Arbeitern, Bauern und Intelligenz repräsentieren.

1960
12. September
Nach dem Tod Wilhelm Piecks am 7. September wird das Präsidentenamt abgeschafft. Als kollektives Staatsoberhaupt agiert nun der Staatsrat, ein von der Volkskammer gewähltes Gremium. De facto übernimmt jedoch der Vorsitzende des Organs die Rolle des Staatsoberhaupts. Erster Inhaber dieses Postens wird der SED-Chef Walter Ulbricht.

Günter Mittag (1926–1994)

In der Ära Honecker der mächtigste Mann der DDR-Wirtschaft. Nach dem Ende der DDR sagt er, das „sozialistische System" sei „insgesamt falsch" gewesen.

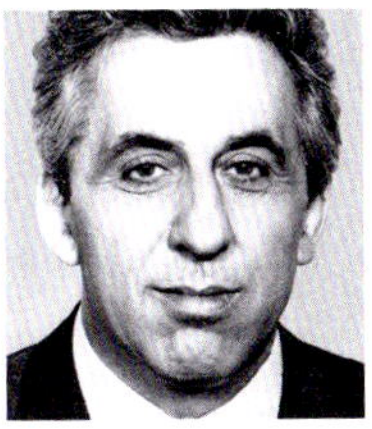

Egon Krenz (*1937)

Knapp sieben Wochen lang der letzte Generalsekretär des ZK der SED. Wird 1997 wegen der Todesschüsse an der Grenze zu sechseinhalb Jahren Haft verurteilt.

1961
13. August
Innerhalb weniger Stunden sperren Grenz- und Volkspolizei Westberlin vom Osten der Stadt und dem Umland ab. Zwei Tage darauf beginnen die DDR-Grenzer mit dem Bau einer Mauer, die schließlich weite Teile Westberlins umschließt. Die Westmächte reagieren zurückhaltend auf den von Moskau gedeckten Mauerbau, da sie die Freiheit Westberlins nicht entscheidend eingeschränkt sehen und eine militärische Konfrontation mit der UdSSR fürchten.

1962
24. Januar
Die Volkskammer führt die allgemeine Wehrpflicht ein. An zwei Terminen im Jahr werden fortan junge Männer für den 18-monatigen Dienst in der Nationalen Volksarmee verpflichtet, die bislang eine reine Freiwilligenarmee war.

1963
17. Dezember
Vertreter Westberlins und der DDR unterzeichnen ein Abkommen, das es Westberlinern erstmals seit dem Mauerbau ermöglicht, wieder Verwandte im Ostteil der Stadt zu besuchen. Zwischen dem 19. Dezember 1963 und dem 5. Januar 1964 nehmen mehr als 700 000 Westberliner diese Gelegenheit wahr. Bis 1966 vereinbaren beide Seiten drei weitere solcher „Passierscheinabkommen".

1967
20. Februar
Ein von der Volkskammer verabschiedetes Gesetz führt eine eigene Staatsbürgerschaft für die DDR ein und hebt damit die noch in der Verfassung von 1949 festgeschriebene einheitliche deutsche Staatsbürgerschaft auf.

1968
1. Juli
Das Strafgesetzbuch der DDR tritt in Kraft. Es löst das bislang geltende Reichsstrafgesetzbuch von 1871 ab und führt zahlreiche politische Verbrechen auf, etwa die „staatsfeindliche Hetze" oder den „ungesetzlichen Grenzübertritt".

1970
19. März
Bundeskanzler Willy Brandt und Willi Stoph, der Vorsitzende des DDR-Ministerrats, treffen sich zu einem Meinungsaustausch in Erfurt. Die DDR-Führung betrachtet das Treffen als Etappe auf dem Weg zur völkerrechtlichen Anerkennung ihres Staates durch die Bundesrepublik, doch ist sie zugleich besorgt über die enthusiastische Reaktion der Erfurter Bevölkerung, die Brandt mit „Willy, Willy"-Rufen einen begeisterten Empfang bereitet hat.

Oktober
Die DDR-Führung lässt entlang der innerdeutschen Grenze Selbstschussanlagen installieren. Insgesamt 60 000 trichterförmige Splitterminen, die durch Bewegungen an Drähten ausgelöst werden, sollen potenzielle Flüchtlinge schwer oder gar tödlich verletzen.

1971
3. Mai
Auf einer ZK-Tagung der SED bittet Walter Ulbricht das Gremium darum, ihn aus Altersgründen von seiner Funktion als Erster Sekretär des ZK zu entbinden. Er schlägt das Politbüro-Mitglied Erich Honecker als seinen Nachfolger vor. Tatsächlich aber gibt Ulbricht seine Macht nicht freiwillig auf: Mit Zustimmung des KPdSU-Chefs Leonid Breschnew haben SED-Funktionäre um Honecker ihn zum Rücktritt gezwungen. Der neue Machthaber in der DDR strebt vor allem eine Korrektur des wirtschaftspolitischen Kurses an. Fortan soll das materielle Wohlergehen der Bevölkerung stärker im Mittelpunkt stehen. Ulbricht bleibt bis zu seinem Tod am 1. August 1973 Staatsratsvorsitzender, verliert aber jeden Einfluss.

1972
3. Juni
Das „Transitabkommen" tritt in Kraft, ein Vertrag zwischen BRD und DDR, in dem der Personen- und Güterverkehr zwischen Westdeutschland und Westberlin geregelt wird. Da sich Moskau zuvor verpflichtet hat, den Transitverkehr zu erleichtern, muss die DDR nun westdeutschen Forderungen nach einer verlässlichen Abwicklung der Durchreise zustimmen. Durch die hohe Gebührenpauschale, die die BRD fortan an die DDR entrichtet, entwickelt sich der Transitverkehr für den ostdeutschen Staat zu einer der wichtigsten Devisenquellen.

21. Dezember
Im „Grundlagenvertrag", dem Kernstück der Deutschlandpolitik von Bundeskanzler Willy Brandt, erkennen sich die Bundesrepublik und die DDR gegenseitig als souveräne Staaten an. Beide Seiten sichern die Unverletzlichkeit der bestehenden Grenze zu und vereinbaren die Eröffnung „Ständiger Vertretungen" in der Hauptstadt des jeweils anderen Landes.

1974
24. April
Günter Guillaume, persönlicher Referent von Bundeskanzler Brandt, wird als DDR-Agent verhaftet. Brandt erklärt daraufhin am 6. Mai 1974 seinen Rücktritt.

1975
1. August
Staats- und Regierungschefs aus den USA, Kanada und 33 europäischen Staaten, darunter der DDR und der Bundesrepublik, unterzeichnen die „Helsinki-Schlussakte" und beschließen damit die Verhandlungen der „Konferenz über Sicherheit und Zusammenarbeit in Europa" (KSZE). Während die Ostblock-Staaten vor allem an der vereinbarten Anerkennung der bestehenden Grenzen in Europa und an dem festgeschriebenen Prinzip der Nichteinmischung interessiert sind, hat für den Westen jener Teil des Abkommens größere Bedeutung, der die Teilnehmerstaaten auf die Einhaltung der Menschenrechte festlegt. Oppositionelle in osteuropäischen Staaten können sich von nun an auf die Schlussakte von Helsinki berufen.

1976
18. August
In Zeitz im Bezirk Halle übergießt sich

GEO EPOCHE

Das Magazin für Geschichte

Gruner + Jahr AG & Co KG, Druck- und Verlagshaus,
Sitz von Verlag und Redaktion: Am Baumwall 11, 20459 Hamburg.
Postanschrift der Redaktion: Brieffach 24, 20444 Hamburg.
Telefon 040 / 37 03-0, Telefax 040 / 37 03 56 48,
E-Mail (Redaktion): briefe@geo-epoche.de;
Internet: www.geo-epoche.de

CHEFREDAKTEUR
Michael Schaper

GESCHÄFTSFÜHRENDER REDAKTEUR
Dr. Frank Otto

KONZEPT DIESER AUSGABE
Gesa Gottschalk

ART DIRECTION
Tatjana Lorenz

TEXTREDAKTION
Jörg-Uwe Albig, Jens-Rainer Berg, Insa Bethke, Dr. Anja Fries, Cay Rademacher, Johannes Schneider, Joachim Telgenbüscher

BILDREDAKTION
Christian Gargerle, Roman Rahmacher, Katrin Trautner
Freie Mitarbeit: Bob Heinemann, Katrin Kaldenberg, Edith Wagner

VERIFIKATION
Lenka Brandt, Olaf Mischer, Alice Passfeld, Andreas Sedlmair
Freie Mitarbeit: Regina Franke, Tobias Hamelmann, Claudia Heinzelmann, Dr. Dirk Hempel, Carsten Juwig, Svenja Muche

LAYOUT: Timo Zett
Freie Mitarbeit: Christine Campe, Eva Mitschke

WISSENSCHAFTLICHE BERATUNG: Fabian Klabunde

KARTOGRAPHIE: Stefanie Peters, Thomas Wachter
Freie Mitarbeit: Christian Kuhlmann

SCHLUSSREDAKTION: Dirk Krömer

CHEF VOM DIENST TECHNIK: Rainer Droste

AUTOREN
Freie Mitarbeit: Dr. Christine Beil, Dr. Ralf Berhorst, Tilman Botzenhardt, Katrin Diederichs, Tin Fischer, Mechthild Herzog, Dr. Marion Hombach, Reymer Klüver, Dr. Christoph Kucklick, Ines Langelüddecke, Harald Martenstein, Dr. Mathias Mesenhöller, Lisa Philippen, Christina Schneider, Dr. Stefan Wolle

ILLUSTRATION: Tim Wehrmann

HONORARE: Petra Schmidt

REDAKTIONSASSISTENZ: Angelika Fuchs, Helen Oqueka, Anja Rose
Freie Mitarbeit: Isabelle Berens, Anette Brandt, Annette Riestenpatt

Verantwortlich für den redaktionellen Inhalt: Michael Schaper

HERAUSGEBER: Peter-Matthias Gaede
VERLAGSGESCHÄFTSFÜHRER: Dr. Frank Stahmer
PUBLISHER: Alexander Schwerin
DIGITAL BUSINESS DIRECTOR: Daniela von Heyl
GESAMTANZEIGENLEITUNG: Heiko Hager/G+J Media Sales
VERTRIEBSLEITUNG: Sascha Klose/DPV Deutscher Pressevertrieb
MARKETING: Kerstin Füllgraf
HERSTELLUNG: Oliver Fehling

ANZEIGENABTEILUNG Anzeigenverkauf
G+J Media Sales / Direct Sales: Sabine Plath,
Tel. 040 / 37 03 38 89, Fax: 040 / 37 03 53 02
Anzeigendisposition: Jutta Brüne, Manuela Schnakenberg,
Tel. 040 / 37 03-23 05, -23 16, Fax: 040 / 37 03 58 87

Es gilt die GEO Sonderhefte-Anzeigenpreisliste Nr. 9 vom 1. Januar 2013,
Heftpreis: 9,50 Euro (mit DVD: 16,50 Euro)

ISBN: 978-3-652-00237-0; 978-3-652-00227-1 (Heft mit DVD)
ISSN-Nr. 1861-6097

Bankverbindung: Deutsche Bank AG Hamburg,
Konto 0322800, BLZ 200 700 00

Litho: 4mat Media, Hamburg

Druck: Mohn Media Mohndruck GmbH, Gütersloh
Printed in Germany

GEO-LESERSERVICE

FRAGEN AN DIE REDAKTION
Telefon: 040/37 03 20 98, Telefax: 040/37 03 56 48
E-Mail: briefe@geo-epoche.de

ABONNEMENT- UND EINZELHEFTBESTELLUNG

KUNDENSERVICE UND BESTELLUNGEN
Anschrift:
GEO Kundenservice
20080 Hamburg

persönlich erreichbar:
Mo–Fr 7.30 bis 20.00 Uhr
Sa 9.00 bis 14.00 Uhr

E-Mail: geoepoche-service@guj.de
Telefon innerhalb Deutschlands: 040/55 55 89 90
Telefon außerhalb Deutschlands: +49/40/55 55 89 90
Telefax: +49/1805/861 80 02*

GEO-Kundenservice: www.GEO.de/kundenservice

Preis Jahresabonnement: 51,00 € (D), 57,30 € (A), 99,00 sfr (CH)
Abo mit DVD: 89,10 € (D), 99,60 € (A), 174,60 sfr (CH)
Studentenabo: 45,00 € (D), (mit DVD: 78,60 €)
Preise für weitere Länder auf Anfrage erhältlich

BESTELLADRESSE FÜR GEO-BÜCHER, GEO-KALENDER, SCHUBER ETC.

KUNDENSERVICE UND BESTELLUNGEN
Anschrift: GEO*EPOCHE*-Kunden-Service, 74569 Blaufelden

Telefon: +49/40/42 23 64 27
Telefax: +49/40/42 23 66 63
E-Mail: guj@sigloch.de

*14 Cent/Minute aus dem deutschen Festnetz; Mobilfunkpreis maximal 42 Cent/Minute

der protestantische Pastor Oskar Brüsewitz mit Benzin und zündet sich an. Mit seiner Tat will der 47-Jährige gegen die Unterdrückung im SED-Staat protestieren. Vier Tage später erliegt er seinen Verletzungen. Dieses „Fanal" und vor allem die Versuche des Regimes, Brüsewitz als geistesgestört darzustellen, werden zum Auslöser einer Welle oppositioneller Bekundungen.

16. November
Die DDR bürgert den regimekritischen Liedermacher und Lyriker Wolf Biermann aus, der sich gerade auf Konzertreise in der Bundesrepublik befindet. Auf Proteste im eigenen Land reagieren die SED-Führer mit Strafen und Schikanen. Und drängen mit ihrer harten Haltung Kritiker in eine grundsätzliche Opposition zum Staat – und zur Ausreise.

1978

26. August
An Bord des sowjetischen Raumschiffs „Sojus" gelangt der Sachse Sigmund Jähn als erster Deutscher in den Weltraum.

1983

29. Juni
Die Bundesregierung gibt bekannt, dass sie die Bürgschaft für einen Kredit über eine Milliarde D-Mark übernimmt, den westdeutsche Banken der DDR gewähren. Eingefädelt haben das Geschäft der bayerische Ministerpräsident Franz Josef Strauß und Alexander Schalck-Golodkowski, Staatssekretär im Außenhandelsministerium der DDR. Der Milliardenkredit trägt ebenso wie ein ähnlich hohes Darlehen im folgenden Jahr dazu bei, die Finanzkraft der DDR zu erhalten, doch kann er den allmählichen Niedergang der ostdeutschen Wirtschaft nicht aufhalten.

1986

25. Februar
Auf dem 27. Parteitag der KPdSU kündigt der im Vorjahr zum Generalsekretär gewählte Michail Gorbatschow eine neue Politik an: Zur Bewältigung der Probleme in der UdSSR seien ein umfassender Umbau des gesellschaftlichen, politischen und wirtschaftlichen Systems (Perestroika) und Offenheit im Umgang mit der Bevölkerung (Glasnost) nötig. Die Reaktion der DDR-Führung auf die Reformbemühungen Gorbatschows fällt, anders als bei früheren Kurswechseln der sowjetischen Politik, distanziert aus. Die SED-Oberen um Honecker fürchten, dass die von Gorbatschow postulierte Offenheit zur Destabilisierung der sozialistischen Ordnung und Erosion der Parteimacht führen wird.

1987

7. September
Als erster DDR-Staatschef reist Erich Honecker zu einem Besuch in die Bundesrepublik, wo er von Bundeskanzler Helmut Kohl mit protokollarischen Ehren empfangen wird und auch in seine saarländische Heimat fährt. Für den SED-Chef ist die Reise ein Höhepunkt seiner politischen Karriere.

1988

17. Januar
Mehr und mehr setzen sich Regimegegner für die Einhaltung der Bürgerrechte ein, häufig im Umfeld von Kirchengemeinden und unter Berufung auf Gorbatschows Reformen. Unter der nicht genehmigten Losung „Freiheit ist immer die Freiheit des Andersdenkenden" wollen sich an diesem Tag in Ostberlin Oppositionelle der offiziellen Demonstration zum Gedenken an die Ermordung Rosa Luxemburgs und Karl Liebknechts anschließen. Mehr als 100 Teilnehmer werden festgenommen, was landesweit Mahnwachen und Solidaritätsbekundungen auslöst. Der Großteil der Inhaftierten wird später in die Bundesrepublik abgeschoben, einige gegen ihren Willen.

Für viele aber geht damit ein Traum in Erfüllung, denn sie gehören zur wachsenden Zahl jener Bürger, die für ein Leben in der DDR keine Perspektive mehr sehen und einen Antrag auf Ausreise in die Bundesrepublik stellen. Obwohl ein solcher Schritt mit staatlichen Repressalien verbunden ist, warten Ende 1988 bereits 113 500 Menschen auf die Erlaubnis auszureisen.

1989

5. Februar
Grenzsoldaten der DDR töten den 20-jährigen Chris Gueffroy bei dem Versuch, die Berliner Mauer zu überwinden. Gueffroy ist der letzte von mindestens 90 Menschen, die dort erschossen werden.

2. Mai
An vier Grenzorten beginnen ungarische Truppen mit dem Abbau eines elektrischen Signalzauns, der bis dahin die Grenze zu Österreich gesichert hat. Auch wenn entlang der Grenze zunächst weiterhin Kontrollen stattfinden und Bürger ohne Visum zurückgeschickt werden, ist dies der erste Schritt zur Demontage des „Eisernen Vorhangs". Im Sommer reisen Zehntausende DDR-Bürger mit der Hoffnung nach Ungarn, über

WOLFGANG HARICH (1923–1995)

Der Philosoph, ab 1954 Cheflektor beim Aufbau-Verlag, plant, Ulbricht zu entmachten. Wird in einem denkwürdigen Schauprozess zu zehn Jahren Haft verurteilt.

ROBERT HAVEMANN (1910–1982)

Immer wieder übt der Chemieprofessor Kritik am Regime, fordert etwa eine „Dialektik ohne Dogma". Die SED bestraft ihn mit Berufsverbot und jahrelangem Hausarrest.

die etwas offenere Grenze in den Westen fliehen zu können.

7. Mai
Bei den DDR-Kommunalwahlen stimmen angeblich 98,85 Prozent der Wähler für die Einheitsliste der Nationalen Front. Anders als zuvor haben oppositionelle Gruppen vielerorts vom Recht auf Beobachtung der Wahlauszählung Gebrauch gemacht und decken nun Diskrepanzen zwischen den tatsächlichen und den verkündeten Ergebnissen auf. Der offensichtliche Wahlbetrug vertieft den Bruch zwischen der SED-Führung und großen Teilen der Bevölkerung.

4. September
In Leipzig gehen etwa 1000 Oppositionelle im Anschluss an ein „Friedensgebet" in der protestantischen Nikolaikirche auf die Straße, um für das Recht auf Ausreise und andere Menschenrechte zu demonstrieren. Dieser ersten „Montagsdemonstration" folgen nun im Wochenabstand weitere. Am 2. Oktober nehmen bereits rund 20 000 Demonstranten an der Kundgebung teil und skandieren unter anderem die Parole „Wir sind das Volk". Bei brutalen Eingriffen der Sicherheitskräfte werden mehrere Menschen verletzt oder festgenommen.

9. September
30 Oppositionelle um die Bürgerrechtlerinnen Bärbel Bohley und Katja Havemann gründen das „Neue Forum", die erste landesweite DDR-Oppositionsbewegung außerhalb der evangelischen Kirche. Die Gruppe will sich für einen demokratischen Dialog und Reformen der DDR-Gesellschaft einsetzen. Einen Antrag auf Zulassung als politische Vereinigung lehnt das Innenministerium am 21. September mit der Begründung ab, die Gruppe sei staatsfeindlich. Neben dem Neuen Forum gründen sich in diesen Wochen weitere oppositionelle Vereinigungen, darunter „Demokratie Jetzt" und „Demokratischer Aufbruch".

11. September
Angesichts von Zehntausenden DDR-Bürgern, die in dem Land seit Wochen auf eine legale oder illegale Ausreise in den Westen hoffen, öffnet die ungarische Regierung die Grenze nach Österreich. Bis Ende des Monats flüchten so 34 000 DDR-Bürger. Darauf erschwert die DDR-Führung Reisen nach Ungarn. Nun fahren ausreisewillige DDR-Bewohner in die Tschechoslowakei – das einzige Land, in das sie ohne ein Visum gelangen können –, um dort die westdeutsche Botschaft zu erreichen.

30. September
In der westdeutschen Botschaft in Prag verkündet Bundesaußenminister Hans-Dietrich Genscher mehr als 4000 DDR-Bürgern, die dorthin geflüchtet sind, dass die DDR-Führung ihre Ausreise in die Bundesrepublik genehmigt habe. Schon am Tag darauf reisen sie in Sonderzügen über das Gebiet der DDR in den Westen.

7. Oktober
Mit einer Militärparade feiert die Staatsführung den 40. Jahrestag der Gründung der DDR. Vielerorts formieren sich jedoch Demonstrationen gegen das Regime. Der in Berlin weilende KPdSU-Generalsekretär Gorbatschow gibt in Interviews sowie in Gesprächen mit der SED-Führung zu verstehen, dass er deren starre Haltung für verhängnisvoll hält.

9. Oktober
Mehr als 70 000 Teilnehmer machen die sechste Leipziger Montagsdemonstration zur größten Protestkundgebung in der DDR seit dem 17. Juni 1953. Anders als von vielen befürchtet, greifen die in Leipzig zusammengezogenen Polizei- und Militäreinheiten nicht ein, wohl weil die SED-Führung angesichts der Menge der Demonstranten vor einem massiven Gewalteinsatz zurückschreckt.

17. Oktober
Das SED-Politbüro beschließt, Erich Honecker von allen politischen Ämtern zu entbinden und an seiner Stelle das Politbüro-Mitglied Egon Krenz als Generalsekretär des ZK einzusetzen. Am folgenden Tag tritt Honecker zurück, offiziell aus gesundheitlichen Gründen.

4. November
Auf dem Ostberliner Alexanderplatz versammeln sich mehrere Hunderttausend Menschen. Neben Vertretern der Opposition und bekannten Künstlern wenden sich auch einige als reformwillig eingestufte SED-Funktionäre an die Demonstranten.

7. November
Ministerpräsident Willi Stoph und der gesamte Ministerrat treten zurück, bleiben jedoch zunächst geschäftsführend aktiv. Tags darauf legt das gesamte Politbüro sein Amt nieder. Das Zentralkomitee der SED wählt ein neues Politbüro, dem neben Krenz und anderen Vertretern der bisherigen Führung auch der als reformorientiert geltende Dresdner SED-Bezirksleiter Hans Modrow angehört.

9. November
Politbüro-Mitglied Günter Schabowski informiert während einer Pressekonferenz über eine neue Reiseregelung, die das ZK zuvor genehmigt hat. Demnach sollen Privatreisen von DDR-Bürgern ins Ausland fortan „ohne Vorliegen von Voraussetzungen" und „kurzfristig" genehmigt werden – allerdings müssen laut Verordnung Reisen noch immer beantragt werden. Zudem verkündet Schabowski, anders als vom ZK beschlossen, dass die Bestimmungen „sofort, unverzüglich" in Kraft treten. In der Berichterstattung im Anschluss an die Pressekonferenz wird die neue Regelung fälschlicherweise als sofortige Öffnung der Grenze interpretiert. Die völlig unvorbereiteten DDR-Grenztruppen in Ostberlin stehen schon bald Zehntausenden gegenüber, die in den Westteil der Stadt gelangen wollen. Um 23.30 Uhr hebt sich schließlich an der Übergangsstelle Bornholmer Straße der Schlagbaum; dem folgen schon bald die Grenztruppen an den übrigen Übergängen. Zahlreiche Ostberliner besuchen noch in dieser Nacht den Westteil ihrer Stadt. Durch eine Kette von Missverständnissen ist die seit Jahrzehnten kaum überwindliche Mauer gefallen – auch, weil die sowjetischen Truppen in ihren Kasernen bleiben.

13. November
Die Volkskammer beruft den Ministerrat unter Willi Stoph ab und wählt Hans Modrow mit nur einer Gegenstimme zum neuen Ministerpräsidenten.

27. November
Erstmals sind auf der Leipziger Montagsdemonstration Rufe zu hören, die eine Vereinigung der beiden deutschen Staaten und damit ein Ende der DDR fordern. Parolen wie „Wir sind ein Volk" und „Deutschland, einig Vaterland" werden nun von Woche zu Woche häufiger skandiert.

28. November
Helmut Kohl präsentiert einen „Zehn-Punkte-Plan" für die Wiedervereinigung. Das Papier stößt bei einigen Regierungen auf Ablehnung, die den Machtgewinn eines wiedervereinten Deutschlands fürchten.

1. Dezember
Per Volkskammerbeschluss wird der Führungsanspruch der SED aus der Verfassung der DDR gestrichen.

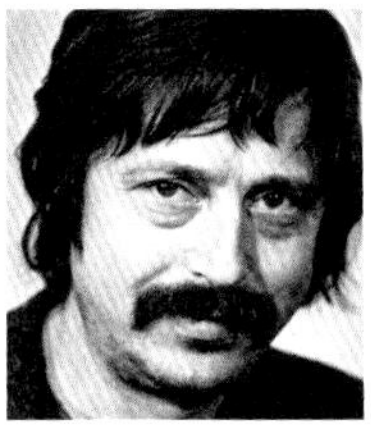

WOLF BIERMANN (*1936)

Der Musiker und Dichter siedelt mit 16 als überzeugter Kommunist in die DDR über, wird nach Kritik am System mit einem Berufsverbot belegt, 1976 ausgebürgert.

RAINER EPPELMANN (*1943)

Zu den „Bluesmessen" des evangelischen Pfarrers pilgern Jugendliche aus ganz Ostdeutschland. 1982 ruft er im „Berliner Apell" zur Abrüstung in Ost und West auf.

BÄRBEL BOHLEY (1945–2010)

Die Malerin ist eine der Gründerinnen des „Neuen Forums". Den von ihr mitverfassten Gründungsaufruf der Gruppe unterzeichnen in kurzer Zeit 200 000 Menschen.

Fotovermerk nach Seiten

Anordnung im Layout: l.= links, r.= rechts, o.= oben, m.= Mitte, u.= unten

Titel: Wolfgang Steche/VISUM: 1

Editorial: Benne Ochs für GEO*EPOCHE*: 3 o.; Jochen Moll/bpk: 3 m.; Edith Wagner für GEO*EPOCHE*: 3 u.

Inhalt: Nachweise bei den jeweiligen Artikeln

Das Land hinter der Mauer: Jung/ullstein bild: 6/7; ADN-Bildarchiv/ullstein bild: 8 o.; Thomas Höpker/Magnum Photos/Agentur Focus: 8 u., 21 o.; Herbert Hensky/bpk: 8/9, 11 o.; Schoenfeld/ddrbildarchiv.de/akg-images: 10 o.; Werner Schulze/imago: 10 u.; Klaus Morgenstern/ddrbildarchiv.de/akg-images: 11 l., 18 u.; Schwarzer/DHM/ullstein bild: 11 r.; Klaus Morgenstern/ddrbildarchiv/dpa Picture-Alliance: 12 o.; Jürgen Sindermann/dpa Picture-Alliance: 12 u.; Harald Schmitt/Picture Press: 12/13; Wilfried Glienke/dpa Picture-Alliance: 14 o., 21 l. u.; Rudi Meisel/VISUM: 14 u., 15 o., 18 o., 21 r. u.; Straube/akg-images: 15 l. u.; TV-Yesterday/Interfoto: 15 r. u.; Mehner/ullstein bild: 16, 17 m.; Martin Jehnichen/Transit/dpa Picture-Alliance: 17 o.; epd bild: 17 u.; Stephane Duroy/VU/laif: 18/19; Hans Wiedl/dpa Picture-Alliance: 20 o.; Hildegard Dreyer/bpk: 20 u.; Leonard Freed/Magnum Photos/Agentur Focus: 22/23

Die Männer aus Moskau: Sovfoto/UIG/Getty Images: 24/25; Photo12/UIG/Getty Images: 26; akg-images: 27 o.; Bundesarchiv: 27 u.; The Art Archive: 28/29; William Vandivert/Time Life Pictures/Getty Images: 30 o.; Hulton-Deutsch Collection/Corbis: 30 m.; akg-images: 30 u.; Henri Cartier-Bresson/Magnum Photos/Agentur Focus: 31 o.; Nowosti/ullstein bild: 31 u.; LAPI/Roger Viollet/Getty Images: 33; Keystone: 34 l. o.; Pressefoto Kindermann/ullstein bild: 34 r. o.; George Konig/Keystone/Getty Images: 34 l. m.; Popperfoto/Getty Images: 34 r. u.; Jevgeni Chaldei/RIA Nowosti/akg-images: 34 l. u.

Staat von Stalins Gnaden: Bildarchiv Pisarek/akg-images: 38; bpk: 39; akg-images: 40, 41

Die Gewalt der neuen Herren: BStU: 40, 42 o., u., 43 o., u., 46 o., 47 u.; ullstein bild: 41, 48/49 o.; Otto Donath/Bundesarchiv: 44 o.; Hilmar Pabel/bpk: 44 u.; Rudolph/Bundesarchiv: 46 u.; Robert-Havemann-Gesellschaft: 47 o.; Keystone: 48/49 u.

Die Diktatur der Pläne: Herbert Fiebig/bpk: 52; Wilhelm Dostal/akg-images: 53; Haus der Geschichte, Bonn: 54

Der Tag, an dem die Panzer rollen: dpa Picture-Alliance: 56/57, 72 l. o.; Privatsammlung: 58/59; ullstein bild: 60, 61 o., 72 r. o., 72 r. u.; DHM/Bridgeman Art Library: 61 u.; Archiv der sozialen Demokratie/Friedrich Ebert Stiftung/ddp images: 62/63; akg-images: 64 o., 70/71; bpk: 64 u., 72 l. u.; Peter Cuerlis/Black Star/imagetrust: 65

Herr B. und die Partei: Willi Saeger/bpk: 76; Gerda Goedhart/bpk: 77; akg-images: 78; FIA/Rue des Archives: 79; ITAR-TASS/imago: 80; Archiv Willy Saeger/Deutsches Theatermuseum München: 81 l. o.; Horst E. Schulze/bpk: 81 r. o., 83; Henschel Theater-Archiv/Cinetext: 81 l. u., r. u.; ullstein bild: 82 o.; Ralph Crane/Time Life Pictures/Getty Images: 82 u.; Abraham Pisarek/Deutsche Fotothek/SLUB: 84; Bildarchiv Pisarek/akg-images: 85

Die geteilte Stadt: Haus der Geschichte, Bonn: 86; Jung/ullstein bild: 87

Der Krieg im Untergrund: Klaus-M. von Keussler: 88/89, 91 o., u., 92 u., 95 o., u., 96 o.; action press: 92 o.; Privatsammlung: 97 o., u.

Gespräche mit dem Klassenfeind: dpa Picture-Alliance/ullstein bild: 98; Flieger, Schallnau, Wongel/Bundesarchiv: 99

Was von den Träumen blieb: Thomas Höpker/Magnum Photos/Agentur Focus: 110/111, 115 r. m., 116/117, 118 l. m., r. m., r. u., 122/123, 124 l. u.; Interflug-Luftbildarchiv/bpk: 112 o.; Klaus Morgenstern/ddrbildarchiv.de/Deutsche Fotothek/SLUB: 112 m.; Rudi Meisel/VISUM: 112 u., 115 l. m., 121 l. u., 124 r. u.; Uwe Gerig/Deutsche Fotothek/SLUB: 115 l. o., 118 r. o., 124 l. o., l. m., r. m.; Harald Schmitt/Stern: 115 r. o., l. u., 121 r. o., r. u.; Wilfried Glienke/dpa Picture-Alliance: 115 r. u.; Klaus Morgenstern/ddrbildarchiv.de/akg-images: 118 l. o.; Klaus Morgenstern/ddrbildarchiv.de/dpa Picture-Alliance: 118 l. u.; Eastblockworld.com: 121 l. o., 124 r. o.

Scharade für den Westen: Harald Schmitt/Stern: 126/127, 128/129 u.; J.H. Darchinger/Friedrich-Ebert-Stiftung: 128/129 o., 130; ADN-Bildarchiv/ullstein bild: 130/131; Poly-Press/ullstein bild: 132/133; Klaus Lehnartz/Bundesregierung: 133

In der Schuldenfalle: Eastblockworld.com: 134; Hans-Dieter Gumm/Bundesarchiv: 135; Steffen Schellhorn/ddp images: 136; Uwe Gerig/dpa Picture-Alliance: 137

Die Macht der Straße: Nikolaus Becker: 138/139; Archiv Bürgerbewegung Leipzig: 140 o., u.; Votava/dpa Picture-Alliance: 141; Sven Simon/SZ-Photo: 142; Erich Mehrl/epd-bild: 143; dpa Picture-Alliance: 144; Jose Giribas/images.de: 145; Uwe Meinhold/ddp images: 146 o., BStU: 146 u.; AP/akg-images: 147 o.; Ulrich Hässler/dpa Picture-Alliance: 148; Harald Kirschner/transit: 149, 150; Thomas Lehmann/Bundesarchiv: 151; Caro, Kaiser/Keystone: 152;

„Es gab eine Idylle, doch sie war fürchterlich“: Privat: 158

Zeitleiste: akg-images; Archiv Mehrl/bpk; ullstein bild; Bildarchiv Probst/ddp images; dpa Picture-Alliance; IAM/akg-images; Sven Simon/ullstein bild; Bluebird/Interfoto: 164/165 v. l. n. r.; dpa/SZ-Photo; Archiv Friedrich/Interfoto; Regis Bossu/Sygma/Corbis; Kucharz/ullstein bild; J.H. Darchinger/Friedrich-Ebert-Stiftung: 166/167 v. l. n. r.

Vorschau: UIG/images.de: 1.; Arkivi UG/ddp images: 2.; Privatsammlung: 3., 4.; United Archives/Mauritius Images: 5.; Scherl/SZ-Photo/ullstein bild: 6. (172: 1. Spalte v. l.); Roger-Viollet/Bridgeman Art Library: 1.; United Archives/Mauritius Images: 2.; LEEMAGE/images.de: 3.; Central Press/Getty Images: 4.; Rue des Archives/RDA/SZ-Photo: 5.; Sovfoto/UIG/Getty Images: 6. (172: 2. Spalte v. l.); Hulton Archive/Getty Images: 1.; ullstein bild: 2.; Privatsammlung: 3.; UIG/images.de: 4.; United Archives/dpa Picture-Alliance: 5.; bpk: 6. (172: 3. Spalte v. l.); Haeckel Archiv/ullstein bild: 1; Time Life Pictures/Getty Images: 2.; A. & E. Frankl/ullstein bild: 3.; Hulton Archive/Getty Images: 4.; Science & Society/National Media Museum/SSPL/Interfoto: 5.; Rue des Archives/SZ-Photo: 6. (172: 4. Spalte v. l.)

Karten: Christian Kuhlmann für GEO*EPOCHE*: 74, 163

3. Dezember
Angesichts anhaltender Proteste gegen die amtierende SED-Führung treten Politbüro und ZK der SED zurück. Zuvor hat das ZK noch Vertreter der alten Herrscherriege aus der Partei ausgeschlossen, darunter Honecker, Mielke und Stoph.

7. Dezember
Je 19 Regierungsvertreter und Abgesandte der oppositionellen Bürgerrechtsbewegungen sitzen sich erstmals an einem „Runden Tisch“ gegenüber. Nach dem Vorbild Ungarns und Polens versuchen die Vertreter der alten und neuen Kräfte Lösungen für eine friedliche Umwandlung von Staat und Gesellschaft zu finden. Auf beiden Seiten wollen viele die DDR erhalten.

9. Dezember
Ein Parteitag der SED wählt den Rechtsanwalt Gregor Gysi zum neuen Vorsitzenden der umbenannten Partei. Am Vortag hat die Generalstaatsanwaltschaft wegen des Verdachts des Amtsmissbrauchs und der Korruption Ermittlungsverfahren gegen Honecker, Mielke und andere frühere SED-Spitzen eingeleitet.

14. Dezember
Die Regierung Modrow beschließt unter dem Druck der Opposition die Auflösung der in „Amt für nationale Sicherheit“ umbenannten Stasi.

1990

15. Januar
Zehntausende Demonstranten stürmen die ehemalige Stasi-Zentrale in Berlin-Lichtenberg, da sie die weitere Vernichtung belastender Akten durch frühere MfS-Mitarbeiter verhindern wollen.

5. Februar
Ministerpräsident Modrow nimmt acht Vertreter von Oppositionsgruppen in sein Kabinett auf. Diese „Regierung der nationalen Verantwortung“ soll bis zu freien und demokratischen Volkskammerwahlen amtieren, die für den 18. März 1990 angesetzt sind.

1. März
Der Ministerrat beschließt die Umwandlung von staatseigenen Betrieben in Kapitalgesellschaften. Die dazu gegründete Treuhandanstalt entwickelt sich schon bald zu einer Privatisierungsbehörde, die die Transformation der DDR-Planwirtschaft in eine Marktwirtschaft vorantreiben soll.

18. März
Aus den ersten freien Volkskammerwahlen geht das von der Ost-CDU dominierte Parteienbündnis „Allianz für Deutschland“ als Sieger hervor. Viele der am Sturz des SED-Regimes beteiligten Oppositionsgruppen erleiden eine deutliche Niederlage, auch weil sie sich, anders als die neuen Regierungsparteien und die Mehrheit der Bevölkerung, gegen eine schnelle Wiedervereinigung gestellt und stattdessen eine Reform der DDR gefordert haben.

12. April
Die Volkskammer wählt den CDU-Politiker Lothar de Maizière zum Ministerpräsidenten. Die Parteien in der von ihm geführten Großen Koalition sind sich darin einig, dass Deutschland möglichst bald wiedervereinigt werden soll, indem die DDR dem Geltungsgebiet des Grundgesetzes beitritt – eine Möglichkeit, die die westdeutsche Verfassung in ihrem Artikel 23 vorsieht.

5. Mai
In Bonn kommen die Außenminister beider deutscher Staaten sowie der vier Siegermächte des Zweiten Weltkriegs zusammen, um über die internationalen Aspekte der deutschen Wiedervereinigung zu sprechen. Dieser ersten Runde der „Zwei-plus-Vier-Gespräche“ folgen bis September weitere Treffen.

1. Juli
Der Staatsvertrag über die Währungs-, Wirtschafts- und Sozialunion tritt in Kraft. Das von Vertretern beider Staaten ausgehandelte Dokument führt die D-Mark als Zahlungsmittel in der DDR ein. Löhne und Gehälter sowie ein Teil der ostdeutschen Sparguthaben werden im Verhältnis 1 : 1 von Ost-Mark auf D-Mark umgestellt. Schon die Ankündigung der Währungsunion im Frühjahr hat zu einem Rückgang der massiven Abwanderung aus der DDR in den Westen geführt, die nach der Öffnung der Mauer eingesetzt hatte.

16. Juli
Michail Gorbatschow erteilt Bundeskanzler Kohl seine Zustimmung zu einer Mitgliedschaft des vereinigten Deutschlands in der Nato. Dieses Zugeständnis hat der deutsche Regierungschef dem Sowjetführer mit der Zusage massiver Wirtschaftshilfen erleichtert.

12. September
In Moskau unterzeichnen die an den Zwei-plus-Vier-Gesprächen beteiligten Außenminister das Abschlussdokument ihrer Verhandlungen. Dem zukünftigen, wiedervereinigten deutschen Staat wird darin die „volle Souveränität über seine inneren und äußeren Angelegenheiten“ und die freie Bündniswahl zugestanden.

20. September
Mit überwältigenden Mehrheiten verabschieden die Parlamente beider deutscher Staaten den „Vertrag über die Herstellung der Einheit Deutschlands“. Dieser „Einigungsvertrag“ sieht im Wesentlichen die Übertragung der westdeutschen Gesetze auf das Gebiet der DDR vor, berücksichtigt aber in einigen Punkten Wünsche der ostdeutschen Seite, etwa in der Frage, wie mit den Akten des ehemaligen MfS umzugehen sei.

3. Oktober
Die fünf ostdeutschen Länder treten dem Geltungsgebiet des Grundgesetzes bei. Deutschland ist nun wiedervereinigt, die DDR hört im 41. Jahr ihres Bestehens auf zu existieren. □

Andreas Sedlmair, 48, ist Verifikationsredakteur im Team von GEO*EPOCHE*, **Christian Kuhlmann**, 40, arbeitet als freier Kartograph.

DIE WIEGE DER KULTUR

Was den Menschen aus der Urzeit in die Moderne führte

Vor rund 100 000 Jahren begann das faszinierendste Kapitel in der Geschichte des *Homo sapiens*: Aus urzeitlich lebenden Jägern und Sammlern, die in kleinen Gruppen umherstreiften, entstand der moderne Mensch, der sich nach und nach von der Natur emanzipierte und die Kultur schuf – das Fundament der heutigen Zivilisation. Er beerdigte seine Toten erstmals, erfand die Kunst, wurde sesshaft. Er lernte Tiere und Pflanzen zu züchten, gründete Dörfer, Städte und Staaten und entwickelte mit der Schrift ein geniales System, um seine Gedanken dauerhaft festzuhalten. Das alles versetzte ihn in die Lage, um 3300 v. Chr. die ersten Hochkulturen der Geschichte zu begründen.

GEOkompakt zeichnet die wichtigsten Abschnitte dieses langen Weges nach, erklärt, weshalb archaisch anmutende Rituale die ersten vielschichtigen Gemeinwesen ermöglichten, wie der Mensch seine Kreativität entdeckte, warum neue Materialien wie Kupfer und Bronze den technischen Fortschritt beschleunigten, wieso sich die Gesellschaft in Arm und Reich aufspaltete, wie der Krieg in die Welt kam – und schließlich auch, warum manche hoch entwickelte Kultur nach kurzer Blüte wieder unterging.

Die Logik des menschlichen Werdegangs: in der neuen Ausgabe von GEOkompakt.

Die erste Metropole: Uruk in Mesopotamien, 3300 v. Chr.

GEOkompakt »Die Geburt der Zivilisation« kostet 9 Euro, mit DVD (»Die Höhle der vergessenen Träume«) 16,50 Euro

Weitere Themen: Wissens-Transfer – Die Macht des kulturellen Austauschs • Keramik – Der erste künstliche Werkstoff der Geschichte • Das Prinzip Macht – Als Menschen anfingen, andere zu beherrschen • Krankheiten – Die tödliche Mitgift des Fortschritts • Bronze – Warum ein Metall die Globalisierung begründete

DIE MACHT DER MÜTTER

Weshalb sie für ihre Töchter und Söhne die wohl wichtigsten Frauen im Leben sind

Frauen lieben ihre Kinder? So ganz selbstverständlich ist das nicht

Kaum eine Beziehung prägt Kinder derart stark wie die zur eigenen Mutter – von Geburt an bis weit ins Erwachsenenalter. Mütter können der nachfolgenden Generation ein sicheres Fundament mitgeben, eine seelische Widerstandsfähigkeit, die den Nachwuchs über viele Schwierigkeiten des Alltags hinwegträgt. Sie können die Biografie ihrer Töchter und Söhne jedoch auch so nachhaltig beschädigen, dass sie noch spät im Leben darunter leiden.

Die neue Ausgabe von GEO WISSEN erklärt, weshalb insbesondere Beziehungen zwischen Müttern und Töchtern oft problematisch sind – und wie beide zu einem besseren Miteinander finden können. Dass eine bedingungslose Mutterliebe keineswegs naturgegeben ist, zeigt auch ein Blick in die Vergangenheit des Menschen. Außerdem erläutert eine Psychologin, weshalb Frauen mit Kind heute einem gewaltigen Erwartungsdruck ausgesetzt sind – und wie entlastend es sein kann, nicht immer allen Anforderungen gerecht werden zu wollen und die eigenen Ansprüche an sich kritisch zu überprüfen.

Zum schwierigen Verhältnis der Generationen bietet die Ausgabe zudem zwei Selbsttests aus unterschiedlicher Perspektive: Der eine gibt eine Einschätzung auf die Frage „Wie war die Beziehung zu Ihrer Mutter?", der andere fragt: „Bin ich eine gute Mutter?"

GEO WISSEN »Mütter. Wie sie uns ein Leben lang prägen« ist im Handel zu 9,50 Euro erhältlich, die Ausgabe mit DVD (»Geliebte Feindinnen?«) kostet 16,50 Euro

Einige Themen: Schwangerschaft – Neun Monate, die uns alle verbinden • Gesellschaft – Die neuen Modelle von Mutterschaft • Von liebevoll bis kalt – Mütter aus der Sicht ihrer Kinder • Schwiegermütter – Sind sie längst besser als ihr Ruf? • Wann ist es Zeit für die Kita? – Die Wissenschaft gibt Antworten • Psychologie – Die lebenslangen Folgen emotionaler Misshandlung

VORSCHAU